21世纪经济管理新形态教材·冷链物流系列

冷链物流管理概论

胡 斌 ◎ 主 编

宋娟娟 孟翠翠 ◎ 副主编

刘 峥 赵程程 刘 娜
杨 萌 韩 杨 黄浜桐 ◎ 参 编
季晓东

清华大学出版社
北京

内 容 简 介

本书全面分析了冷链物流管理的意义、内涵及发展趋势，对冷链物流所特有的制冷原理与方法及易腐货品的管理进行了介绍，对冷链加工与包装、冷链物流设施管理进行了深入的研究，对冷链物流园区的规划与管理、冷链运输、冷链配送、冷链信息化、冷链标准化进行了全面的阐述，并结合冷链物流中的典型产品冷链物流模式进行了系统的分析。

本书可作为物流管理专业的本科教材，也可作为冷链物流企事业单位生产管理人员的参考用书。

本书封面贴有清华大学出版社防伪标签，无标签者不得销售。
版权所有，侵权必究。举报：010-62782989，beiqinquan@tup.tsinghua.edu.cn。

图书在版编目(CIP)数据

冷链物流管理概论 / 胡斌主编 . —北京：清华大学出版社，2024.4
21 世纪经济管理新形态教材 . 冷链物流系列
ISBN 978-7-302-64572-6

Ⅰ.①冷… Ⅱ.①胡… Ⅲ.①冷冻食品－物流管理－教材 Ⅳ.① F252.8

中国国家版本馆 CIP 数据核字 (2023) 第 180125 号

责任编辑：刘志彬
封面设计：汉风唐韵
版式设计：方加青
责任校对：王荣静
责任印制：刘　菲

出版发行：清华大学出版社
网　　址：https://www.tup.com.cn，https://www.wqxuetang.com
地　　址：北京清华大学学研大厦 A 座　　邮　编：100084
社 总 机：010-83470000　　邮　购：010-62786544
投稿与读者服务：010-62776969，c-service@tup.tsinghua.edu.cn
质 量 反 馈：010-62772015，zhiliang@tup.tsinghua.edu.cn

印 装 者：小森印刷霸州有限公司
经　　销：全国新华书店
开　　本：185mm×260mm　　印　张：16.25　　字　数：359 千字
版　　次：2024 年 4 月第 1 版　　印　次：2024 年 4 月第 1 次印刷
定　　价：49.00 元

产品编号：094510-01

前言

近年来，人民生活水平日益提高，对生鲜产品的需求日益增长，冷链物流发展迅速，但冷链物流专业人才仍然匮乏。我校物流管理专业以此为契机，通过汇集冷链行业龙头企业及业内资深专家学者建设冷链物流系列教材，打造以冷链为特色的物流管理专业。

《冷链物流管理概论》是冷链特色系列课程教材的开篇之作。作者综合利用校内专业体系、校外行业资源，将本教材打造成为扎根行业需求、紧跟行业发展、理论体系扎实、综合应用性强的特色教材，以培养具备开阔视野、专业能力强、综合素质高、实践能力强的新时代冷链物流人才。与市面上现有的同类教材相比，本教材具有以下几个特点：

第一，知识系统，结构合理。冷链物流管理既具有物流管理知识的通用性，也具有冷链物流知识的专业性。传统冷链物流管理教材仅侧重以物流角度进行介绍，教材内容深度不够；或者单纯从制冷机械原理以及易腐货品管理角度对相关专业知识进行介绍，知识体系因缺乏冷链物流管理而不具有系统性和综合性。因此，作者通过对冷链物流行业调研，在编写本教材时对从业人员所必备的知识体系进行梳理，包含冷链物流管理、机械制冷、易腐货品管理、物流信息化、标准化等内容，使教材内容既具有实用性又具有系统性。

第二，内容务实，兼顾前沿。如前所述，本教材的编写，听取了行业专家及物流从业人员的建议，内容通俗易懂，便于学生理解和掌握，也方便企业从业人员进行相关专业知识的培训。同时教材编撰的内容也具备前沿性，将冷链物流最新的模式及技术应用场景进行介绍，让学生了解冷链物流行业最新发展，使教学内容紧密联系企业发展实际。

第三，案例实用，易于借鉴。作者通过收集企业发展中的现实问题及需求，将其编撰成案例，根据教材知识体系将其融合于各章节中，案例的选取既有国际新发展，也有中国本土企业新探索，丰富了教材内容，便于教师开展案例教学。

在本教材的撰写过程中，宋娟娟老师设计了全书的内容架构，并撰写了第1章、第2章，刘娜老师负责撰写第3章、第4章，赵程程老师负责撰写第5章、第6章，杨萌老师负责撰写第7章、第10章，韩杨老师负责撰写第8章、第9章，刘峥老师负责第11章并对本教材进行统筹分工，宋娟娟老师和孟翠翠老师负责案例、习题以及PPT的制作，在此向各位老师表示感谢。

在本教材的写作过程中，我们参阅了大量国内外学者的著作、教材和论文，在此对这些学界前辈和同行表示感谢。虽然我们在书中尽可能详细地标注了文献和观点的出处，但难免挂一漏万，如果出现了此类差错，敬请指出，我们将会及时进行修正。

最后，恳请学界同行批评指正本教材中可能出现的不足，也迫切地希望采用本教材的任课老师将意见反馈给我们，以助我们不断地完善这本教材。

宋娟娟

2023 年 5 月于上海工程技术大学

目 录

第1章　冷链物流管理概述

案例导入 …………………………………… 1
1.1 冷链物流的概念及意义 ………………… 2
1.2 冷链物流的主要环节 …………………… 5
1.3 冷链物流的主要运作模式 ……………… 7
1.4 冷链物流发展趋势及展望 ……………… 9
思考题 ……………………………………… 11
案例分析 …………………………………… 11

第2章　制冷原理与方法

案例导入 …………………………………… 14
2.1 制冷的基本概念 ………………………… 15
2.2 制冷方法 ………………………………… 22
2.3 制冷剂 …………………………………… 26
2.4 制冷系统与制冷设备 …………………… 29
思考题 ……………………………………… 35
案例分析 …………………………………… 36

第3章　易腐货物的管理

案例导入 …………………………………… 38
3.1 易腐货物的分类 ………………………… 38
3.2 易腐货物的化学成分 …………………… 45
3.3 易腐货物的变质原因 …………………… 53
3.4 易腐货物冷链的基本原理 ……………… 58
思考题 ……………………………………… 63
案例分析 …………………………………… 63

第4章　冷链加工与包装

案例导入 …………………………………… 65
4.1 冷链加工概述 …………………………… 66
4.2 冷链加工技术 …………………………… 68
4.3 冷链包装概述 …………………………… 86
4.4 冷链包装材料与方法 …………………… 87
思考题 ……………………………………… 96
案例分析 …………………………………… 97

第 5 章　冷链物流设施管理

- 案例导入 …………………………………… 99
- 5.1　冷库概念 ………………………………… 100
- 5.2　冷库的规划与设计管理 ………………… 103
- 5.3　冷库的运作管理 ………………………… 109
- 5.4　冷库的常规管理 ………………………… 113
- 思考题 ………………………………………… 114

第 6 章　冷链物流园区规划与管理

- 案例导入 …………………………………… 115
- 6.1　冷链物流园区功能定位 ………………… 116
- 6.2　冷链物流园区战略制定 ………………… 121
- 思考题 ………………………………………… 126

第 7 章　冷链运输管理

- 案例导入 …………………………………… 127
- 7.1　冷链运输概述 …………………………… 128
- 7.2　冷链运输方式的选择 …………………… 130
- 7.3　冷藏物流模式 …………………………… 139
- 7.4　冷藏车辆概述 …………………………… 140
- 7.5　温度跟踪与监控 ………………………… 146
- 思考题 ………………………………………… 152
- 案例分析 ……………………………………… 152

第 8 章　冷链配送管理

- 案例导入 …………………………………… 154
- 8.1　冷链配送概述 …………………………… 155
- 8.2　冷链配送的基本要素及流程 …………… 157
- 8.3　冷链配送中心选址 ……………………… 159
- 8.4　冷链配送的典型模式及其选择 ………… 161
- 思考题 ………………………………………… 168
- 案例分析 ……………………………………… 168

第 9 章　冷链信息化

- 案例导入 …………………………………… 171
- 9.1　冷链物流信息化概述 …………………… 171
- 9.2　冷链物流信息管理系统 ………………… 173
- 9.3　物联网与冷链物流信息技术的应用 …… 180
- 思考题 ………………………………………… 191
- 案例分析 ……………………………………… 191

第 10 章　冷链标准化

- 案例导入 …………………………………… 200
- 10.1　冷链物流标准化管理概述 …………… 201
- 10.2　冷链物流标准化管理 ………………… 204
- 10.3　冷链标准化建设的现状及存在的问题 ………………………………… 208
- 思考题 ………………………………………… 217
- 案例分析 ……………………………………… 217

第 11 章 典型产品冷链物流模式

11.1 肉类冷链物流 …………… 219
案例分析 ……………………… 222
案例思考 ……………………… 223
11.2 水产品冷链物流 …………… 223
11.3 乳制品冷链物流 …………… 227
11.4 果蔬冷链物流 ……………… 231
案例分析 ……………………… 235
案例思考 ……………………… 236
11.5 医药冷链物流 ……………… 236
11.6 电商冷链物流 ……………… 238
思考题 ………………………… 245

参考文献 ……………………………… 246

第1章
冷链物流管理概述

本章学习目标

1. 了解冷链物流的概念及意义；
2. 掌握冷链物流的主要环节；
3. 了解冷链物流的主要运作模式；
4. 了解冷链物流发展趋势及展望等。

冷链物流面临前所未有之大变局

随着人民生活水平的提高，对生鲜产品的需求越来越旺盛，冷链物流也获得了良好的发展机遇。2015—2019年，中国冷链物流市场规模持续扩大，年均复合增长率17%。而2020年，受新冠疫情影响，冷链物流行业遇到了严峻的考验，面临前所未有之大变局，因此急需对当前发展情况进行总结和反思，促进冷链物流行业的健康有序发展。

变局之一：冷链物流的安全已不再仅仅是温控

根据科学家和权威部门的研究结论，新冠病毒不仅可以人传人，而且还会物传人。如何应对这一新变化、新问题呢？首先需要把好进库关，即把好国内和国外冷链物流"最先一公里"这一防疫关。

在疫情防控新常态下，为确保冷链食品安全，冷链物流行业必须建立健全防疫风险防控机制。对企业来说，要着力建立企业自身检疫机制和完善疫情防控措施，在严格落实现场员工健康监测、落实进口肉制品和水产品进出货溯源、建立企业自己的检验检疫机构等方面下功夫。

变局之二：温控也将从粗放型走向精细型

在加强防疫工作的同时，我们也不可剑走偏锋，忽视温控工作，反之，不仅要继续做好温控工作，还要做得更加科学，更加精细。冷链物流的核心不完全是"冷"，还要"恒温"，要将温度控制在一定的区间内，通常可以分为深冷（-25℃以下）、冷冻（-18℃）、冷藏（-10℃）、恒温（18℃）、常温等不同温区，不同的产品需要不同的保存温度。

如今，一些企业已经开始注重这一问题，改造和开发了一批适合快递业的城市冷链物流配送设备，如凝胶包温控、冷藏托运包装等。其中凝胶包温控，可为温度需要控制在 $-20\sim0℃$、$2\sim8℃$ 或 $15\sim25℃$ 的货件，提供 $72\sim120$ 小时的冷藏环境；冷藏托运包装则无须预冷，可为温度需要控制在 $2\sim8℃$ 的货件，提供高达 96 小时的冷藏环境。

变局之三：平台化冷链物流是一个大趋势

"可追溯系统"和"信息数据化"是在推进冷链发展中反复被提及的概念，但是全链条的追溯体系建立比较困难，信息互联互通障碍的问题依然无法很好地解决，那么经过这场疫情冲击之后，将会有怎样的改变呢？

一是完善配送网络。冷链行业的大数据、区块链等理念也已开始在业内形成，一些冷链企业已捷足先登，开始尝试，而平台化模式可以借助智能化系统协调配送资源，提升配送时效，是完善配送网络的最佳手段。

二是改变运营模式。为让生鲜物流具有真正的"时效性"，必须在冷链物流的解决方案上做足功课。把控产地预冷、自动化冷库储藏，以及全程冷链运输到末端配送的全过程温区设定，并针对不同种类生鲜产品控温，准备了多温区冷媒、食品级可降解保温箱/袋、生鲜包装纸箱等包材，保证从采购到配送的每一个环节都在对应的温层下进行作业。

变局之四：冷链应急体系的建立已刻不容缓

一是要建立应急联动机制。在疫情或其他突发事件发生时，开启运输白名单，使冷链运输更加流畅。成立区域冷链物流小组，整合车辆和司机资源，统一调度，解决区域成员的运营问题，保障食品等应急物资供给。

二是各地政策联动。建设更全面的公共信息平台，让企业第一时间了解政策动态等信息，建立统一规范标准，便于提高突发状况下水果蔬菜等食品的冷链运输效率。

三是推动冷链集约化运作。目前在冷链操作的过程中，尤其是贴近终端市场环节，存在提前分散操作主体的情况（拆分成单箱/小包装为操作单元），同时也包括部分商品进入国内后即变为单箱操作方式。在实际冷链操作的过程中，对于此类货品的接触及操作环节的增加，加大了货品的污染风险。鉴于此，推动集约化管理，推进以整托为单元化作业，可减少各环节的人员接触。

（资料来源：中物联冷链委）

1.1 冷链物流的概念及意义

随着我国城镇化进程不断加速，消费者的食品安全意识也在不断提升，根据中物联冷链委公布的资料显示，2015—2019 年，中国冷链物流市场规模持续扩大，年均复合增长率 17%，2019 年冷链物流行业市场规模达到 3 391 亿元，同比增长 17.5%。随着生鲜电商带动国内农产品、冷链食品的产地、加工地和消费市场重塑，冷链需求正在快速增加。

2020年新冠疫情的发生，也给冷链行业带来了新的挑战，多起疫情发生由进口冷链产品引发，也对冷链物流管理提出了更高的要求。要做好"外防输入、内防反弹"的常态化疫情防控工作，突出加强冷链关键环节、重点领域防空措施，严防新冠疫情的输入和传播风险，建立问题产品的快速精准反应机制，严格管控疫情风险，维护公众身体健康。

1.1.1 冷链物流的定义

1. 冷链内涵的变迁

冷链的起源要追溯至19世纪上半叶冷冻机的发明，随着冰箱的出现，各种保鲜和冷冻产品开始进入市场，进入消费者家庭。到20世纪30年代，欧洲和美国的食品冷链体系已经初步建立。随着人民对食品尤其是生鲜、易腐品的质量要求的不断提高，各国对冷链的研究也越来越多，提出了不同角度的定义。

欧盟对冷链的定义为：冷链是从原材料的供应，经过生产、加工或屠宰，直到最终消费为止的一系列有温度控制的过程。由于欧洲国家众多，更加注重冷链的操作，促进了冷链的运作在各国间的有效衔接，推动了欧洲冷链标准的进程和对接口的管理。

美国食品药物监督管理局对冷链的定义为：冷链是贯穿从农田到餐桌的连续过程中维持正确的温度，以阻止细菌的生长。美国物流的发展模式对世界其他国家和地区有很大影响，其冷链定义体现了供应链的管理思想，促进了供应链全球化的发展。

日本《明镜国大辞典》对冷链的定义是"通过采用冷冻、冷藏、低温储藏等方法，使鲜活食品、原料保持新鲜状态由生产者流通至消费者的系统"。《日本大辞典》对冷链的定义是"低温流通体系"。强调冷链技术的发展，普遍采用包括采后预冷、整理、储藏、冷冻、运输、物流信息等规范配套的流通体系，更加注重流通。

我国2006年国家标准《物流术语》（GB/T 18354—2021）对冷链的定义为：冷链是指根据物品特性，为保持其品质而采用的从生产到消费的过程中始终处于低温状态的物流网络。该标准也对物流网络作出了明确定义："物流网络是物流过程中相互关联的组织、设施和信息的集合"。

综上所述，冷链是指在某些容易腐烂变质物品的加工、储藏、运输、分销和零售过程的各环节始终处于该物品所必需的特定低温环境下，减少损耗、防止污染和变质，以保证物品品质安全的特殊供应链系统。

2. 冷链物流

冷链物流是指在生产、仓储或运输和销售过程中，一直到消费前的各个环节中始终处于产品规定的最佳低温环境下，保证食品质量，减少食品损耗的一项特殊的物流活动。一般情况下，冷链物流对象是指需要保持一定低温环境下的物品，如农产品、禽肉类、水产品、花卉、加工食品、冷冻或速冻食品、冰激凌和蛋奶制品、快餐原料、酒品饮料等，以及特殊的商品。冷链物流系统是以冷冻工艺学为基础，制冷技术为手段的低温物流系统，涵盖预冷、冷藏、冷链运输、冷链配送与冷藏销售等环节。

尽管对冷链的定义有所差异，但可归纳出冷链的共同特征如下。

（1）时效性。由于冷链物流承载的产品一般为易腐或不易储藏，因此要求冷链物流必须迅速完成作业，保证时效性。

（2）高技术性。在整个冷链物流过程中，包含了制冷技术、保温技术、产品质量变化机理和温度控制及检测等，不同冷藏物品都有其相对应的温度控制和储藏温度。

（3）高资金性。冷链物流中需要投资冷库、冷藏车等基础设施，并且投资比较大，是一般库房和普通车辆的 3～5 倍。由于电费和油费是维持冷链的必要投入，冷链的运输成本较高。另外，随着可追溯及数据信息化的要求不断提高，冷链物流各环节中基础设施对技术水平及资金投入要求较高。

（4）连续性。冷链物流过程各环节的条件（主要是温度）必须保持统一的标准，并且不能中断。一旦断链将会造成前面的工作白费，即使补救，也难以恢复其品质。

（5）高政策性。最新的《中华人民共和国食品安全法》就食品运输问题作了特别阐述，关注食品在整个供应流程中的安全监控，要求冷链不能断链。同时，冷链作业安全性事关企业安全生产责任，也对物流企业的资质、硬件、软件等提出了更高的要求。

1.1.2 冷链物流的意义

我国是农业大国，果蔬产业在国内已成为仅次于粮食，生产总值占第二、三位的农村经济支柱产业。据联合国粮农组织统计，2014 年，我国水果总产量 26 142.2 万吨，占世界果品总量近 1/4，其中园林水果产量 16 588.2 万吨，瓜果产量 9 554 万吨。但是，由于我国果蔬产业基础薄弱，农民组织化程度低，果蔬采收和流通设施落后，果蔬优质率低，因此造成果蔬采后腐损严重，物流成本高。发展冷链物流的重大意义体现在以下几个方面。

1. 降低农产品流通损耗

我国果蔬冷链流通率仅为 10% 左右，而果蔬损耗率高达 30%；冷藏运输率仅为 10%。若冷藏运输率提高 10 个百分点，则农产品流通损耗率将降低 3 个百分点。如果将果蔬损耗率从当前的 30% 降低到 25%，则每年可节约 1 000 多亿元，几乎可以节省 1 亿亩耕地。

2. 减少农产品流通费用

据测算，我国果蔬流通费用占终端产品市场价格的 60% 以上，其中损耗成本占整个流通费用的 70% 左右，远高于国际标准 50% 的水平。水果蔬菜市场销售价格中损耗成本占 42%。若流通损耗率降低 5 个百分点，果蔬流通费用中损耗成本占比将减少到 56%，最终销售价格也将明显降低。

3. 提高农产品质量安全

目前，我国大部分初级农产品都是以原始状态投放市场，冷链物流技术发展十分滞后，直接影响到最终消费品的质量安全。食品冷链物流是一项系统工程，从生产到消费的各个环节均有一套严格的技术指标体系，对不同产品品种和不同品质均要求有相应的产品控制与储存时间，保证农产品流通过程的质量安全。

4. 促进农民增收

由于我国农产品产地冷链物流技术落后、产后损耗率高，导致"菜贱伤农"，影响农民增收。发展食品冷链物流，一方面有利于降低农产品损耗，直接提高农民收入；另一方面有利于提高农产品流通的产业化程度、组织化程度、信息化程度、标准化程度等，有利于解决目前我国农产品"小生产与大市场"的对接以及买卖双难等问题，引导农民科学生产、稳定供给，大大提高农民收入水平。

5. 提高人民生活质量

人民的生活水平不断提高，对生活质量要求提高，扩大对冷链物流的需求。冷链物流业升级，有利于提高人民的生活水平，生活节奏加快，使得人们对方便、快捷的物品的需求不断增加，方便、卫生、快捷的冷冻、冷藏商品受到人们的青睐，人们对冷藏、冷冻食品等的需求不断增加，使得冷链物流业的需求不断增加。

1.2 冷链物流的主要环节

冷链的主要环节如图1-1所示。

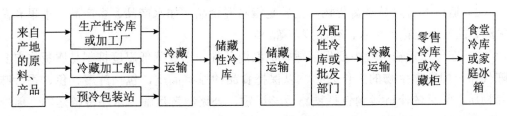

图1-1 冷链的主要环节

1.2.1 预冷

预冷是指易腐货物从初始温度（常温30℃左右）迅速降至所需要的终点温度（0~15℃）的过程。即在冷藏运输和冷藏之前的冷却以及快速冻结前的快速冷却工序统称为预冷。

果蔬等易腐农产品在采摘之后含有大量的水分，对于高温季节采收的果蔬，本身带有大量的田间热，呼吸作用很旺盛，成熟衰老变化速度快。预冷可迅速有效地排出采后果蔬田间热，降低呼吸作用，抑制酶和乙烯释放，延缓成熟衰老速度，延长果蔬货架期。研究数据表明，果蔬在常温（20℃）下存放1天，就相当于缩短冷藏条件（0℃）下7~10天的储藏寿命。而且不经预冷处理的果蔬在流通中损失率达到25%~30%，经过预冷处理的果蔬损失率仅为5%~10%。预冷对保证良好的储运效果具有重要的意义。

由于预冷在冷藏运输中的重要性，很多发达国家早已将预冷作为果蔬低温运输和冷藏的一项重要措施，广泛应用于生产中。在日本，强制通风、差压、水冷等多形式的预冷设施分布于全国各地的果蔬产地附近，采摘之后的果蔬会立刻进行产地预冷。目前，日本90%以上的果蔬都必须经预冷后储藏、运输。

1.2.2 流通加工

流通加工是指在产品从生产者向消费者流动的过程中，为了促进销售、维护产品质量和实现物流的高效率，对产品进行加工，使其发生物理、化学或形状的变化，主要包括包装、分级、分割计量、分拣贴标签条码、组装等。

1.2.3 冷链运输

冷链运输是指使用装有特制冷藏设备的运输工具来运送易腐货物。在整个运输过程中，通过低温降低货物的新陈代谢，抑制微生物的生长，以保持易腐货物的良好外观、新鲜度和营养价值，从而保证货物的商品价值，延长货架期。冷链运输与普通意义上的运输比较而言，有以下突出特点。

（1）使用装有特制冷藏设备的运输工具。

（2）运送的对象是易腐货物，主要是指易腐食品（如水产品、畜产品、水果和蔬菜等生鲜食品）以及花卉苗木、药品疫苗等。

（3）在整个运输过程中要保证适宜的低温条件，通过降低温度抑制易腐货物自身的新陈代谢，抑制微生物的生长繁殖，以保持食品的原有品质，包括鲜度、色、香、味、营养物质。常见的冷链运输包括铁路冷链运输、公路冷链运输、水路冷链运输、航空冷链运输和多种方式联合运输。

1.2.4 低温仓储

低温仓储主要是指利用冷库技术，对低温货品进行有效保管，让商品处于规定的最佳温湿度环境下，保证存储商品的品质和性能，防止变质，减少损耗。

典型的冷库按建筑形式可分为土建式冷库和装配式冷库，按技术可分为气调冷库、自动化立体冷库和冰温冷库。

土建式冷库，主体结构和地基结构采用钢筋混凝土结构，围护结构墙体采用砖砌，就地取材，造价低，隔热材料选择范围大，热惰性大，建筑周期长，易出现建筑质量问题。

装配式冷库，主体结构采用轻钢，围护结构由预制的聚氨酯或聚苯乙烯夹芯板拼装而成，库体组合灵活，建设速度快，维护简单，可整体供应。

气调冷库，除了控制库内温度和湿度外，还要控制库内氧气、氮气、二氧化碳和乙烯的含量，这可以抑制果蔬的呼吸作用和新陈代谢，但设备成本投入较高。

自动化立体冷库，在高架冷库中采用计算机控制技术、数字自动化制冷设备提高空间利用率、出入库能力。

冰温冷库，将食品储藏在0℃至各自的冻结点，储藏时间增加2～10倍，不破坏细胞。

从冷库容量和储藏技术来看，土建式及自动化立体冷库容量均较大，储藏方法以冷藏保鲜为主。而气调冷库在冷藏的基础上增加了气体成分调节，通过控制储藏环境的温度、湿度、二氧化碳、氧气和乙烯的浓度等，抑制果蔬的呼吸作用，延缓其新陈代谢过程，更好地保持果蔬的新鲜度和商品性，通常气调储藏比普通冷藏储藏期延长50%～100%，货架期延长3～4倍，但要求库体具有一定的气密性和耐压能力，因此气调冷库容量不宜过大。冰温冷库将食品温度控制在冰温带，维持细胞活体状态，因此在保持食品的新鲜度和风味方面具有独特优势，但为防止干耗、冻害等现象发生，需要设置喷雾器等辅助装置，库容也不宜过大。装配式冷库多为中、小型冷库，因具有安装方便、建设速度快、维护简单等优点，在国内大量应用。

冷链仓储系统主要包括冷库，制冷各类货、架、搬运设备托盘，温湿度监控系统与管理信息系统等。规范冷链仓储的装载单元、集成单元，包括货品的包装单元尺寸、托板尺寸和其他配套设施，是确定整个冷链标准的基础。

1.2.5　低温物流信息追溯

低温物流信息追溯技术将低温物流过程与信息技术相结合，实时监测食品流通环境参数，保障食品质量安全。信息技术主要包括传感器技术、包装标识技术、远距离无线通信技术、过程跟踪与监控技术及智能决策技术等。不同技术在包装仓储、物流配送和批发零售等各个物流信息化阶段各司其职。

扩展阅读1.2

扫码观看

然而，我国整个物流行业信息化进程起步较晚，总体水平不高，具体到低温物流信息技术，与西方发达国家的差距尤其显著。环境信息感知、产品位置感知、产品品质感知、产品包装标识等传感器研发水平不足；已开发的质量追溯系统、物流配送系统、库存管理系统、货架期预测系统等应用软件，多具有独立性和唯一性，只适合特定用户使用；低温物流信息化管理由于信息共享限制，信息断链问题经常出现。因此，我国迫切需要在低温物流信息技术研究和推广应用等方面加大投入力度。

1.3　冷链物流的主要运作模式

1.3.1　鲜花的冷链物流运作模式

据分析，我国的花卉生产主要集中在云南、福建、海南、山东等地。而发展相对滞后的花卉冷链物流，成为制约我国花卉运输的"瓶颈"。经过多年发展，我国的花卉物流已初步形成体系。目前，我国共有花卉物流企业近7 000家，形成了物流设施提供企业、生产销售企业及外资企业共同参与的花卉物流格局，航空、铁路和公路三大运输方式互相补充的花卉运输网络。但在这 7 000 家花卉物流企业中，大部分是基础设施极不完善的小企业因为缺少必要的冷链措施，花卉在流通过程中造成了近 30%～35% 的耗损，使运输成本居高不下。鲜切花品质 50% 取决于种植，50% 取决于采后处理和冷链运输。鲜花需全程冷链运输，包括从产地的采后冷藏、短途低温保温、长途冷藏运输，抵达市场后的短途保温运输和终端消费地批发市场的冷藏。而我国花卉产品的采后处理水平参差不齐。在运输环节，一般货运公司小而散，缺乏能够提供保鲜、冷藏、分类、包装、运输、配送等一条龙全程服务的专业物流公司。只有个别企业的个别时段和运程上，能够进行冷藏运输或低温保温运输，而且关、检及在机场待运的四五个小时中，很少进行冷藏和保温；加之运输过程中的多点往返和多次搬运装卸，往往会导致产品质量下降甚至腐烂。

冷链物流过程包括保鲜运输、仓储、流通加工、配送等环节。具体运作模式如图 1-2 所示。

图 1-2　鲜花的冷链物流运作模式

1.3.2　果蔬的冷链物流运作模式

果蔬采摘后一般经过田间包装、预冷、清洗杀菌、包装等商品化处理。所有果蔬包装材料均印有果蔬名称、等级、净重、供应商名称、地址等，以保证信誉。并始终保持其处于低温状态，形成一条完整的冷链，即采摘→田间预冷→冷库→冷藏车运输→批发站冷库→超市冷柜→消费者冰箱，使得果蔬在加工运输环节中的损耗率仅为 1%～2%。果蔬类产品通过产地储藏，流通加工和运输环节，进入销地配送中心，然后通过分销商自提或批发商配送的方式进入超市、个体零售终端，如图 1-3 所示。

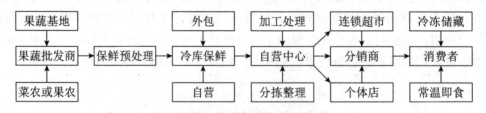

图 1-3　果蔬的冷链物流运作模式

1.3.3　乳制品的冷链物流运作模式

乳制品冷链物流是以新鲜奶和酸奶为代表的低温奶产品等在奶源基地采购、生产加工、包装、储存、运输与配送、销售直到消费的各个环节都处于较适宜的低温环境中运行的一种冷链物流，以保证奶制品的品质，防止奶制品变质和污染。在乳制品冷链物流运作过程中，物流可以外包，也可以自营。在供应链管理上，上游加工企业与分散农户小规模生产合作经营进行监控，下游通过运输与配送的全程监控，有效提高乳制品冷链物流的温度与时间管理水平，如图 1-4 所示。

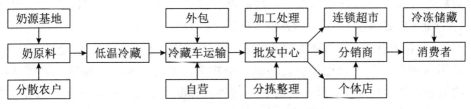

图 1-4　乳制品的冷链物流运作模式

1.3.4　水产品的冷链物流运作模式

水产品在物流过程中需快速流转。但由于冷链水产品消费的季节与周期性、产品传递渠道的长度等特点，加强水产品冷链物流中心建设显得十分必要。冷库依托冷链物中心而存在，水产品冷库成为水产品冷链物流中心必不可少的设施，水产品冷链物流中心在水产品冷链物流体系建设中起着决定性的作用。水产品冷链物流中心是提供水产品中、分配、配送、增值等功能，拥有码头、渔港补给设备、水产物流中心、深层加工厂、渔获市场、海洋研发中心、水产养殖基地、住宅区等冷链物流运作设施的中心，目前多数屠宰厂冷藏冷冻食品、水产品加工企业，都有自己的冷藏冷冻库，以平衡供应、生产与销售环节，如图 1-5 所示。

扩展阅读 1.3
扫码观看

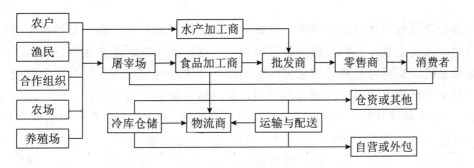

图 1-5　水产品的冷链物流运作模式

1.4　冷链物流发展趋势及展望

1.4.1　冷链物流标准化体系建设

按照重点突出、结构合理、层次分明、科学适用、基本满足发展需要的要求，完善冷链物流管理的标准体系框架，加强冷链物流管理标准的制定工作，形成一批对全国冷链物流业发展和服务水平提升有重大促进作用的冷链物流标准。如原料基地生产标准与规范、预冷与储藏标准、加工标准、运输标准（特别是农产品运输温度标准）、销售标准、标签标准，以及检测方法标准、环境标准、服务标准等，并制定以GAP（良好农业规范）、GVP（良好兽医规范）、GMP（良好生产规范）、HACCP（危害关键控制点分析）、ISO（国际标准化组织）为基本原理的农产品冷链物流全程质量与安全控制技术规程，实现"从田间到餐桌"的全程控制。注重冷链物流标准与其他产业标准以及国际冷链物流标准的衔接，科学划分强制性和推荐性冷链物流标准，加大冷链物流标准的实施力度，努力提升冷链物流服务、冷链物流枢纽、冷链物流设施设备的标准化运作水平。

1.4.2　冷链物流产业集群化

培育多元化的农产品/食品冷链物流企业融资渠道，加速冷链物流各环节区域化协作、完善专业化分工、一体化运作的市场机制。整合城乡物流资源，强化农村物流与城市物流的资源、环节的对接，建立布局合理、相互协调、分工协作的城乡一体化冷链物流产业集群，形成农产品/食品冷链物流的技术研发、信息共享、功能各异、运作专业化的冷链物流产业链条。尤其是结合地区特色经济和特色农产品之优势建立冷链物流产业集群，走产业化、集约化、规模化的道路，延伸农产品的产业链、价值链、信息链及组织链。

1.4.3　冷链物流信息化建设

冷链物流领域应加强北斗导航、物联网、云计算、大数据、移动互联等先进信息技术的应用。加快企业冷链物流信息系统建设，发挥核心冷链物流企业整合能力，打通冷链物流信息链，实现冷链物流信息全程可追踪。加快冷链物流公共信息平台建设，积极推进全社会冷链物流信息资源的开发利用，支持运输配载、跟踪追溯、库存监控等有实际需求、具备可持续发展前景的冷链物流信息平台发展，鼓励各类平台创新运营服务模式。进一步推进交通运输冷链物流公共信息平台发展，整合铁路、公路、水路、民航、邮政、海关、检验检疫等信息资源，促进冷链物流信息与公共服务信息有效对接，鼓励区域间和行业内的冷链物流平台信息共享，实现互联互通。

1.4.4　冷链物流信息追溯系统

依托现代前沿网络技术——物联网资源，尽快建立农产品冷链物流追溯信息系统，构建农产品冷链物流信息备案制度，实施在农产品冷链物流运作中，任何环节的信息备案以备查询，不仅对农产品生产环节加以控制，而且对其冷链物流环节的质量和安全予以全程监控，追溯任何环节和过程的问题，找出真正的原因。最终实现政府相关主管部门、冷链物流行业及其物流执行组织企业对农产品物流活动的检测、监督和控制。

1.4.5 质量认证体系建设

首先,加强冷链物流运输主干线及其附属场站的基础设施改造,尽快形成与多式联运相适应的配套综合冷链运输网络及完善的冷链仓储配送设施;其次,鼓励 GPS(全球定位系统)、自动识别等技术的应用,通过网络平台和信息技术将冷链物流承运人、用户、制造商、供应商及相关的银行、海关、商检、保险等单位联结起来,实现对农产品的全程监控和资源共享、信息共享,提高全社会整体运输效率;最后,引进、推广自动化冷库技术和库房管理系统、真空预冷技术、无损检测与商品化处理技术、运输车温度自动控制技术等先进技术,提高技改能力和技术更新能力。

1.4.6 冷链物流安全预警机制

建立符合高质量发展和经济社会发展规律的冷链物流科技创新体系,通过构建物流安全预警机制及其系统,确保政府对农产品/食品的安全控制,以达到实现规模经济或范围经济,降低政府宏观调控的成本。通过运用应急管理、预报预警、网络信息技术等技术,建立冷链物流安全预警系统,以提高农产品物流安全管理的效率与效益。此外,遵循"农产品安全第一,兼顾效率"原则,在《中华人民共和国农产品质量安全法》的指导下,完善监管体系,建立面向全社会的农产品物流安全预警机制。通过对农产品物流安全风险进行分析、评价、推断、预测,根据风险程度事先发出警报信息,提示农产品生产、经营和决策者(政府部门)警惕风险,并提出相应的预控和应急对策。

思 考 题

1. 冷链具有哪些特点?
2. 什么是预冷?预冷的作用是什么?
3. 果蔬冷链物流运作有哪些新模式?
4. 冷链物流发展趋势有哪些?

案 例 分 析

粤港澳冷链物流择"优"前行

港珠澳大桥,将我国境内粤港澳三地的陆路连接在了一起,也是一座连接着这三地经济贸易往来的桥梁,粤港澳大湾区作为比肩世界三大湾区的世界级城市群,总人口超过 7 000 万,经济总量超过 10 万亿元,在加快构建宜居宜业宜游的优质生活圈过程中，对于进一步发展高质量冷链物流产业具有强烈需求。

让"生命线"更加畅通

自20世纪60年代初，内地的生鲜农产品和鲜活冷冻食品，就开始通过铁路源源不断地运往港澳，由于"定期、定班、定点"每日开行三趟，所以习惯被称为"三趟快车"。一直以来，香港媒体都亲切地称呼"三趟快车"为"香港同胞的生命线"，她就像一根动脉，把香港和内地紧紧地联系在一起。

"三趟快车"高峰时曾承担输港鲜活冷冻货物85%的运量，近60年来，为港澳市场输送了将近1亿多头生猪和活牛，同时还运输了10亿多只家禽，以及大量的蔬菜、水果、蛋品等，保证了港澳市场的稳定供应和市民的消费需要。而港珠澳大桥的通车，无疑为这一历史性的生鲜物流产业快车，挂上了最高档。

另外，作为改革开放的前沿和最大受益地，"十三五"末，广东交通基础设施总体已达到国内领先、世界先进水平，基本建成了覆盖全省、辐射泛珠、服务全国、连通世界的现代化综合交通运输体系，国际综合交通门户地位基本确立，实现"12312"交通圈，即广州与珠三角各市1小时通达，珠三角与粤东西北各市陆路2小时左右通达、与周边省会城市陆路3小时左右通达，广东与全球主要城市12小时通达。

粤港澳冷链物流的发展，除了具有历史的基础和交通大省的优势，更大的优势是政策的优势。2019年2月，中共中央国务院印发《粤港澳大湾区发展规划纲要》提出，推进粤港澳物流合作发展，大力发展第三方物流和冷链物流，提高生鲜供应链管理水平。这一纲要的直接体现，则是在国家发展改革委发布2020年17个国家骨干冷链物流基地建设名单中，东莞成为广东省唯一上榜城市。东莞位居广深之间，一个半小时可以到达粤港澳大湾区的各个城市。业内专家据此认为，东莞能够成为首批国家骨干冷链物流基地的最主要因素，就是其区位优势。

"两侧"发力共推冷链物流

尽管近年来，广东农产品冷链物流发展较为快速，目前全省冷库总容量约484万吨（其中60%为自用），排名全国第二位，但与粤港澳这个农产品生鲜大市场相比，仍存在较大差距。随着消费升级以及生鲜电商、新零售、新餐饮等新业态新模式的推动，冷链物流作为必不可少的供应链保障，呈现较大的发展潜力。

其主要表现在两个方面：一是需求大。广东生鲜农产品主要包括蔬菜、水果、肉类以及水产品，产量丰富；但目前的情况是，大约肉类的90%、水产品的80%、奶制品的75%及大部分果蔬，均还未得到有效的冷链保障。

二是空间大。大湾区人口约1.2亿，冷库总量约500万吨，与国际水平差距很大，日本人口约1.27亿，冷库总量却达到1 400万吨。广东农产品综合冷链流通率大约在19%，而欧美等发达国家均在90%以上，若按果蔬、肉类、水产品冷链流通率分别升至20%、30%、35%左右计算，广东农产品冷链物流规模也需达到1 500万吨以上，才能保障整个大湾区的需求。

但这一问题已被提上了粤港澳冷链物流发展的议事日程并开始付诸行动。

2020年年底,位于广东博罗县泰美镇的粤港澳大湾区(广东·惠州)绿色农产品生产供应基地项目正式动工。这一写入《粤港澳大湾区发展规划纲要》的重点项目,将用3~5年时间打造成为粤港澳大湾区的"菜篮子、米袋子、大厨房"。这个总投资50亿元的项目,将整合农产品流通、冷链物流、粮油储备加工等优势业务,打造面向粤港澳大湾区,集农产品仓储冷链配送、生鲜加工、展示展销、线上营销、信息发布、检验检测、跨境服务功能于一体的新型现代化绿色农产品生产供应基地。

有专家提出,建设公共型农产品冷链物流基础设施骨干网,是保障大湾区生鲜农产品有效供给的客观需要,是推动大湾区第三方物流和冷链物流的重要途径。

(资料来源:中国水运报)

1. 粤港澳大湾区冷链物流发展有哪些优势条件?
2. 请结合资料思考如何建设大湾区农产品冷链物流基础设施骨干网?

第2章
制冷原理与方法

本章学习目标

1. 掌握热力学基本定律；
2. 了解常见制冷方法；
3. 了解制冷剂类型及特性；
4. 了解制冷系统与制冷设备的工作原理。

新一代制冷剂趋势

目前，人们认为制冷技术已经历了四代制冷剂。第一代制冷剂为氯氟烃类（CFCs），代表产品有R11、R12等，第一代制冷剂对臭氧层的破坏最大，全球已经淘汰使用；第二代制冷剂以氢氯氟烃（HCFCs）如R22、R123等为主，含氯物质，但因其含有氢，对臭氧层破坏较小，在欧美国家已淘汰，在我国应用广泛，目前也处在淘汰期间；第三代产品氢氟烃类（HFCs）如R407C、R410A等含氢不含氯，对臭氧层无破坏，但是对气候的制暖效应较强，在国外应用广泛，处于淘汰初期；第四代制冷剂主要是指碳氢氟类HFOs制冷剂，代表产品包括R1234ze和R1234yf，两类制冷剂兼备卓越的性能与环保性受到广泛关注并被成功应用，但是制作成本较高，目前尚未进入规模化应用。

第二代制冷剂是用于取代CFCs的HCFCs（氢氯氟烃），最具代表性的产品为R22。西方发达国家已经淘汰HCFCs，但是我国建筑空调和冷冻藏用制冷剂中R22产品长期占据主导地位。由于臭氧层破坏和全球变暖的重要影响，《蒙特利尔议定书》对R22制冷剂的禁用期限作出了明确的规定。根据规定，我国必须在2030年完成生产量与消费量的淘汰，其中到2015年削减10%，到2025年削减67.5%，2030—2040年除保留少量（大概2.5%）维修用途外将实现全面淘汰。

我国早在2013年就相应《蒙特利尔议定书》的削减目标，对R22等HCFCs的生产和消费实施配额制，并设置了高额的产能准入门槛，制冷用HCFCs配额从2013年的30.8万吨逐步削减至2015年的27.4万吨，经过三年多配额管理，我国第二代制冷核心产品R22已经累计削减20%产能，这标志着中国为实现《蒙特利尔协定书》在2015年削减含氢氯氟烃（HCFCs）生产基线水平10%的履约目标，正式进入

HCFCs 生产淘汰的实质性履约阶段。

第三代制冷剂是 HFCs（氢氟烃），凭借着优秀的能效和环保特性，自推出后在空调、制冷、发泡等行业得到了迅速且广泛的应用。但是近年来，全球变暖的危害成为焦点，被《京都议定书》列为 6 种温室气体来源之一的 HFCs 也逐渐成为众矢之的。随着 HCFCs 的淘汰，HFCs 的消耗量急剧增加，其对全球变暖造成的危害得到全世界的高度关注。

2016 年 10 月 15 日《蒙特利尔议定书》第 28 次缔约方大会上，通过了关于削减氢氟碳化物的修正案。修正案规定：发达国家应在其 2011—2013 年 HFCs 使用量平均值基础上，自 2019 年起削减 HFCs 的消费和生产，到 2036 年后将 HFCs 使用量削减至其基准值 15% 以内；发展中国家应在其 2020—2022 年 HFCs 使用量平均值的基础上，2024 年冻结削减 HFCs 的消费和生产，自 2029 年开始削减，到 2045 年后将 HFCs 使用量削减至其基准值 20% 以内。经各方同意部分发达国家可以自 2020 年开始削减，部分发展中国家如印度、巴基斯坦、伊拉克等可自 2028 年开始冻结，2032 年起开始削减。

2017 年 7 月，欧洲议会批准了旨在削减用于暖通、空调和制冷领域的氢氟碳化物（HFCs）的《蒙特利尔议定书》的《基加利修正案》。《基加利修正案》生效日期为 2019 年 1 月 1 日。截止到 2018 年年底，中国尚未批准加入基加利修正案。2021 年 4 月 16 日，中国决定接受《〈蒙特利尔议书〉基加利修正案》，加强氢、氟、碳化物等非二氧化碳温度气体管控。

节能环保制冷剂是指不含氟利昂、不破坏臭氧层、无温室效应、可与常用制冷剂润滑油兼容的制冷工质。第四代制冷剂 HFOs 拥有零 ODP（臭氧层消耗潜值）和极低的 GWP 值（全球变暖潜值），被认为是未来可替代 HFCs 的新一代制冷剂之一。第四代 HFO-1234yf 制冷剂是美国霍尼韦尔与杜邦公司共同开发的环保型制冷剂，目前受到欧美市场大力推广使用。

（资料有改动，来源：https://xueqiu.com/8302426719/131268602）

2.1 制冷的基本概念

制冷是指用人工方法将某一空间和物体的热量取走，使其低于环境温度。一杯 100℃ 的热水置于 30℃ 的环境空气中，杯中的水会慢慢变凉，最后达到 30℃，这一过程是冷却过程，不是制冷，因为水的热量是由高温向低温传递，即热量传给了环境空气，是一个自然发生的过程。采用什么方法将热量取走就是制冷技术所要解决的问题。

2.1.1 热力学系统基本概念

热力学是能量及其转换规律的科学，最常见的就是热能和机械能的相互转换。如汽车发动机就是通过燃料燃烧产生的热能转换为机械能从而驱动汽车行驶；前面所述的蒸气压缩式制冷系统是通过电动机产生的机械能使制冷系统工作，从而完成热量从低温向高温传输。

在热力学中，根据所研究问题的需要，可人为选取一定范围内的物质作为研究对象，称此研究对象为热力系统，热力学系统以外的物质称为环境或外界。

系统与环境的交界面称为边界，此边界可以是固定的，也可以是变化的。根据系统与环境有无能量和物质交换情况，系统可分为封闭系统（系统与环境无物质的交换）、敞开系统（系统与环境有物质的交换）、绝热系统（系统与环境无热量的交换）和孤立系统（系统与环境无任何能量和物质的交换）。

系统中能量的转换必须通过物质来实现，热力学中把用来完成能量相互交换的媒介称为工质，如制冷系统中的制冷剂也称为工质。

1. 温度

温度是表示物体冷热程度的物理量，微观上是物体分子热运动的剧烈程度。温度只能通过物体随温度变化的某些特性来间接测量，而用来量度物体温度数值的标尺叫温标。它规定了温度的读数起点（零点）和测量温度的基本单位。国际单位为热力学温标（K）。目前，国际上用得较多的其他温标有华氏温标（F）、摄氏温标（℃）和国际实用温标。从分子运动论观点看，温度是物体分子运动平均动能的标志。温度是大量分子热运动的集体表现，含有统计意义。对于个别分子来说，温度是没有意义的。

（1）开尔文单位

开氏温度是以绝对零度作为计算起点的温度。即将水三相点的温度准确定义为273.16K后所得到的温度，过去也曾称为绝对温度。开尔文温度常用符号T表示，其单位为开尔文，定义为水三相点温度的1/273.16，常用符号K表示。开尔文温度和人们习惯使用的摄氏温度相差一个常数273.15，如用摄氏温度表示的水三相点温度为0.01℃，而用开尔文温度表示则为273.16K。开尔文温度与摄氏温度的区别只是计算温度的起点不同，即零点不同，彼此相差一个常数，可以相互换算。这两者之间的区别不能够与热力学温度和国际实用温标温度之间的区别相混淆，后两者间的区别是定义的差别。

（2）华氏温标

华氏度（fahrenheit）和摄氏度（centigrade）都是用来计量温度的单位。包括中国在内的世界上很多国家都使用摄氏度，美国和其他一些英语国家一般使用华氏度，而较少使用摄氏度。

华氏度是以其发明者加百利·D.法勒海特（Gabriel D. Fahrenheir）（1681—1736）命名的，其结冰点是32 ℉，沸点为212 ℉。1714年德国人法勒海特以水银为测温介质，制成玻璃水银温度计，选取氯化铵和冰水的混合物的温度为温度计的0度，人体温度为温度计的100度，把水银温度计从0度到100度按水银的体积膨胀距离分成100份，每一份为1华氏度，记作"℉"。

（3）摄氏温标

它的发明者是安德斯·摄尔修斯（Anders Celsius）（1701—1744），水的结冰点是

0℃、沸点为 100℃。1740 年瑞典人摄尔修斯提出在标准大气压下，把冰水混合物的温度规定为 0℃，水的沸温度规定为 100℃。根据水这两个固定温度点来对玻璃水银温度计进行分度。两点间作 100 等分，每一份称为 1 摄氏度，记作"1℃"。

摄氏温度和华氏温度的关系：1℉ =1℃ ×1.8+32。

摄氏温度和开尔文温度的关系：1K=1℃ +273.15。

2. 压力

垂直作用于流体或固体界面单位面积上的力。界面可以是指流体内部任意划分的分离面，也可以是流体与固体之间的接触面。任意流体的表面都受到来自外界的作用力，称表面力，单位为牛顿（N）。物体单位面积所受的表面力称为压强，在国际单位制中，压强的单位为帕斯卡（Pa），$1Pa=1N/m^2$。

标准条件下（温度 $1T=288.15K$，空气密度 $\rho=1.225kg/m^3$）海平面高度大气压力为 101 325Pa，称为标准大气压。

工业上采用 $1kgf/cm^2$ 为 1 个工程大气压，其值为 98 066.5Pa。

气象学中定义 $10^6dyn/cm^2$ 为 1bar，$1bar=10^5Pa$，接近 1 个标准大气压。

流体的压力与温度、密度等参数有关。

理想气体压力 $p=\rho RT$，式中 R 为气体常数，与气体种类有关，空气的 $R=287.0J/(kg·K/℃)$。液体压力随密度增加而增加。

3. 湿度

湿度，表示大气干燥程度的物理量。在一定的温度下在一定体积的空气里含有的水蒸气越少，则空气越干燥；水蒸气越多，则空气越潮湿。空气的干湿程度叫作"湿度"。在此意义下，常用绝对湿度、相对湿度、比较湿度、混合比、饱和差以及露点等物理量来表示；若表示在湿蒸气中液态水分的重量占蒸气总重量的百分比，则称之为蒸气的湿度。

（1）绝对湿度

绝对湿度是一定体积的空气中含有的水蒸气的质量，一般其单位是 g/m^3。绝对湿度的最大限度是饱和状态下的最高湿度。绝对湿度只有与温度一起才有意义，空气中能够含有的湿度的量随温度变化而变化，在不同的温度中绝对湿度也不同，随着温度的变化空气的体积也要发生变化。但绝对湿度越靠近最高湿度，它随温度的变化就越小。

（2）相对湿度

台式湿度计记录的是相对湿度。相对湿度是绝对湿度与最高湿度之间的比，它的值显示水蒸气的饱和度有多高。相对湿度为 100% 的空气是饱和的空气。相对湿度是 50% 的空气含有达到同温度的空气的饱和点的一半的水蒸气。相对湿度超过 100% 的空气中的水蒸气一般会凝结。随着温度的增高空气中可以含的水就越多，也就是说，在同样多的水蒸气的情况下温度升高相对湿度就会降低。因此在提供相对湿度的同时，也必须提供温度的数据。通过相对湿度和温度也可以计算出露点。

4. 热量

热量，指的是由于温差的存在而导致的能量转化过程中所转移的能量。而该转化过程称为热交换或热传递，热量的单位为 J。

5. 熵

热传导、功变热和气体自由膨胀等物理过程具有单向性（或不可逆性）特征，热量能自发地从高温物体传到低温物体，但热量从低温物体传到高温物体的过程则不能自发发生；机械功可通过摩擦全部转化为热，但热不可能全部转化为机械功；气体能向真空室自由膨胀，使本身体积扩大而充满整个容器，但决不会自动地收缩到容器中的一部分。德国物理学家克劳修斯首先注意到自然界中实际过程的方向性或不可逆性的特性，从而引进了一个与"能"有亲缘关系的物理量——"熵"。

熵常用 S 表示，它定义为：一个系统的灯的变化 ΔS 是该系统吸收（或放出）的热量 ΔQ 与绝对温度 T 的"商"，即 $\Delta S = \Delta Q/T$。当系统吸收热量时，ΔQ 取为正；当系统放出热量时，ΔQ 取为负。这里我们定义的是熵的变化，而不是熵本身的值。这种情况与讨论能或电势能和电势时一样，在这些问题中重要的是有关物理量的变化量。这样定义的灯是如何描述实际过程单向性特征的呢？以热传导过程为例，热量只能自发地从高温物体传向低温物体，而不能自发地从低温物体传向高温物体。

6. 焓

焓是物体的一个热力学能状态函数，可定义为：$H=U+pV$。其中 H 表示焓，U 表示内能。

内能是系统内部一切运动形式的能量总和。其中包括的能量形式有：分子无规则运动的动能、分子间相互作用的势能、分子内部以及原子核内部的各种能量形式。

2.1.2 热力学基本定律

（1）热力学第零定律

若 A 物体与 B 物体达到热平衡，C 物体与 B 物体也达到热平衡，则 A 与 C 物体温度相等。此定律应成立于第一、二、三定律之前，却总结于之后，故被称为热力学第零定律。

（2）热力学第一定律

系统在任一过程中包括能量的传递和转化，其总能量的值保持不变，也即能量守恒。

（3）热力学第二定律

热量在自发的情况下只能从高温物体传向低温物体。热传递的方向和温度梯度的方向反。这是克劳修斯的表述，也叫滴增加原理，它表明世界将变得越来越没有秩序，越来越混乱。

（4）热力学第三定律

绝对零度不可达到。

2.1.3 热力循环

系统在经历一系列状态变化过程后，必须能回到原来状态，这样一系列过程的综合称热力循环。全部由可逆过程组成的循环称为可逆循环；若循环中有部分过程或全部过程不可逆,则该循环为不可逆循环。

据循环效果及进行方向的不同,循环可分为正向循环和逆向循环。将热能转化为机能的循环称为正向循环,使外界得到功;将热量从低温热源传给高温热源的循环称为逆向循环,逆向循环必然消耗外功。

1. 正向循环

正向循环也称为热动力循环。下面以 1kg 工质在封闭气缸内进行一个任意的可逆正向循环为例,概括说明正向循环的性质。图 2-1(a)、(b)分别为该循环的 p-v 图和相应的 T-s 图。

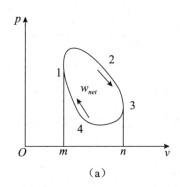 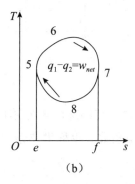

图 2-1 正向循环

在图 2-1(a)中,1-2-3 为膨胀过程,过程功以 1-2-3-n-m-1 所围范围的面积表示。3-4-1 为压缩过程,该过程消耗的功以 3-4-1-m-n-3 所围范围的面积表示。工质完成一个循环后对外做出的净功称为循环功,以 w_{net} 表示。显然,循环功等于膨胀做出面积。

同一循环的 T-s 图如图 2-1(b)所示,图中 5-6-7 是工质从热源吸热的过程,所吸热量以 5-6-7-f-e-5 所围范围的面积,以 q_1 表示;7-8-5 是放热过程,放出的热量为 7-8-5-e-f-7 所围范围的面积,以 q_2 表示。若以 q_{net} 表示该循环的净热量,则在 T-s 图上 q_{net} 可用循环过程线 5-6-7-8-5 所围范围的面积表示。

正向循环的经济性用热效率 η_t 来衡量。正向循环的收益是循环净功 w_{net},花费的代价是工质吸热量 q_1,故

$$\eta_t = \frac{w_{net}}{q_1} \tag{1}$$

2. 逆向循环

逆向循环主要用于制冷和热泵。制冷装置中,功源(如电动机)供给一定的机械能,使低温冷藏库或冰箱中的热量排向温度较高的环境大气。热泵则消耗机械能把低温热源,如室外大气中的热量输向温度较高的室内,使室内空气获得热量维持较高的温度。两种装置用途不同,但热力学原理相同,均是在循环中消耗机械能(或其他能量),把热量从低温热源传向高温热源。

如图 2-2(a)所示,工质沿 1-2-3 膨胀到状态 3,然后循较高的压缩线 3-4-1 压缩回状态 1,这时压缩过程消耗的功大于膨胀过程做出的功,故需由外界向工质输入功,其数

值为循环净功 w_{net}，即 p-v 图上封闭曲线 1-2-3-4-1 所围范围的面积。在 T-s 图（见图 2-2（b））中，同一循环的吸热过程为 5-6-7，放热过程为 7-8-5。工质从低温热源吸热 q_2，向高温热源放热 q_1，差值为循环净热量 q_{net}，即 T-s 图上封闭曲线 5-6-7-8-5 所围范围的面积。

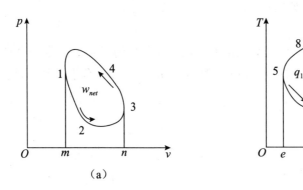

图 2-2　逆向循环

制冷循环和热泵循环的用途不同，即收益不同，故其经济性指标也不同，分别用制冷系数 ε 和热泵系数（也称供热系数）ε' 表示：

$$\varepsilon = \frac{q_2}{w_{net}} \tag{2}$$

$$\varepsilon' = \frac{q_1}{w_{net}} \tag{3}$$

2.1.4　压焓图和温熵图

在热力循环的分析和计算中，常用压焓图和温熵图，压焓图和温熵图中的任一点表示工质的一个确定的状态。

1. 压焓图

压焓图以绝对压力（MPa）为纵坐标，以焓值（kJ/kg）为横坐标，如图 2-3 所示。通常纵坐标取对数坐标，因此，压焓图又称为 I_{gp}-h 图。

压焓图可以用一点（临界点）、三区（液相区、两相区、气相区）、五态（过冷液状态、饱和液状态、饱和蒸气状态、过热蒸气状态、湿蒸气状态）和八线（定压线、定焓线、饱和液线、饱和蒸气线、定干度线、定熵线、定比体积线、定温线）来概括。

图 2-3 中，临界点 K 的左包络线为饱和液体线，线上任意一点代表一个饱和液体状态，对应的干度 X=0；临界点 K 的右包络线为饱和蒸气线，线上任意一点代表一个饱和蒸气状态，对应的干度 X=1，饱和液体线和饱和蒸气线将整个区域分为三个区：饱和液体线左边的是液相区，该区的液体称为过冷液体；饱和蒸气右边的是气相区，该区的蒸气成为过热蒸气油饱和液体线和饱和气体线包围的区域为两相区，制冷剂在该区域内处于湿蒸气状态。

定压线为水平线，定焓线为垂直线；定温线在液体区几乎为垂直线，两相区内是水平线，在气相区为向右下方弯曲的倾斜线；定熵线为向右上方弯曲的倾斜线；定比体积线为向右上方弯曲的倾斜线，比定熵线平坦；定干度线只存在于两相区，其方向大致与饱和液体线或饱和蒸气线相近，视干度大小而定。

2. 温熵图

温熵图以温度（K）为纵坐标，以熵（$kJ/(kg \cdot K)$）为横坐标，如图 2-4 所示。温熵图又称为 T-s 图。温熵图同样可以用一点（临界点）、三区（液相区、两相区、气相区）、五态（过冷液状态、饱和液状态、饱和蒸气状态、过热蒸气状态、湿蒸气状态）和八线（定压线、定焓线、饱和液体线、饱和蒸气线、定干度线、定熵线、定比体积线、定温线）来概括。

扩展阅读2.1
扫码观看

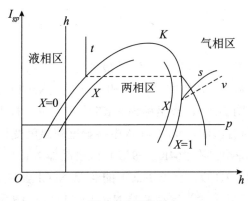

图 2-3　压焓图

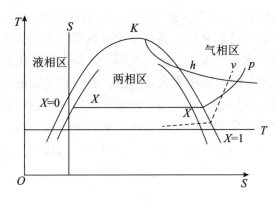

图 2-4　温熵图

如图 2-4 所示，临界点 K 的左包络线为饱和液体线，线上任意一点代表一个饱和液体状态，对应的干度 $X=0$；临界点 K 的右包络线为饱和蒸气线，线上任意一点代表一个饱和蒸气状态，对应的干度 $X=1$。饱和液体线和饱和蒸气线将整个区域分为三个区：饱和液体线左边的是液相区，该区的液体称为过冷液体；饱和蒸气线右边的是气相区，该区的蒸气称为过热蒸气；由饱和液体线和饱和气体线包围的区域为两相区，制冷剂在该区域内处于湿蒸气状态。

定温线为水平线，定熵线为垂直线；定压线在液体区密集于饱和液体线附近，近似可用饱和液体线来代替；定压线在两相区内是水平线，在气相区为向右上方弯曲的倾斜线；定焓线在液相区可以近似用同温度下饱和液体的焓值来代替，在气相区和两相区，定焓线均为向右下弯曲的倾斜线，但在两相区内曲线的斜率更大；定比体积线为向右上方弯曲的倾斜线；定干度线只存在于两相区，其方向大致与饱和液体线或饱和蒸气线相近，视干度大小而定。

2.2 制冷方法

2.2.1 冰盐制冷

用冰制冷只能得到0℃以上的温度，为了得到更低的温度，可在冰中加盐。冰盐，是指冰和盐溶液的混合物。常见的冰盐是冰和氯化钠（NaCl）溶液的混合物。如图是 $NaCl \cdot H_2O$ 体系的相图（图2-5），横坐标为NaCl含量，纵坐标为温度。A点向上的线是NaCl的饱和线，一般是向右偏的，NaCl在水中溶解度随温度变化不大，这里画出一条近似竖直的线给饱和NaCl降温，在264K（-9℃）析出晶体 $NaCl \cdot 2H_2O$，252K（-21℃）全部变为冰和晶体 $NaCl \cdot 2H_2O$。当给NaCl的含量NaCl含量23.3%的溶液降温，在252K以上都会保持液态，以下变为冰和晶体 $NaCl \cdot 2H_2O$。AB和BC两条线是向上弯曲的，这里只是示意图，粗略的计算可为直线。如果是给冰盐混合物升温，分析方法相同，主要是看两条水平线（温度）。冰和NaCl混合并不能自动降低温度，只是降低了凝固点。

冰盐混合物是一种有效的起寒剂。当盐掺在碎冰里，盐就会在冰中溶解而发生吸热作用，使冰的温度降低。冰盐混合在一起，在同一时间内会发生两种作用：一种是会加快冰的溶化速度，而冰溶化时又要吸收大量的热；另一种是盐的溶解也要吸收溶解热。因此，在短时间能吸收大量的热，从而使冰盐混合物温度迅速下降，它比单纯冰的温度要低得多。冰盐混合物的温度高低，是依据冰中掺入盐的百分数而决定的，如用盐量为冰的29%时最低温度可达-21℃左右。在冷藏运输中，通过调节冰盐的比例，可以达到合适的运输温度。

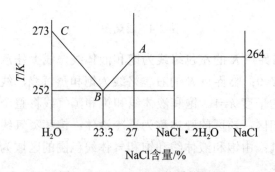

图2-5　$NaCl \cdot H_2O$ 体系的相图

2.2.2 压缩式制冷

1. 理想制冷循环——逆卡诺循环

它由两个等温过程和两个绝热过程组成（见图2-6）。假设低温热源（即被冷却物体）的温度为高温热源（即环境介质）的温度为 T_k，则工质的温度在吸热过程中为 T_o，在放热过程中为 T_k，就是说在吸热和放热过程中工质与冷源及高温热源之间没有温差，即传热是在等温行的，压缩和膨胀过程是在没有任何损失情况下进行的。其循环过程如下。

首先，工质在 T_o 下从冷源（即被冷却物体）吸取热量 q_o，并进行等温膨胀（4→1），然后，通过绝热压缩温度（1→2），使其温度由 T_o 升高至环境介质的温度 T_k，再在 T_k 下进行等温压缩（2→3），并向环境介质（即高温热源）放出热量 q_k，最后，再进行绝热膨胀（3→4），使其温度由 T_k 降至 T_o 即使工质回到初始状态4，从而完成一个循环。

对于逆卡诺循环来说，由图2-6可知：

$$q_o = T_o(S_1 - S_4)$$
$$q_k = T_k(S_2 - S_3) = T_k(S_1 - S_4)$$
$$w_0 = q_k - q_o = T_k(S_1 - S_4) - T_o(S_1 - S_4) = (T_k - T_o)(S_1 - S_4)$$

则逆卡诺循环制冷系统 ε_k 为：$\varepsilon_k = \dfrac{q_0}{q_k - q_0} = \dfrac{T_o}{T_k - T_o}$

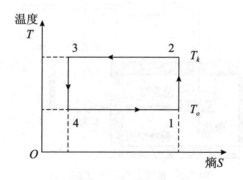

图2-6 逆卡诺循环

由上式可见，逆卡诺循环的制冷系数与工质的性质无关，只取决于冷源（即被冷却物体）的温度 T_o 和热源（即环境介质）的温度 T_k，降低 T_k，提高 T_o，均可提高制冷系数。此外，由热力学第二定律还可以证明："在给定的冷源和热源温度范围内工作的逆行不以逆卡诺循环的制冷系数为最高"。任何实际制冷循环的制冷系数都小于逆卡诺循环的制冷系数。

综上所述，理想制冷循环应为逆卡诺循环。而实际上逆卡诺循环是无法实现的，但它可以用作评价实际制冷循环完善程度的指标。通常将工作于相同温度间的实际制冷循环的制冷系数 ε_k 与逆卡诺循环制冷系数 ε_k 之比，称为该制冷机循环的热力完善度，用符号 η 表示：

即

$$\eta = \varepsilon / \varepsilon_k$$

热力完善度是用来表示制冷机循环接近逆卡诺循环的程度。它也是制冷循环的一个技术经济指标，但它与制冷系数的意义不同，对于工作温度不同的制冷机循环无法按其制冷系数的大小来比较循环的经济性好坏，而只能根据循环的热力完善度的大小来判断。

2. 蒸气压缩式制冷循环

单级蒸气压缩式制冷系统如图2-7所示。它由压缩机、冷凝器、膨胀阀和蒸发器组成。

其工作过程如下：制冷剂在蒸发压力下沸腾，蒸发温度低于被冷却物体或流体的温度。压缩机不断地抽吸蒸发器中产生的蒸气，并将它压缩到冷凝压力，然后送往冷凝器，在冷凝压力下等压冷却和冷凝成液体，制冷剂冷却和冷凝时放出的热量传给冷却介质（通常是水或空气）与冷凝压力相对应的冷凝温度一定要高于冷却介质的温度，冷凝后的液体通过膨胀阀或其他节流元件进入蒸发器。当制冷剂通过膨胀阀时，压力从冷凝压力降到蒸发压力，部分液体气化，剩余液体的温度降至蒸发温度，于是离开膨胀阀的制冷剂变成温度为蒸发温度的两相混合物。混合物中的液体在蒸发器中蒸发，从被冷却物体中吸取它所需要的气化潜热。混合物中的蒸气通常称为闪发蒸气，在它被压缩机重新吸入之前几乎不再起吸热作用。

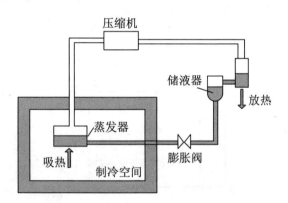

图2-7 单级蒸气压缩式制冷系统

3. 理论制冷循环

在制冷循环的分析和计算中，通常会借助压焓图和温熵图来表示各种热力过程，以及研究各个过程间的联系和状态变化。由于循环的各个过程中功和热的变化均可用焓值的变化来计算，因此压焓图被广泛应用。

在理论制冷循环中，可以认为蒸发和冷凝过程是定压过程，压缩和膨胀过程是绝热过程，理论循环表示在温熵图上如图2-8所示，表示在压焓图上如图2-9所示。

在理论制冷循环中，1-2是压缩机中的绝热压缩过程，此过程是在过热蒸气区进行的压力蒸发压力p_o提高到冷凝压力p_k，温度由T_o升高到T_2，并且T_2大于T_k；2-3是在冷凝器中进行的冷凝过程，温度由T_2降低到T_k，凝结成饱和液体；3-4是在膨胀阀中进行的降压过程，节流后压力由p_4降到p_o，温度由T_k降到T_o；4-1是在蒸发器中进行的等压气化过程，由湿蒸气蒸发成饱和蒸气，温度不变。

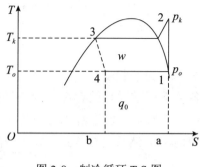

图 2-8 制冷循环 T-S 图

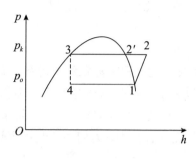

图 2-9 制冷循环 p-h 图

对于理论循环，离开蒸发器的制冷剂蒸气是处在蒸发压力下的饱和气体；离开冷凝器的液体是处在冷凝压力下的饱和液体；压缩机的压缩过程为等熵绝热压缩；制冷剂在膨胀阀中节流前后的焓值相等；在蒸发和冷凝过程中没有压力损失；在连接管道中不发生相变；蒸发和冷凝过程没有传热温差。上述这些条件显然不符合实际循环。

4. 实际制冷循环

影响实际制冷循环的因素较多，因此循环也较复杂。一个简化的实际制冷循环如图 2-10 所示。

1 1′ 1″ 2 2′ 3 4 4′ 1′ 5 1 是整个循环过程。

1-1′ 线　由于在压缩机吸气管中存在阻力以及吸收外界热量，使压力降低，温度升高；

1′1″ 线　是由于压缩机进气阀节流而引起的压力降低；

1″-2 线　制冷剂在压缩机总的时间压缩过程线。在刚开始压缩时，由于制冷剂温度低于汽缸温度，所以，进行的是吸热压缩过程，并且熵增大。当制冷剂的温度高于汽缸温度时，变为放热压缩过程，熵有所减少；

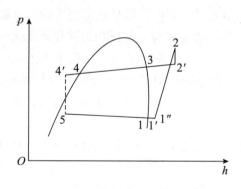

图 2-10 实际制冷循环

2-2′ 线　表示实际的排气过程。制冷剂从压缩机排气阀排出时被节流，焓基本不变，压力有所降低；

2′-3-4 线　制冷剂经过管路及冷凝器时的压力降及冷凝发生的相变过程，由开始的过热蒸气变为饱和液体；

4-4′ 线　由于摩擦压降及温度降低使制冷剂成为过冷液体；

4′-5 线　此过程在节流阀中进行，制冷剂的压力和温度降低，比体积增大。因为会出现闪发气体，节流后的制冷剂是湿蒸气。实际的节流过程是一个节流前后焓值相等、熵增加的过程；

5-1 线　此过程在蒸发器中进行，制冷剂压力降低，发生相变。

可以看出，实际循环与理论循环相比，由于各种不可逆因素的存在，制冷量会有所减小，而耗功会有所增加。因此，实际循环的制冷系数必然小于理论循环制冷系数。但是，在实际的设计计算中，人们往往是以理论制冷循环为基础，然后进行修正。

2.3　制冷剂

制冷剂又称制冷工质，它是在制冷系统中不断循环并通过其本身的状态变化以实现制冷的工作物质。制冷剂在蒸发器内吸收被冷却介质（水或空气等）的热量而汽化，在冷凝器中将热量传递给周围空气或水而冷凝。它的性质直接关系到制冷装置的制冷效果、经济性、安全性及运行管理，因而对制冷剂性质要求的了解是不容忽视的。

2.3.1　对制冷剂性质的要求

（1）临界温度要高，凝固温度要低。这是对制冷剂性质的基本要求。临界温度高，便于用一般的冷却水或空气进行冷凝；凝固温度低，以免其在蒸发温度下凝固，便于满足较低温度的制冷要求。

（2）在大气压力下的蒸发温度要低。这是低温制冷的一个必要条件。

（3）压力要适中。蒸发压力最好与大气压相近并稍高于大气压力，以防空气渗入制冷系统中，降低制冷能力。冷凝压力不宜过高（一般不大于 12~15 绝对大气压），以减少制冷设备承受的压力，以免压缩功耗过大并可降低高压系统渗漏的可能性。

（4）单位容积制冷量 q 要大。这样，在制冷量一定时，可以减少制冷剂的循环量，缩小压缩机的尺寸。

（5）热导率要高，黏度和密度要小。以提高各换热器的传热系数，降低其在系统中的流动阻力损失。

（6）绝热指数 k 要小。由绝热过程中参数间关系式可知，在初温和压缩比相同的情况下，k 越大，T_2 越高。可见，k 小可降低排气温度。

（7）具有化学稳定性。不燃烧、不爆炸、高温下不分解、对金属不腐蚀、与润滑油不起化学反应、对人身健康无损无害。

（8）价格便宜，易于购得，且应具有一定的吸水性，以免当制冷系统中渗进极少量的水分时，产生"冰塞"而影响正常运行。

（9）对环境影响要小，避免泄漏后对环境造成影响。

2.3.2 制冷剂的一般分类

根据制冷剂常温下在冷凝器中冷凝时饱和压力 P_k 和正常蒸发温度 T_0 的高低，一般分为三大类。

（1）低压高温制冷剂

冷凝压力 $P_k \leq 2 \sim 3 \text{kgf/cm}^2$，$T_0 > 0 ℃$。（$1 \text{kgf/cm}^2 = 98.0\ 665 \text{kPa}$）

如 R11（$CFCl_3$），其 $T_0 = 23.7℃$。这类制冷剂适用于空调系统的离心式制冷压缩机。通常 30℃时，$P_k \leq 3.06 \text{kgf/cm}^2$。

（2）中压中温制冷剂

冷凝压力 $P_k \geq 20 \text{kgf/cm}^2$，$0℃ > T_0 > -60℃$。

如 R717、R12、R22 等，这类制冷剂一般用于普通单级压缩和双级压缩的活塞式制冷压缩机中。

（3）高压低温制冷剂

冷凝压力 $P_k \geq 20 \text{kgf/cm}^2$，$T_0 \leq -70℃$。

如 R13（CF_3Cl）、R14（CF_4）、二氧化碳、乙烷、乙烯等，这类制冷剂适用于复迭式制冷装置的低温部分或 -70℃以下的低温装置中。

2.3.3 常用制冷剂的特性

目前，制冷剂有 70～80 种，并在不断增多。但用于食品工业和空调制冷的仅 10 多种。其中，被广泛采用的有以下几种。

1. R717

R717 即氨，是目前使用最为广泛的一种中压中温制冷剂。氨的凝固温度为 -77.7℃，标准蒸发温度为 -33.3℃，在常温下冷凝压力一般为 1.1～1.3MPa，即使当夏季冷却水温高达 30℃时，也绝不可能超过 1.5MPa。氨的单位标准容积制冷量大约为 $2\ 175 \text{kJ/m}^3$。

氨有很好的吸水性，即使在低温下水也不会从氨液中析出而冻结，故系统内不会发生"冰塞"现象。氨对钢铁不具有腐蚀作用，但氨液中含有水分后，对铜及铜合金有腐蚀作用且使蒸发温度稍许提高。因此，氨制冷装置中不能使用铜及铜合金材料，并规定氨中含水量不应超过 0.2%。

氨的相对密度和黏度小，放热系数高，价格便宜，易于获得。但是，氨有较强的毒性和可燃性。若以容积计，当空气中氨的含量达到 0.5%～0.6% 时，人在其中停留半个小时即可中毒，达到 11%～13% 时即可点燃，达到 16% 时遇明火就会爆炸。因此，氨制冷机房必须注意通风排气，并需经常排除系统中的空气及其他不凝性气体。

氨作为制冷剂的优点是：易于获得、价格低廉、压力适中、单位制冷量大、放热系数高、几乎不溶解于油、流动阻力小、泄漏时易发现。其缺点是：有刺激性臭味、有毒、可以燃烧和爆炸，对铜及铜合金有腐蚀作用。

2. R12

R12 为烷烃的卤代物，学名二氟二氯甲烷。它是我国中小型制冷装置中使用较为广泛的中压中温制冷剂。R12 的标准蒸发温度为 -29.8℃，冷凝压力一般为 0.78～0.98MPa，凝固温度为 -155℃，单位容积标准制冷量约为 1 205kJ/m³。

R12 是一种无色、透明、没有气味，几乎无毒性、不燃烧、不爆炸，很安全的制冷剂。只有在空气中容积浓度超过 80% 时才会使人窒息。但与明火接触或温度达 400℃ 以上时，会分解出对人体有害的气体。

R12 能与任意比例的润滑油互溶且能溶解各种有机物，但其吸水性极弱。因此，在小型氟利昂制冷装置中不设分油器，而装设干燥器。同时规定 R12 含水量不得大于 0.002 5%，系统中不能用一般天然橡胶作密封垫片，而应采用丁腈橡胶或氯丁橡胶等人造橡胶。否则，会造成密封垫片的膨胀引起制冷剂的泄漏。

3. R22

R22 也是烷烃的卤代物，学名二氟一氯甲烷，标准蒸发温度约为 -41℃，凝固温度约为 -160℃，冷凝压力同氨相似，单位容积标准制冷量约为 1 900kJ/m³。

R22 的许多性质与 R12 相似，但化学稳定性不如 R12，毒性也比 R12 稍大。但是，R22 的单位容积制冷量却比 R12 大得多，接近于氨。当要求 -40～-70℃ 的低温时，利用 R22 比 R12 适宜，故目前 R22 被广泛应用于 -40～-60℃ 的双级压缩或空调制冷系统中。

4. R134a

R134a 作为 R12 的替代制冷剂，它的许多特性与 R12 很相像。R134a 的毒性非常低，在空气中不可燃，安全类别为 A1，是很安全的制冷剂。

R134a 的化学稳定性很好，然而由于它的溶水性比 R22 高，所以对制冷系统不利，即使有少量水分存在，在润滑油等的作用下，将会产生酸、二氧化碳或一氧化碳，将对金属产生腐蚀作用，或产生"镀铜"作用，所以 R134a 对系统的干燥和清洁要求更高。未发现 R134a 对钢、铁、铜、铝等金属有相互作用的化学反应现象，仅对锌有轻微的作用。

R134a 是目前国际公认的替代 R12 的主要制冷工质之一，常用于车用空调，商业和工业用制冷系统，以及作为发泡剂用于硬塑料保温材料生产，也可以用来配置其他混合制冷剂，如 R404a 和 R407c 等。

5. R404a

R404a 是一种不含氯的非共沸混合制冷剂，常温常压下为无色气体，储存在钢瓶内是被压缩的液化气体。其 ODP（ozone depletion potential，臭氧消耗潜值）为 0，因此 R40 是不破坏大气臭氧层的环保制冷剂，主要用于替代 R22 和 R502，具有清洁、低毒、不燃、制冷效果好等特点，大量用于中低温制冷系统。

2.3.4 制冷剂的发展趋势

在运输中最常用的制冷剂是氟利昂族。氟利昂英文名称为 freon，是氟氯代甲烷和氟氯代乙烷的总称，主要是含氟和氯的烷烃衍生物，少数是环烷烃卤素衍生物，有的还含有原子。氟利昂在常温下都是无色气体或易挥发液体，略有香味，低毒，化学性质稳定。工业上所用氟利昂主要是甲烷和乙烷的卤代物，其中最重要的是二氟二氯甲烷（R12）、一氟三氯甲烷（R11）和二氟一氯甲烷（R22）。

20 世纪 80 年代后期，氟利昂的生产达到了高峰。在对氟利昂实行控制之前，全世界向大气中排放的氟利昂已达到了 2 000 万吨。由于它们在大气中的平均寿命达数百年，所以排放的大部分仍留在大气层中，其中大部分仍然停留在对流层，一小部分升入平流层。它们在大气的对流层中是非常稳定的，可以停留很长时间，如 R12 在对流层中寿命长达 120 年左右。因此，这类物质可以扩散到大气的各个部位，但是到了平流层后，就会在太阳的紫外辐射下发生光化反应，释放出活性很强的游离氯原子或溴原子，参与导致臭氧消耗的一系列化学反应。这样的反应循环不断，每个游离氯原子或溴原子可以破坏约 10 万个臭氧分子，这就是氯氟烷烃或溴氟烷烃破坏臭氧层的原因。

目前，科学家引入了总体温室效应的概念，既 TEWI（Total Equivalent Warming Impact，总当量变暖影响），用于评价制冷剂在制冷系统运行若干年而造成对全球变暖的影响。氟利昂制冷剂的泄漏和制冷剂回收不彻底都是影响 TEWI 的因素。为降低 TEWI 值，应尽量采用 GWP（Global Warming Potential，全球变暖指数）较低的制冷剂，减少制冷剂的泄漏，尽量降低制冷系统中制冷剂的充注量，并且提高制冷系统的回收率。

对于氯氟化碳类物质的替代，目前主要有过渡性替代和根本性替代两种措施。过渡性替代是采用危害性较低的氢氯氟化碳制冷剂或由其组成的非共沸混合制冷剂，直至最终被禁用。根本性替代是指采用烷烃等自然物质，即绿色制冷剂或其他对臭氧层破坏极小的氢氟化碳类（HFCS）制冷剂。由于氟利昂制冷剂（以氯氟烃类物质为主）对环境有破坏作用，绿色环保的天然制冷剂的应用和推广逐渐被重视。

出于保护臭氧层和抑制全球气候变暖的需要，对制冷剂提出了新的要求，需要寻找新型制冷剂。国内外研究开发了一些绿色环保制冷剂，也越来越注重从 ODP 和 GWP 两方面指标综合评价制冷剂的环保性能。目前，使用 R32、R152a、R123 和天然工质，尤其对使用碳氢化合物的呼声有所高涨。

2.4 制冷系统与制冷设备

在单级蒸气压缩制冷循环中，制冷系统一般有制冷剂和四大机件，即压缩机、冷凝器、膨胀阀、蒸发器组成。

2.4.1 压缩机

1. 往复式压缩机

往复式压缩机属于容积式压缩机，是使一定容积的气体顺序地吸入和排出封闭空间提高静压力的压缩机。曲轴带动连杆，连杆带动活塞，活塞做上下运动。活塞运动使气缸内的容积发生变化,当活塞向下运动的时候,气缸容积增大,进气阀打开,排气阀关闭,空气被吸进来,完成进气过程;当活塞向上运动的时候,气缸容积减小,出气阀打开,进气阀关闭,完成压缩过程。通常活塞上有活塞环来密封气缸和活塞之间的间隙,气缸内有润滑油润滑活塞环。活塞压缩机的众多特点是由其设计原理所决定的。比如运动部件多,有进气阀、排气阀、活塞、活塞环、连杆、曲轴、轴瓦等;比如受力不均衡,没有办法控制往复惯性力;比如需要多级压缩,结构复杂;再比如由于是往复运动,压缩空气不是连续排出、有脉动等。但是活塞压缩机另一个特点也非常突出,它是最早设计、制造并得到应用的压缩机,也是应用范围最广,制造工艺最成熟的压缩机。即使是现在,活塞压缩机仍然在大量得到使用。但是在动力用空气压缩机领域,活塞式压缩机正在被逐渐淘汰。

2. 回转式压缩机

通过一个或几个部件的旋转运动来完成压缩腔内部容积变化的容积式压缩机。包括滑片式、滚动活塞式、螺杆式和涡旋式压缩机。回转式制冷压缩机是工作容积做旋转运动的容积式压缩机。气体压缩和压力变化是依靠容积变化来实现的,而容积的变化又是通过压缩机的一个或几个转子在气缸里做旋转运动来达到的,与往复压缩机不同的是,其容积在周期性地扩大和缩小的同时,空间位置也在不断变化。只要在气缸上合理地配置吸气和排气孔口,就可以实现吸气、压缩和排气等基本工作过程。

3. 轴流式压缩机

轴流式压缩机与离心式压缩机都属于速度型压缩机,均称为透平式压缩机;速度型压缩机的含义是指它们的工作原理都是依赖叶片对气体做功,并先使气体的流动速度得以极大提高,然后再将动能转变为压力能。透平式压缩机的含义是指它们都具有高速旋转的叶片。"透平"是英文"TURBINE"的译音,其中文含义为:"叶片式机械",对于这一英文单词,全世界不管哪种语言,都采用音译的方法,所以"透平式压缩机"的意义也就是叶片式的压缩机械。与离心式压缩机相比,由于气体在压缩机中的流动,不是沿半径方向,而是沿轴向,所以轴流式压缩机的最大特点在于:单位面积的气体通流能力大,在相同加工气体量的前提条件下,径向尺寸小,特别适用于要求大流量的场合。另外,轴流式压缩机还具有结构简单、运行维护方便等优点。但它也具有叶片型线复杂、制造工艺要求高、稳定工况区较窄、在定转速下流量调节范围小等缺点。

4. 离心式压缩机

离心式压缩机用于压缩气体的主要部件是高速旋转的叶轮和通流面积逐渐增加的扩压器。简而言之,离心式压缩机的工作原理是通过叶轮对气体做功,在叶轮和扩压器的流道内,利用离心升压作用和降速扩压作用,将机械能转换为气体的压力能的。更通俗地说,气体在流过离心式压缩机的叶轮时,高速运转的叶轮使气体在离心力的作用下,一方面压力有所提高,另一方面速度也极大增加,即离心式压缩机通过叶轮首先将机械能转变为气体的静压能和动能。此后,气体在流经扩压器的通道时,流道截面逐渐增大,前面的气体分子流速降低,后面的气体分子不断涌流向前,使气体的绝大部分动能又转变为静压能,也就是进一步起到增压的作用。显然,叶轮对气体做功是气体得以升高压力的根本原因,而叶轮在单位时间内对单位质量气体做功的多少是与叶轮外缘的圆周速度密切相关的,圆周速度越大,叶轮对气体所做的功就越大。

2.4.2 冷凝器

冷凝器是一个热交换设备,作用是利用环境冷却介质(空气或水),将来自压缩机的高温高压制冷剂蒸气的热量带走,使高温高压制冷剂蒸气冷却、冷凝成高压常温的制冷剂液体。冷凝器按其冷却介质不同,可分为水冷式、空气冷却式、蒸发式、淋水式四大类。

1. 水冷式冷凝器

水冷式冷凝器是以水作为冷却介质,靠水的温升带走冷凝热量。冷却水一般循环使用,系统中需设有冷却塔或凉水池。水冷式冷凝器按其结构形式又可分为壳管式冷凝器和套管式冷凝器两种,前者较为常见。

(1)立式壳管式冷凝器

立式冷凝器由于冷却流量大流速高,故传热系数较高,一般 1K=600~2 950kJ/($m^2 \cdot h \cdot ℃$)。垂直安装,占地面积小,且可以安装在室外。

冷却水直通流动且流速大,故对水质要求不高,一般水源都可以作为冷却水。管内水垢易清除,且不必停止制冷系统工作。但因立式冷凝器中的冷却水温升一般只有 2~4℃,对数平均温差一般在 5~6℃左右,故耗水量较大。且由于设备置于空气中,管子易被腐蚀。

(2)卧式壳管式冷凝器

它与立式冷凝器有相类似的壳体结构,主要区别在于壳体的水平安放和水的多路流动。卧式冷凝器不仅广泛地用于氨制冷系统,也可以用于氟利昂制冷系统,但其结构略有不同。氨卧式冷凝器的冷却管采用光滑无缝钢管,而氟利昂卧式冷凝器的冷却管一般采用低肋铜管。这是由于氟利昂放热系数较低的缘故。值得注意的是,有的氟利昂制冷机组一般不设储液筒,只采用冷凝器底部少设几排管子,兼作储液筒用。

(3)套管式冷凝器

制冷剂的蒸气从上方进入内外管之间的空腔,在内管外表面上冷凝,液体在外管底部依次下流,从下端流入储液器中。冷却水从冷凝器的下方进入,依次经过各排内管从上部流出,与制冷剂呈逆流方式。这种冷凝器的优点是结构简单,便于制造,且因系单管冷凝,介质流动方向相反,故传热效果好,当水流速为 1~2m/s 时传热系数可达 3 350kJ/($m^2 \cdot h \cdot ℃$)。其缺点是金属消耗量大,而且当纵向管数较多时,下部的管子充有较多的液体,使传热面积不能充分利用。另外,紧凑性差,清洗困难,并需大量连接弯头。因此,这种冷凝器在氨制冷装置中已很少应用。对于小型氟利昂空调机组仍广泛使用套管式冷凝器。

2. 空气冷却式冷凝器

空气冷却式冷凝器是以空气作为冷却介质,靠空气的温升带走冷凝热量这种冷凝器适用于极度缺水或无法供水的场合,常见于小型氟利昂制冷机组。根据空气流方式不同,可分为自然对流式和强迫对流式两种。

3. 蒸发式冷凝器

蒸发式冷凝器的换热主要是靠冷却水在空气中蒸发吸收气化潜热而进行的。按空气流动方式可分为吸入式和压送式。

蒸发式冷凝器由冷却管组、给水设备、通风机、挡水板和箱体等部分组成。冷却管组无缝钢管弯制成的蛇形盘管组,装在薄钢板制成的长方形箱体内。箱体的两侧或顶部设有通风机,箱体底部兼作冷却水循环水池。

4. 淋水式冷凝器

淋水式冷凝器是靠水的温升和水在空气中蒸发带走冷凝热量。这种冷凝主要用于大、中型氨制冷系统中。它可以露天安装,也可安装在冷却塔的下方,但应避免阳光直射。淋水式冷凝器的主要优点为:结构简单、制造方便,漏氨时容易发现,维修方便,清洗方便,对水质要求低。其主要缺点是:传热系数低,金属消耗量高,占地面积大。

2.4.3 膨胀阀

扩展阅读2.4

膨胀阀是制冷系统中的一个重要部件。膨胀阀将高压常温的制冷剂液体通过降压装置——节流元件,得到低温低压制冷剂,送入蒸发器内吸热蒸发,达到制冷效果。膨胀阀通过蒸发器末端的过热度变化来控制阀门流量,防止出现蒸发器面积利用不足和敲缸现象。在日常生活中的冰箱、空调常用毛细管作为节流元件。

膨胀阀由阀体、感温包、平衡管三大部分组成。感温包内充注的是处于气液平衡饱和状态的制冷剂,这部分制冷剂与系统内的制冷剂是不相通的。平衡管的一端接在蒸发器出口稍远离感温包的位置上,通过毛细管直接与阀体连接。作用是传递蒸发器出口的实际压力给阀体。阀内有二膜片,膜片在压力作用下向上移动使通过膨胀阀的制冷剂流量减小,在动态中寻求平衡。理想的膨胀阀工作状态应该是随着蒸发器负荷的变化,实时改变开度,控制流量。但实际上,由于感温包感受的温度在热传递上存在迟滞,造成膨胀阀的反应总是慢半拍。假如我们描绘一幅膨胀阀的时间流量图,我们会发现它并不是圆滑的曲线,而是波折线。膨胀阀的好坏反映在波折的幅度上,幅度越大说明该阀反应越慢,质量越差。

常用的节流机构有手动膨胀阀、浮球式膨胀阀、热力膨胀阀及阻流式膨胀阀(毛细管)等。它们的基本原理都是使高压液态制冷剂受迫流过一个小过流截面,产生合适的局部阻力损失(或沿程损失),使制冷剂压力骤降,与此同时,一部分液态制冷剂气化,吸收潜热,使节流后的制冷剂成为低压低温状态。

1. 手动膨胀阀

手动膨胀阀和普通的截止阀在结构上的不同之处主要是阀芯的结构与阀杆的螺纹形式。通常截止阀的阀芯为一平头,阀杆为普通螺纹,所以它只能控制管路的通断和粗略地调节流量,难以调整在一个适当的过流截面积上以产生恰当的节流作用。而节流阀的阀芯为针型锥体或带缺口的锥体，阀杆为细牙螺纹，所以当转动手轮时，阀芯移动的距离不大，过流截面积可以较准确、方便地调整。节流阀的开启度的大小是根据蒸发器负荷的变化而调节，通常开启度为手轮的 1/8 至 1/4 周，不能超过一周。否则，开启度过大，会失去膨胀作用。因此，它不能随蒸发器热负荷的变动而灵敏地自动适应调节，几乎全凭经验结合系统中的反应进行手工操作。目前它只装设于氨制冷装置中，在氟利昂制冷装置中，广泛使用热力膨胀阀进行自动调节。

2. 浮球式膨胀阀

浮球式膨胀阀是一种自动调节的节流阀。其工作原理是利用一钢制浮球为启闭阀门的动力，靠浮球随液面高低在浮球室中升降，控制一小阀门开启度的大小变化而自动调节供液量，同时起节流作用。

3. 热力膨胀阀

热力膨胀阀是氟利昂制冷装置中根据吸入蒸气的过热程度来调节进入蒸发器的液态制冷剂量，同时将液体由冷凝压力节流降压到蒸发压力的。按膨胀阀中感应机构动力室中传力零件的结构不同，可分为薄膜式和波纹管式两种；按使用条件不同，又可分为内平衡式和外平衡式两种。目前，常用的小型氟利昂热力膨胀阀多为薄膜式内平衡热力膨胀阀。

1) 内平衡式热力膨胀阀

内平衡式热力膨胀阀一般都由阀体、阀座、阀针、调节杆座、调节杆、弹簧、过滤器、传动杆、感温包、毛细管、气箱盖和感应薄膜等组成。感温包里灌注氟利昂或其他易挥发的液体，把它紧固在蒸发器出口的回气管上，用以感受回气的温度变毛细管是用直径很细的铜管制成，其作用是将感温包内由于温度的变化而造成的压力变化传递到动力室的波纹薄膜上去。

2) 外平衡式热力膨胀阀

外平衡热力膨胀阀与内平衡热力膨胀阀在结构上略有不同，其不同处是感应薄膜下部空间与膨胀阀出口互不相通，而且通过一根小口径的平衡管与蒸发器口相连。换句话说，外平衡热力膨胀阀膜片下部的制冷剂压力不是阀门节流后的蒸发压力，而是蒸发器出口处的制冷剂压力。这样可以避免蒸发器阻力损失较大时的影响，把过热度控制在一定的范围内，使蒸发器传热面积得到充分利用。所以在实际应用中，蒸发器压力损失较小时，一般使用内平衡式热力膨胀阀，而压力损失较大时（当膨胀阀出口至蒸发器出口制冷剂的压力下降，相应的蒸发温度降低超过 2～3℃时），应采用外平衡式热力膨胀阀。

3) 安装热力膨胀阀时应注意的问题

（1）首先应检查膨胀阀是否完好，特别注意检查感温动力机构是否泄漏。

（2）膨胀阀应正立式安装，不允许倒置。

（3）感温包安装在蒸发器的出气管上，紧贴包缠在水平无积液的管段上，外加隔热材料缠包，或插入吸气管上的感温套内。

（4）当水平回气管直径小于 25mm 时，感温包可扎在回气管顶部；当水平回气管直径大于 25mm 时，感温包可扎在回气管下侧 45°处，以防管子底部积油等因素影响感温包正确感温。

（5）外平衡膨胀阀的平衡管一般都安装在感温包后面 100mm 处的回气管上，并应从管顶部引出，以防润滑油进入阀内。

（6）一个系统中有多个膨胀阀时，外平衡管应接到各自蒸发器的出口。

4. 毛细管

在电冰箱、空调器等小型制冷设备中，常用毛细管做节流装置，它主要是靠其管径和长度的大小来控制液体制冷剂的流量以使蒸发器能在适当的状况下工作。制冷工程中一般称内径 0.5～2mm，长度在 1～4m 的紫铜管为毛细管。与节流阀相比，毛细管作为节流装置的优点是无运动件不会磨损不易泄漏、制造容易价格便宜、安装省事，缺点是流量小并不能随时随意进行人为调整。采用毛细管的制冷设备，必须根据设计要求严格控制制冷剂的充加量。

2.4.4 蒸发器

蒸发器也是一个热交换设备。节流后的低温低压制冷剂液体在其内蒸发（沸腾）变为蒸气，吸收被冷却物质的热量，使物质温度下降，达到冷冻、冷藏食品的目的。在制冷系统中，冷却周围的空气，达到对空气降温、除湿的作用。蒸发器内制冷剂的蒸发温度越低，被冷却物的温度也越低。在冷藏车中，冷冻时一般制冷剂的蒸发温度调整在 -26～-20℃，冷却时调整为比实际货物需控制温度低 5℃左右。

根据被冷却介质的种类不同，蒸发器可分为两大类。

1. 冷却液体载冷剂的蒸发器

用于冷却液体载冷剂——水、盐水或乙二醇水溶液等。这类蒸发器常用的有卧式蒸发器、立管式蒸发器和螺旋管式蒸发器等。

1）卧式蒸发器

其与卧式壳管式冷凝器的结构基本相似。按供液方式可分为壳管式蒸发器和干式蒸发器两种。

（1）壳管式蒸发器

卧式壳管式蒸发器广泛使用于闭式盐水循环系统。其主要特点是：结构紧凑，液体与传热表面接触好，传热系数高。但是它需要充入大量制冷剂，液柱对蒸发温度将会有一定的影响。且当盐水浓度降低或盐水泵因故停机时，盐水在管内有被冻结的可能。若制冷剂为氟利昂，则氟利昂内溶解的润滑油很难返回压缩机。此外，将其清洗时需停止工作。

（2）干式氟利昂蒸发器

制冷剂在管内流动，而载冷剂在管外流动。节流后的氟利昂液体从一侧端盖的下部进入蒸发器，经过若干流程后从端盖的上部引出，制冷剂在管内随着流动而不断蒸发，所以壁有一部分为蒸气所占有，因此，它的传热效果不如满液式。但是，它无液柱对蒸发温度的影响，且由于氟利昂流速较高（≥4m/s），则回油较好。此外，由于管外充入的是大量的载冷剂，从而减缓了冻结的危险。这种蒸发器内制冷剂的充注量只需满液式的 1/3～1/2 或更少，故称之为"干式蒸发器"。

2）立管式蒸发器

立管式和螺旋管式蒸发器的共同点是制冷剂在管内蒸发，整个蒸发器管组沉浸在盛满载冷剂的箱体内（或池、槽内），为了保证载冷剂在箱内以一定速度循环，箱内焊有纵向隔板和装有螺旋搅拌器。载冷剂流速一般为 0.3～0.7m/s，以增强传热。这两种蒸发器只能用于开式循环系统，故载冷剂必须是非挥发性物质，常用的是盐水和水等。如用盐水，蒸发器管子易被氧化，且盐水易吸潮而使浓度降低。这两种蒸发器可以直接观察载冷剂的流动情况，广泛用于以氨为制冷剂的盐水制冷系统。

2. 冷却空气的蒸发器

这类蒸发器有冷却排管和冷风机。

1）冷却排管

冷却排管是用来冷却空气的一种蒸发器。广泛应用于低温冷藏库中，制冷剂在冷却排管内流动并蒸发，管外作为传热介质的被冷却空气做自然对流。冷却排管最大的优点是结构简单，便于制作，对库房内储存的非包装食品造成的干耗较少。但排管的传热系数较低，且融霜时操作困难，不利于实现自动化。对于氨直接冷却系统用无缝钢管焊制，采用光管或绕制翅片管；对于氟利昂系统，大都采用绕片或套片式铜管翅片管组。

为增强换热，排管常被设计为蛇形或 U 形，蛇管式排管的优点是结构简单，易于制作，存液量较小，适用性强。其主要缺点为排管下段产生的蒸气不能及时引出，必须经过全部长度的排管后才能排出，故传热系数小，汽液二相流动阻力大。

常用的 U 形排管由两层或四层光滑无缝钢管构成。U 形顶排管优点是结霜比较均匀，制作和安装较方便，充液量小，约占其容积的 50%，适用重力供液系统和氨泵下进上出氨制冷系统，在冷库中获得较广泛的应用。但其占据库房的有效空间较多，且上层排管不易除霜。

2）冷风机（空气冷却器）

冷风机多是由轴流式风机与冷却排管等组成的成套设备。它依靠风机强制库房内的空气流经箱体内的冷却排管进行热交换，使空气冷却，从而达到降低库温的目的。

冷风机按冷却空气所采用的方式可分为干式、湿式和干湿混合式三种。其中，制冷剂或载冷剂在排管内流动，通过管壁冷却管外空气的称为干式冷风机；以喷淋的载冷剂液体直接和空气进行热交换的，称为湿式冷风机；混合式冷风机除冷却排管外，还有载冷剂的喷淋装置。

冷库常用的干式冷风机按其安装的位置又可分为吊顶式和落地式两种类型。它们都由空气冷却排管、通风机及除霜装置组成，且冷风机内的冷却排管都是套片式的。大型干式冷风机常为落地式。

思 考 题

1. 热力学第二定律的含义是什么？

2. 简述蒸发器和冷凝器在制冷系统中的作用。

3. 制冷剂的作用是什么？对制冷剂的性质有哪些基本要求？

案 例 分 析

目前，大部分发达国家都已经基本完成了HCFCs的替代工作，处于发展中国家的中国也将在2030年停止对HCFCs的使用。

2019年1月1日，《基加利修正案》的正式实施，标志着HFCs将进入淘汰倒计时。这意味着家用空调行业将R410A和R32作为过渡替代技术路线，R290（丙烷）作为主要替代路线的方向已然明确。

谈到R32虽然已经明确未来将加入淘汰名单，但却仍然获得家用空调厂青睐的原因，梅兰化工有关负责人坦言："近两年，受下游需求增加以及R32价格优势突出的影响，各大氟化工制冷剂厂商甚至是非化工企业纷纷加大了R32的投入。"

目前，虽然R32已经得到很多制冷剂厂以及空调厂的使用，但也只是家用空调替代史上短期的"急行军"。事实上，不管是此次接受采访的制冷剂企业，还是整机企业都非常清楚R32在《基加利修正案》政策下发展前景将非常黯淡，但是鉴于短期利益，还是在积极布局。

R32作为HFCs物质只是一个过渡替代方案，寻找更加环保的技术和成熟的替代方案是家用空调行业矢志不渝的追求。就目前的情况来看，碳氢制冷剂R290作为主要替代路线的技术选择已经十分明确。而且在中国家用空调行业的推动下，R290空调在生产线建设、安全评估、标准认证、技术研发、安装培训、宣传推广等方面已经积累了丰富的经验。

2018年10月31日，在2018年中国家用电器技术大会房间空调器行业HCFC-22替代技术国际交流会暨空调器专业技术分会上，环保部环境保护对外合作中心项目官员李小燕总结房间空调器行业HPMP第一阶段R290空调的推进进展时说："在HPMP第一阶段，中国房间空调器行业共完成26条生产线的改造，包括18条R290空调生产线和3条R290空调压缩机生产线。HPMP第二阶段，全行业要继续开展R290空调生产线的改造、技术研发等工作。其中，改造的生产线包括20条R290空调生产线，3条R290家用热泵生产线以及3~4条R290压缩机生产线。而R290空调的市场推广也被国家相关部门与中国家用电器协会列为第二阶段履约的工作重点。更重要的是，我们在R290制冷剂分布研究、低GWP技术研究、推动R290空调市场化、更新和完善标准体系等方面取得了众多突破。"她以R290的市场化为例进一步介绍说："到目前为止，格力在深圳大学安装了243台R290空调，美的在嘉兴南洋职业技术学院安装了1 096台R290空调，海尔在联合国北京办公室大楼安装了60台R290空调，长虹在西南科技大学安装了299台R290空调，TCL更是在中山等地安装了4 517台R290空调。"

> 这些年来国内外对 R290 应用于家用空调安全性的争议，某业内人士回应称，理论方面，R290 的安全性在实验上已经得到验证。从实践角度，Godrej 公司是印度的 4 大空调生产商之一，有 100 年的发展历史，自 2012 年开始销售 R290 空调以来，截至目前已经累积销售 60 万台，并且得到了很好的市场反馈。
>
> 此外，R290 也在轻商冷柜领域得到了快速的应用。长虹华意压缩机股份有限公司市场总监杨凡在接受记者采访时曾表示，2018 年被华意视为 R290 在轻商领域的"全面暴发"年，内部数据显示，R290 产品上半年行业增幅接近 100%。
>
> 除了 R290，以 HFOs 为基础原料的混合制冷剂也是家用空调行业未来的替代方向之一。迫于 HFOs 的成本问题，想要实现在家用空调上的应用仍然面临不小的挑战。霍尼韦尔特性材料和技术集团高性能材料部氟产品业务亚太区总经理杨文起坦言："霍尼韦尔在这方面仍然处于研发过程中，目前还没有成熟的解决方案。"
>
> （资料来源：中国制冷剂网 http://www.chinarefrigerants.com/news/xingyezixun/122.html）

1. 哪些制冷剂对环境有影响？它们是如何影响环境的？
2. 目前制冷剂的发展趋势是什么？
3. 企业应如何结合制冷剂发展趋势选择制冷剂？

第3章 易腐货物的管理

本章学习目标

1. 了解易腐货物的类型及保藏要求；
2. 了解易腐货物的化学成分；
3. 掌握易腐货物的变质原因；
4. 掌握易腐货物冷链的基本原理。

快递助力生鲜农产品从田间"飞"达餐桌

"人间四月芳菲尽，樱桃红透半边天。"每年春夏之交，"春果第一枝"樱桃陆续上市。陕西是农产品大省，樱桃是陕西西安特色农产品之一，其中灞桥樱桃历史悠久。霸陵原、白鹿原上已形成2 000公顷的樱桃生产基地，每到春季20多个品种的樱桃漫山遍野，鲜红小樱桃惹人垂涎欲滴。

众所周知，樱桃等季节性水果最关键的是保存和运输，从采摘到搬运、批发、零售，各运输环节较多、特别是5月初气温升高，在跨省销售过程中如何确保樱桃新鲜？这成为老大难。

近年来，西安政府部门和企业、种植户，通过生鲜包装、依托快递企业的航空物流渠道和行业解决方案，樱桃等生鲜农特产品大量销往北京、上海、广东等地。生鲜电商和生鲜寄递逐渐形成规模，引发多家物流快递企业竞相参与，到西安樱桃主产区白鹿原、灞桥等地方设点宣传推介。西安的樱桃乘坐快递专机，从"田间地头"飞达全国各地，直达餐桌和舌尖，开创出"冷链直发+专机空运+快递配送"的全新模式。

（资料来源：民航资源网 http://news.carnoc.com/list/443/443843.html）

3.1 易腐货物的分类

3.1.1 按原料来源分

易腐货物按原料来源可以分为畜禽肉类、水产类、乳蛋类、鲜蔬菜、鲜水果、速冻食品、糖果类、药品类等。

1. 畜禽肉类

畜禽肉类易腐货物主要包括猪肉、牛肉、羊肉、兔肉和禽肉等。

（1）猪肉

猪肉主要有冻猪肉、冻猪肉片、冻分割猪肉、冷却猪肉等形态。冻猪肉感官上要求肉质紧密、坚实；肌肉有光泽，红色或稍暗，脂肪呈洁白色或乳白色，无霉点；具有冻猪肉正常气味，无异味；外表及切面湿润，不粘手。冷却猪肉色泽鲜艳，肉质柔软有弹性。冻猪肉保藏温度要求在-18℃以下；冷却猪肉保藏温度要求在0～4℃。

（2）牛肉

牛肉主要包括冻牛肉、带骨牛肉等形态，感官上要求肌肉有光泽，红色或稍暗，脂肪呈洁白色或微黄色，肉质紧密、坚实；外表微干或有风干膜或外表湿润不粘手。解冻后指压凹陷恢复较慢，具有牛肉固有的气味，无臭味。保藏温度要求在-18℃以下。

（3）羊肉

冻羊肉感官上要求肌肉有光泽，色鲜艳，脂肪呈乳白色，肉质紧密，有坚实感，肌纤维韧性强，外表微干或有风干膜或外表湿润不粘手，具有羊肉正常气味，无异味。保藏温度要求在-18℃以下。

（4）兔肉

兔肉主要包括冻带骨兔肉、冻去骨兔肉、分割冻兔肉等形态。冻兔肉感官上要求瘦肉呈均匀的鲜红色；脂肪呈乳白色或浅黄色；无霉点；肉质紧密，有坚实感；具有冻兔肉正常气味无异味；表面微湿润，不粘手。保藏温度要求在-18℃以下。

（5）禽肉

禽肉主要包括鸡、鸭、鹅、鸽子等禽类的冻禽肉、禽副产品。禽肉感官上要求表皮和肌肉切面有光泽，具有禽肉固有的色泽；肌肉经指压后凹陷部位恢复慢，不能完全恢复原状；具有禽肉固有的气味，无异味。保藏温度要求在-18℃以下。

2. 水产类

水产品易腐货物主要包括冻鱼、冻水产品、冰鲜鱼等。

（1）冻鱼

冻鱼包括鲅鱼、鲳鱼、乌鲳鱼、大黄鱼、黄花鱼、带鱼、青鱼、草鱼、鲢鱼、鳊鱼等，感官上要求冻块块形清洁完整，冰衣均匀，鱼体排列整齐，无血冰。单冻鱼平直、完整；透过冰衣检验鱼体色泽正常，无氧化、风干现象，气味正常，鱼眼清晰明亮；内外包装清洁卫生、完整坚固，适合长途运输。保藏温度要求在-18℃以下。

（2）冻水产品

冻水产品包括冻虾、蟹、贝类等，其中贝类包括蛤、毛蚶、毛蛏、赤贝、蚝等，感官上要求冻品表面无变形、破碎、融化、氧化变色现象，冰衣（被）良好。单冻的个体间容易分离。虾仁排列整齐，冰衣（被）完好。蟹解冻后：色泽正常，无黑斑或其他变质异色；腹面甲壳洁白有光泽，脐上部无胃印；体形肥满，品质新鲜；用手指压腹面有坚实感。贝表面无风干。保藏温度要求在-18℃以下。

(3) 冰鲜鱼

冰鲜鱼是指已死但是还新鲜，并以碎冰或者冰水来保持其新鲜度的鱼。感官上要求鱼体有自然光泽，鱼鳞完整体表无破损；眼睛饱满明亮，清晰且完整；腮呈鲜红色或者血红色含黏液；肉质坚实且富有弹性，轻按鱼肉后，指压凹陷处可马上恢复。

3. 乳蛋类

乳蛋类易腐货物主要包括鲜奶、甜炼乳、酸奶、奶油、冷冻饮品、蛋类等。

（1）鲜奶

鲜奶，又称巴氏杀菌奶或消毒奶，主要为鲜牛奶，感官上要求色泽呈乳白色或稍带微黄色；组织状态呈均匀的胶态流体，无沉淀，无凝块，无肉眼可见杂质和其他异物；滋味与气味：具有新鲜牛乳固有的香味，无其他异味。鲜奶保藏温度一般在 $2 \sim 6$℃。

（2）甜炼乳

甜炼乳感官上要求：甜味纯正，无任何杂味；组织细腻，质地均匀，黏度正常；无脂肪乳无乳糖沉淀；色泽呈乳白（黄）色，颜色均匀，有光泽；无杂质。保藏温度一般在 25℃以下。

（3）酸奶

酸奶感官上要求具有纯乳酸发酵剂制成的酸牛奶特有的滋味和气味。无酒精发酵味、霉味和其他外来的不良气味；凝块均匀细腻、无气泡，允许有少量乳清析出；色泽均匀一致，呈乳白色或略带微黄色。保藏温度一般在 $2 \sim 6$℃。

（4）奶油

包括冻奶油、鲜奶油和人造奶油。冻奶油要求外观呈乳白色或淡黄色半固体状，质地均匀细腻，具有天然奶油特有的风味，无霉变、无异味、无异嗅和无杂质。包装容器应牢固、干燥、清洁，并符合食品卫生包装要求。冻奶油保藏温度要求在 -15℃以下。鲜奶油人造奶油要求外观呈鲜明的淡黄色或白色可塑性固体，质地均匀、细腻，风味良好，无霉变和杂质。保藏温度一般在 15℃以下。

（5）冷冻饮品

冷冻饮品包括冰激凌、雪糕、冰棍、雪泥、甜味冰等，保藏温度要求在 -18℃以下。冰激凌要求形态完整，大小一致，不变形，不软塌，不收缩；组织细腻滑润，无凝粒，无明显粗糙的冰晶，无气孔。含水果、干果等不溶性颗粒（块），无明显粗糙的冰晶。滋味协调，有奶脂或植脂香味，香气纯正；具有该品种应有的滋味、气味，无异味；无可见杂质。单件包装：包装完整、不破损，封口严密，内容物无裸露现象。雪糕、冰棍、雪泥、甜味冰等要求冻品应具有与品名相符的色泽和香味，无任何不良气味、滋味及肉眼可见杂质；具有品种应有的色泽，形态完整；组织状态细腻滑润，无明显粗糙大冰晶；具有该品种应有的滋味和气味，无异味；单件包装完整、不破损，内容物不外露；无外来可见杂质。

（6）蛋类

蛋类包括鲜蛋、巴氏杀菌冰全蛋、冰蛋黄、冰蛋白。感官上，巴氏杀菌冰全蛋要求坚洁均匀，呈黄色或淡黄色，具有正常气味，无异味，无杂质；冰蛋黄要求坚洁均匀，呈黄色，具有正常气味，无异味，无杂质；冰蛋白要求坚洁均匀，呈白色或乳白色，具有正常气味，无杂质，外包装须牢固、完整，适合长途运输。

4. 鲜蔬菜

鲜蔬菜主要有叶菜类、根茎类、瓜菜类、花菜类、葱蒜类、菜用豆类、水生蔬菜、茄果类等。

（1）叶菜类

叶菜类蔬菜主要有比利时菊苣、青菜、油菜、塌棵菜（太古菜）、抱子甘蓝、结球甘蓝（卷心菜、洋白菜、包菜）、芹菜、小白菜、蓟菜、芥蓝、大白菜、菊苣、羽衣甘蓝、莴苣、欧芹、菠菜、牛皮菜、结球莴苣、仙人掌叶、茼蒿、蕹菜等。叶菜类感官上要求成熟适度，色泽正，新鲜，清洁；无腐烂畸形、开裂、黄叶、抽薹、异味、灼伤、冷害、冻害、病虫害及机械伤。注：腐烂、异味和病虫害为主要缺陷。保藏温度一般在0～3℃。

（2）根茎类

根茎类蔬菜感官上要求成熟适度，色泽正，新鲜，清洁；无开裂、糠心、分叉、腐烂、异味冻害、病虫害及机械伤。注：腐烂、异味和病虫害为主要缺陷。保藏温度方面，胡萝卜、粗根芹菜、辣根、洋姜、大头菜、树薯、土豆、芜菁甘蓝、木薯、各种萝卜、山药等要求在0～3℃；芋头和炸薯条用的（早熟品种）土豆等要求在7～12℃；姜、甘薯、豆薯和炸土豆片用的早熟品种土豆等要求在13～18℃。

（3）瓜菜类

瓜菜类蔬菜感官要求成熟适度，色泽正，果形正常，新鲜，果面清洁；无腐烂、畸形、异味、冷害、冻害、病虫害及机械伤。保藏温度方面，黄瓜、苦瓜、丝瓜、佛手瓜、西葫芦、笋瓜等要求在6～9℃；冬瓜、南瓜等要求在3～6℃。

（4）花菜类

花菜类蔬菜主要有花椰菜、青菜花等，感官上要求成熟适度、紧实、色泽正、新鲜，清洁无腐烂、散花、畸形、抽茎、异味、开裂、灼伤冻害、病虫害及机械伤。保藏温度一般在3℃。

（5）葱蒜类

葱蒜类蔬菜主要包括大蒜、韭葱、洋葱、青葱、细香葱、大葱、韭菜、蒜薹等。感官上要求成熟适度，色泽正，新鲜，果面清洁；无腐烂、畸形、异味、发芽、散瓣、冷害、冻害、病虫害及机械伤。保藏温度一般在0～3℃。

（6）菜用豆类

菜用豆类主要包括菜豆、青豆、蚕豆、豇豆、蛇豆、芸豆、扁豆、豌豆、荷兰豆、甜荚豌豆等。感官上要求粗细均匀，成熟适度，色泽正，荚鲜嫩，清洁；无腐烂、异味、冷害、冻害、病虫害及机械伤。保藏温度一般在2～7℃。

（7）水生蔬菜

水生蔬菜主要包括荸荠、豆瓣菜、水田芥、西洋菜等。感官要求成熟适度，色泽正，新鲜无腐烂、异味。保藏温度一般在0～3℃。

（8）茄果类

茄果类蔬菜感官上要求成熟适度，色泽好，果形好，新鲜，果面清洁；无腐烂、异味、灼伤冷害、冻害、病虫害及机械伤。注：腐烂、异味和病虫害为主要缺陷。保藏温度方面，青番茄一般在10～15℃；已开始上色的番茄一般在2～6℃；辣椒一般在1～4℃；茄子、日本茄子甜椒、树番茄等一般在6～9℃。

5. 鲜水果

鲜水果主要包括仁果类、浆果类、核果类、瓜类、柑橘类、热带亚热带水果等。

（1）仁果类

仁果类主要有苹果、梨、山楂等。感官上要求苹果完整良好，新鲜洁净，果梗完整；不带不正常的外来水分；无刺伤、裂果、虫伤、病虫果，无异常气味或滋味；保藏温度一般在0～4℃。感官上要求各品种的鲜梨都必须完整良好，新鲜洁净，无不正常的外来水分，发育正常，具有储存或市场要求的成熟度；无刺伤、破皮划伤、雹伤、虫伤、病果、虫害，无异常气味或滋味；保藏温度一般在0～4℃。山楂感官上要求果皮色泽呈本品种成熟时固有色泽。果肉颜色：红果类型呈红、粉红或橙红；黄果类型呈浅黄至橙黄。无苦味、异味。无病果、腐烂、冻伤果。保藏温度一般在0～2℃。

（2）浆果类

浆果类主要有越橘（蓝莓）、黑莓、草莓、醋栗（红、黑和白）、悬钩子、罗甘莓、覆盆子（树莓）、葡萄、接骨木果、柿子、无花果、猕猴桃、黑加仑、石榴、红加仑、桑葚等。感官上要求果面洁净，无日灼、病虫斑、机械损伤等缺陷；果形端正，基本均匀一致。果皮、果肉和籽粒（仅限石榴）颜色符合本品种特征；具有本品种特有的风味，无异味；充分发育；保藏温度一般在0～3℃。

（3）核果类

核果类主要有杏、樱桃、桃、油桃、李、梅、枣等。核果类感官上要求果实充分发育，新鲜清洁，不带不正常的外来水分，具有本品种应有的特征；果皮颜色具有本品种成熟时应有的色泽；无异味。保藏温度一般在0～3℃。

（4）瓜类

瓜类水果主要有西瓜、哈密瓜、甜瓜和香瓜等。西瓜感官上要求果实发育正常、完整，无任何外伤，新鲜洁净；具有本品种应有的果形、色泽和条纹。无霉变、腐烂、异味、病虫害；保藏温度一般在5～9℃。哈密瓜、甜瓜和香瓜等，感官上要求品质良好，新鲜洁净，无非正常外部潮湿，无异味，发育正常，具有储运要求的成熟度；无霉变、腐烂现象；保藏温度方面，中晚熟品种为3～5℃，早、中熟品种为5～10℃。

（5）柑橘类

柑橘类水果感官上要求同一品种或相似品种，大小基本整齐一致，无畸形果，无异味，无明显缺陷（包括日灼、病斑、虫伤、刺伤、擦伤、碰压伤、裂口及腐烂果等）。保藏温度方面，柠檬、柚类一般在10～15℃，甜橙类、宽皮柑橘类一般在3～8℃。

（6）热带亚热带水果

①青香蕉、蛋黄果、面包果：感官要求果形完整，新鲜，无变质和腐烂现象；清洁，

基本上无可见的异物，无机械伤、无病虫害、无异味。香蕉色泽青绿，无黄熟、无裂果，着色良好。无黑心病，香蕉色泽青绿，无冻伤、黄熟现象，要求在运输前为7~8成熟。保藏温度一般在11~15℃。

②荔枝：感官要求果形完整，新鲜，无变质和腐烂现象；清洁，基本上无可见的异物，无机械伤、病虫害、异味；无裂果，着色良好。成熟度不大于九成。保藏温度一般在2~6℃。

③龙眼：感官要求果形完整，新鲜，无变质和腐烂，清洁，无机械伤。无裂果，着色良好。无病虫害、异味。成熟度为八成左右。保藏温度一般在1~5℃。

④番荔枝：感官要求果形完整，新鲜，无变质和腐烂，清洁，基本上无可见的异物，无机械伤；无病虫害、异味。保藏温度一般在5~14℃。

⑤人心果：感官要求果形完整，新鲜，无变质和腐烂，清洁，基本上无可见的异物，无机械伤；无裂果，着色良好；无病虫害、无异味。成熟度为八成左右。保藏温度一般在0~2℃。

⑥菠萝、番石榴、西番莲果、鳄梨（产于亚热带）、橄榄、杨桃：感官要求果形完整，新鲜，无变质和腐烂，清洁，基本上无可见的异物，无机械伤；无病虫害、无异味及其他病虫害；菠萝无黑心病，西番莲果不允许刺伤、药害、日灼、病害、冻害、皱缩存在。保藏温度一般在7~10℃。

⑦芒果、鳄梨（产于热带）、木菠萝（波罗蜜）、山竹果、番木瓜（青果）、红毛丹：感官要求果形完整，新鲜，无变质和腐烂，清洁，基本上无可见的异物，无机械伤。无病虫害、无异味。发育充分，具有适于市场或储存要求的成熟度。保藏温度一般在10~13℃。

⑧枇杷、杨梅等其他娇嫩水果：感官要求果形完整，新鲜，无变质和腐烂，清洁，基本上无可见的异物，无机械伤；无病虫害、无异味。保藏温度一般在0~3℃。

6. 速冻食品

速冻食品主要有速冻水果、速冻蔬菜、速冻方便食品等。保藏温度一般在-18℃以下。

（1）速冻水果

速冻水果主要有速冻荔枝、速冻草莓、速冻樱桃等。感官要求果面洁净，不沾染泥土，无不洁物污染；冻结良好，无结霜或粘连；具有产品固有的色泽、形状；具有本品种固有的滋味及气味，无异味；不带有产品本身的废弃部分及外来物质。

（2）速冻蔬菜

速冻蔬菜主要有速冻叶菜类、速冻豆类、速冻块茎类。保藏温度一般在-18℃以下。

①速冻叶菜类：主要有速冻菠菜、青梗菜、白菜、甘蓝、辣椒叶、芹菜等。感官要求成品的外观平面形状规则、平滑，厚度均一，棱角分明；单冻产品色泽应符合本产品应有色泽，如鲜绿色、深绿色、白色等，无粘连；块冻产品解冻前色泽鲜亮，冰衣完整，无混浊黄色冰衣，无晦暗；色泽均匀，无黄枯叶、褐变叶及不正常色泽。

②速冻豆类：主要有速冻青刀豆、荷兰豆、毛豆、青豆、豇豆、蚕豆等。感官要求单体散冻，无粘连、结块、冰霜现象；产品呈鲜绿色，呈深红色的各品种应有色泽；色泽均匀，无发黄褐变及不正常色泽；无风干萎；无虫体及虫蛀伤产品。

③速冻块茎类：主要有速冻甜玉米、芋仔、甘薯、牛蒡、土豆、薯条、大姜、莲藕、胡萝卜、白萝卜、青萝卜、魔芋、蒜米、山药、辣根、芦笋、蒜薹等。感官要求单体散冻、无粘连、结块、冰霜、复冻等现象；正常时应有色泽；无风干、失水、冰衣脱落等现象；无斑点粒、片、条、块；无畸形粒、块、条。无虫蛀伤产品及虫体。

（3）速冻方便食品

速冻方便食品主要有速冻蒸、煮食品，油炸食品，熏烤食品等。感官上要求外观形态：轮廓清晰，大小均匀，不破、不裂，产品表面不允许有明显冰晶存在；无异味、无杂质。

7. 糖果类

糖果类要求任何包装形式应密封，保证产品不变形、破损，并使产品在保质期内达到产品质量标准的要求。对于巧克力糖果的要求是：黑巧克力呈棕褐色或棕黑色，具有可可苦味；牛奶巧克力呈棕色或浅棕色，具有可可和乳香风味。糖果保藏温度一般应低于25℃，巧克力要求低于-1℃。

8. 药品类

药品类易腐货物涵盖抗微生物药物、维生素类、胰岛素类、甲状旁腺及钙代谢调节药、免疫调节功能药、抗肿瘤药物、神经系统用药、消化系统药物、循环系统药物、泌尿系统药物、血液系统药物、眼科用药、妇产科用药、生物制品等多种品类以及细菌类疫苗、病毒类疫苗等。

扩展阅读 3.1

3.1.2 按热状态分

易腐货物按热状态不同，可以分为冻结货物、冷却货物和未冷却货物三类。

（1）冻结货物

冻结货物是指经过冷冻加工成为冻结状态的易腐货物。冻结货物一般应在-18℃下储藏或运输，其中超低温冻结货物（如金枪鱼）则要求在更低的温度（如-50℃）储藏和运输。

（2）冷却货物

冷却货物是指经过预冷处理后货物温度达到储藏或运输温度范围之内的易腐货物。冷却货物的储运温度，除香蕉、菠萝为 11～15℃外，一般在 0～7℃。

（3）未冷却货物

未冷却货物是指未经过任何冷冻工艺处理，完全处于自然状态的易腐货物，如采收后以初始状态提交运输的瓜果、鲜蔬菜等。

3.1.3 按销售形态分

易腐货物按销售形态，可以分为散装货物、预包装货物。

1. 散装货物

散装货物，又称"裸装"货物，是那些没有进行包装即进行零售的货物。散装货物因节省了烦琐的包装，降低了货物的价格，且买多买少随意，很受消费者欢迎，无论在商场超市,还是在集贸市场,均随处可见。散装易腐货物主要包括面食、肉食、腌制品、糕点等,品种繁多,目前,散装货物管理不规范问题逐渐引起人们的关注。在一些商场、超市,散装食品裸露在外,消费者可用手直接触摸、随意挑拣,甚至当场"品评"。但是,消费者在选购时,也无从知道这些没有外包装的散装食品到底是由谁生产的,在什么地方生产的,由哪些成分组成,它们的配料及其来源是什么,有无添加剂、生产日期、保质期等情况。由于商品质量难以辨别,也给少数不法经营者以可乘之机,致使散装食品市场鱼龙混杂。在个别地方甚至成为管理的"盲区",导致隐患不断,问题频频。因此,提倡销售预包装货物。

2. 预包装货物

预包装货物是指预先定量包装或者制作在包装材料和容器中的货物,包括预先定量包装以及预先定量制作在包装材料和容器中的,并且在一定限量范围内具有统一的质量和体积标志的货物。预包装货物克服了散装货物易受污染、无法定量和无法辨识的缺点,是易腐货物冷链物流提倡的货物形态。

3.2 易腐货物的化学成分

易腐货物以生鲜食品为主,食品的化学成分不仅决定食品的品质和营养价值,还决定食品的性质和变化,而食品的性质和变化则是研究食品保藏的主要依据。在各种食品的组成成分中,有些成分是相同的。根据各种食品成分的共同性,可分为天然成分和非天然成分。天然成分又可分为无机成分和有机成分。食品化学成分的组成结构如图 3-1 所示。其中蛋白质、糖类、脂类和维生素为 4 大基本营养素,这些营养素的生理功能如图 3-2 所示。

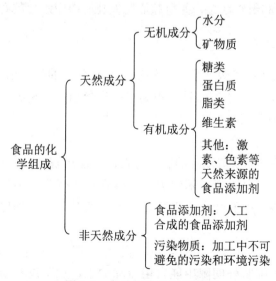

图 3-1 食品化学成分的组成

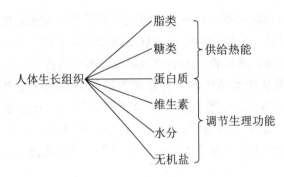

图 3-2　食品营养成分的生理功能

这些营养成分大部分是人体必需的,但在低温冷藏冷冻加工过程中,这些营养成分常常发生物理、化学变化,影响食品的食用价值和营养价值。例如,动物性食品组织中的汁液损失和蛋白质变质等;植物性食品组织中的维生素 C 含量的损失等。因此,对食品进行冷链加工、运输、仓储等过程中,掌握易腐食品的化学成分及变化原因极为重要。

3.2.1　肉类的化学成分

肉的化学组成主要有水分、蛋白质、脂肪、浸出物、维生素和矿物质 6 种成分。

1. 水分

水分是肉类含量最多的成分,不同组织部位的肉,水分含量差异较大,如肌肉含水为 70%,皮肤含水为 60%,骨骼含水为 12%～15%。水分虽然不是肉品的营养物质,但水分含量及其存在状态会影响肉的品质和储藏性,水分含量与肉品储藏性呈函数关系,水分多易遭致细菌、霉菌繁殖,引起肉的腐败变质,而肉脱水干缩则不仅使肉品失重而且影响肉的颜色、风味和组织状态,并引起脂肪氧化。肉中水分的存在形式包括结合水、不易流动水和自由水。

（1）结合水

结合水是指与蛋白质分子表面借助极性基团与水分子的静电引力面紧密结合的水分,它的冰点很低（-40℃）,无溶剂特性,不易受肌肉蛋白质结构和电荷变化的影响,不易流失,不能被微生物利用,结合水占整个水分的 5%。

（2）不易流动水

肉中大部分水分是以不易流动水的状态存在。它能溶解盐及其他物质,并在 0℃或稍低时结冰,此类水距离蛋白质亲水基较远,但排列不够有序,不易流动水容易受蛋白质结构和电荷变化的影响,肉的持水性主要取决于肌肉对此类水的保持能力。不易流动水占整个水分的 80%。

（3）自由水

自由水是指存在于细胞外间隙中能自由流动的水,加工过程易流失。自由水占整个水分的 15%。

2. 蛋白质

肉类除水分外主要成分是蛋白质，占 18%～20%，占肉中固形物的 80%，肌肉中的蛋白质按照其所存在于肌肉组织上位置的不同，可分为三类：肌原纤维蛋白（盐溶性蛋白）、肌浆蛋白（水溶性蛋白）和肉基质蛋白质（不溶性蛋白）。

（1）肌原纤维蛋白

肌原纤维蛋白是构成肌原纤维的蛋白质，通常利用离子强度 0.5 以上的高浓度盐溶液抽出，但被抽出后，即可溶于低离子强度的盐溶液中，属于这类蛋白质的有肌球蛋白、肌动蛋白、原肌球蛋白、肌动球蛋白和肌钙蛋白等。

① 肌球蛋白

肌球蛋白是肌肉中含量最高，也是最重要的蛋白质，约占肌肉总蛋白的三分之一，占肌原纤维蛋白质的 50%～55%。

② 肌动蛋白

肌动蛋白只由一条多肽链构成，其作用是与原肌球蛋白及肌原蛋白结合成细丝，在肌收缩过程中与肌球蛋白的横突形成交联（横桥），共同参与肌肉的收缩过程。肌动蛋白约占肌原纤维蛋白的 20%，是构成细丝的主要成分。

③ 肌动球蛋白

肌动球蛋白的黏度很高，具有流动双折射现象。

④ 原肌球蛋白

原肌球蛋白占肌原纤维蛋白的 4%～5%，分子呈长杆状。每 1 分子的原肌球蛋白结合 7 分子的肌动蛋白和 1 分子的肌原蛋白，分子量为 65 000～80 000。

⑤ 肌钙蛋白

肌钙蛋白又叫肌原蛋白，占肌原纤维蛋白的 5%～6%，肌原蛋白对 Ca^{2+} 有很高的敏感性，并能结合 Ca^{2+}，如图 3-3 所示。

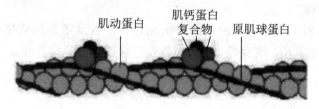

图 3-3　肌原纤维蛋白

（2）肌浆蛋白质

肌浆中的蛋白质为可溶性蛋白质，溶于水溶液中，因此，在加工和气调过程中容易流失肌浆蛋白质不是肌纤维的结构成分，主要包括肌溶蛋白、肌红蛋白、肌浆酶等。

（3）肉基质蛋白

肉基质蛋白系构成肌肉细胞中结缔组织的蛋白质，占肌肉蛋白质的 10%～15%。肉基质蛋白质不溶于中性水溶液，包括胶原蛋白、弹性蛋白、网状蛋白等。

3. 脂肪

脂肪对肉的食用品质影响很大，主要影响肉的嫩度、多汁性和风味。脂肪在体内的蓄积,依动物种类、品种、年龄和肥育程度不同而异。猪的脂肪在皮下,肾周围及大网膜;羊的脂肪在尾根、肋间;牛的脂肪在肌肉内。家畜中的脂肪组织为中性脂肪,此外,还有少量的磷脂和固醇脂。

（1）中性脂肪

中性脂肪即甘油三酯,是由1分子甘油与3分子脂肪酸化合而成,脂肪酸可分为饱和脂肪酸和不饱和脂肪酸。含饱和脂肪酸多则熔点和凝固点高,脂肪组织比较硬、坚挺,含不饱和脂肪酸多则熔点和凝固点低,脂肪比较软。肉中最主要的有棕榈酸和硬脂酸这两种饱和脂肪酸以及油酸和亚油酸这两种不饱和脂肪酸。

（2）磷脂和固醇

磷脂主要包括卵磷脂、脑磷脂、神经磷脂以及其他种类。卵磷脂多存在于内脏器官,脑磷脂多存在于脑神经和内脏器官,以上两种在肌肉中较少,磷脂的结构与中性脂肪的相似,不饱和脂肪酸含量比中性脂肪的多。

胆固醇广泛存在于动物体中,100g肌肉中胆固醇含量为65～70mg,肾和肝脏中的含量高于肌肉,脑和其他内脏胆固醇含量也高。

4. 浸出物

浸出物是指除蛋白质、盐类,维生素外能溶于水的浸出性物质,包括含氮浸出物和无氮浸出物。

（1）含氮浸出物

含氮浸出物即为非蛋白质的含氮物质,如游离氨基酸、磷酸肌酸、核苷酸类（ATP、ADP、AMP、IMP）及肌苷、尿素等。这些物质影响肉的风味,是肉类香气的主要来源,如ATP除供给肌肉收缩的能量外,逐级降解为肌苷酸,是肉香的主要成分；磷酸肌酸分解成肌酸,肌酸在酸性条件下加热则为肌酐,可增强熟肉的风味。

（2）无氮浸出物

无氮浸出物即为不含氮的可浸出的有机化合物,包括糖类化合物和有机酸。无氮浸出物主要有糖原、葡萄糖、麦芽糖、核糖、糊精,有机酸主要是乳酸及少量的甲酸、乙酸、丁酸、延胡索酸等。

5. 维生素

肉中富含B族维生素,但脂溶性维生素含量低。维生素含量易受肉畜种类、品种、年龄、性别和肌肉类型的影响,内脏中维生素含量比肌肉的高。

6. 矿物质

肌肉中含有大量的矿物质,其中钾、磷含量最多,但钙含量较低,肾和肝中的矿物质含量高于肌肉组织的矿物质含量。肉和肉制品中矿物质含量如表3-1所示。

表 3-1 肉中矿物质含量　　　　　　　　　　　　　　　　单位: mg/100g

名称	钠	钾	钙	镁	铁	磷	铜	锌
生牛肉	69	334	5	24.5	2.3	276	0.1	4.3
烤牛肉	67	368	9	25.2	3.9	303	0.2	5.9

续表

名　称	钠	钾	钙	镁	铁	磷	铜	锌
生羊肉	75	246	13	18.7	1	173	0.1	2.1
烤羊肉	102	305	18	22.8	2.4	206	0.2	4.1
生猪肉	45	400	4	26.1	1.4	223	0.1	2.4
烤猪肉	59	258	8	14.9	2.4	178	0.2	3.5
生腌猪肉	975	268	14	12.3	0.9	94	0.1	2.5

3.2.2 果蔬的化学成分

1. 水分

水分是影响果蔬新鲜度、脆度和口感的重要成分，与果蔬的风味品质也密切相关。一般新鲜水果含水量为70%～90%，新鲜蔬菜含水量为75%～95%。

果蔬水分的作用表现在：①维持果蔬生命活动；②通过维持果蔬的膨胀力或刚性，赋予其饱满，新鲜而富有光泽的外观；③为微生物与酶的活动创造有利条件。所以果蔬储藏时，必须考虑水分的存在和影响，加以必要的控制。

2. 糖类

（1）可溶性糖

可溶性糖主要包括葡萄糖、果糖和蔗糖，其次为阿拉伯糖、甘露糖以及山梨醇。甘露糖、果糖和葡萄糖是还原糖，蔗糖是双糖，水解产物称为转化糖。果蔬的含糖量反映了果蔬品质。

可溶性糖是果蔬中的主要甜味物质，果蔬甜味的浓淡与总含糖量有关，也与含糖种类有关，同时还受其他物质如有机酸、单宁的影响，在评定果蔬风味时，常用糖酸比（糖/酸）来表示。

（2）淀粉

淀粉又称多糖，是葡萄糖聚合物。虽然果蔬不是人体所需淀粉的主要来源，但某些未熟的果实如苹果、香蕉以及地下根茎菜类含有大量的淀粉。果蔬中的香蕉、马铃薯、藕、芋头等的淀粉含量较高；其次是豌豆、苹果；其他果蔬含量较少。

未成熟的果实含淀粉较多，在后熟时，淀粉转化为糖，含量逐渐降低，使甜味增加，如香蕉在成熟过程中淀粉由26%降至1%，而糖由1%增至19.5%。

凡是以淀粉形态作为储存物质的种类大多能保持休眠状态而有利于储藏。

（3）果胶

果胶物质主要存在于果实、块茎、块根等植物器官中，果蔬的种类不同，果胶的含量和性质也不相同。水果中的果胶一般是高甲氧基果胶，蔬菜中的果胶为低甲氧基果胶。

果胶物质以原果胶、果胶和果胶酸三种形式存在于果蔬组织中。原果胶多存在于未成熟果蔬的细胞壁的中胶层中，不溶于水，常和纤维素结合，使细胞彼此黏结，果实呈脆硬的质地，随着果蔬的成熟，在果胶酶作用下，原果胶分解为果胶，果胶溶于水，黏结作用下降，使细胞间的结合力松弛，果实质地变软。成熟的果蔬向过熟期变化时，在果胶酶的作用下，果胶转变为果胶酸，失去黏结性，使果蔬呈软烂状态。

（4）纤维素和半纤维素

纤维素、半纤维素是植物细胞壁的主要构成成分，是植物的骨架物质，起支持作用。果品中纤维素含量为0.2%～4.1%，半纤维素含量为0.7%～2.7%；蔬菜中纤维素的含量为0.3%～2.3%，半纤维素含量为0.2%～3.1%。纤维素在皮层特别发达，与木质纤维素、栓质、角质、果胶物质等形成复合纤维素，对果蔬有保护作用，对果蔬的品质和储藏有重要意义，纤维素老化时产生本质与角质，因而坚硬粗糙，吃起来有多渣、粗老的感觉，影响果蔬品质。

3. 维生素和矿物质

（1）维生素

果蔬所含的维生素及其前体很多，是人体所需维生素的基本来源，其中以维生素A原（胡萝卜素）、维生素C（抗坏血酸）为最重要，如表3-2所示。

表3-2 果蔬中维生素的含量　　　　　　　　　　单位：mg/100g

名　称	胡萝卜素	硫胺素	抗坏血酸
苹果	0.08	0.01	5
杏	1.79	0.02	7
山楂	0.82	0.02	89
葡萄	0.04	0.04	4
柑橘	0.55	0.08	30
枣	0.01	0.06	380
番茄	0.31	0.03	11
青椒	1.56	0.04	105
芦笋	0.73	17	21
青豌豆	0.15	0.54	14

①维生素A

新鲜果蔬含有大量的胡萝卜素，在动物的肠壁和肝脏中能转化为具有生物活性的维生素A。胡萝卜素又称为维生素A原。维生素A不溶于水，碱性条件下稳定，在无氧条件下，于120℃下经12小时加热无损失。储存时应注意避光，减少与空气接触。

②维生素C

维生素C即抗坏血酸，易溶于水，很不稳定。在酸性条件下比在碱性条件下稳定，储藏时应注意避光，保持低温，低氧环境中，减缓维生素C的氧化损失。

（2）矿物质

果蔬中含有钙、磷、铁、硫、镁、钾等矿物质，如表3-3所示。其中，矿物质的80%是钾、钠、钙，果蔬中的矿物质进入人体后，与呼吸释放的HCO_3^-离子结合，可中和血液中的H^+离子，使血浆的pH值增大，因此又称果蔬为"碱性食品"。人体从果蔬中摄取的矿物质是保持人体正常生理机能必不可少的物质，是其他食品难以相比的。

表 3-3 果蔬中主要矿物质含量　　　　　　　　单位：mg/100g

种　　类	钠	钾	钙	铁	磷
苹果	20	1 120	70	1	60
葡萄	60	1 630	130	8	820
杏	30	1 000	90	3	130
番茄	1 200	3 100	430	9	410
菠菜	700	7 500	800	30	1 650

矿物质元素对果品的品质有重要的影响，金属元素通过与有机成分的结合能显著影响果蔬的颜色，而微量元素是控制采后产品代谢活性的酶辅基的组成成分，因而显著影响果蔬品质的变化。如在苹果中，钙和钾具有提高果实硬脆度、降低果实储期的软化程度和失重率，以及维持良好肉质和风味的作用。在不同果蔬品种中，果实的钙、钾含量高时，硬脆度高，果肉密度大，果肉致密，细胞间隙率低，储期软化变慢，肉质好，耐储藏；果实中锰钢含量低时，韧性较强；锌含量对果实的风味、肉质和耐储性的影响较小，优质品种的含锌量相对较低。

4. 有机酸

果蔬中的有机酸含量很少，为 0.05%～0.10%，是构成新鲜果蔬及其加工品风味的主要成分，果蔬中含有多种有机酸，主要有柠檬酸、苹果酸、酒石酸和草酸。在这些有机酸中，酒石酸的酸性最强，并有涩味，其次是苹果酸、柠檬酸。柑橘类、番茄类含柠檬酸较多；苹果、梨、桃、杏、樱桃等含苹果酸较多；葡萄含酒石酸较多；草酸普遍存在蔬菜中，水果中含量很少。

5. 多酚类和色素

果蔬中大多数含有单宁等多酚类化合物、花青素、叶绿素、类胡萝卜素等。

3.2.3　乳的化学成分

乳是膳食中蛋白质、钙、磷、维生素 A、维生素 D 和维生素 B_2 的重要供给来源之一。牛乳的营养成分随牛的品种、哺乳期、所喂养的饲料不同而有所差异，但市售鲜奶的脂肪和蛋白质含量是固定的。酸奶是由牛乳发酵而成的，它不但保留了牛奶的所有优点，而且某些方面经加工过程还扬长避短，成为更加适合于人类的营养保健品。酸奶相对牛乳更容易消化吸收。

乳的化学成分主要包括水分、蛋白质、脂肪、乳糖、无机盐类、磷脂、维生素、酶、免疫体、色素、气体以及其他微量成分。乳是多物质的混合体，实际上乳是一种复杂且具有胶体特性的生物化学液体。在这种分散系中，水为分散酶，分散在水中的蛋白质、脂肪、乳糖以及盐类等 100 多种化学物质称为分散相或分散质。乳中的分散质有的以分子及离子状态存在，如乳糖和无机盐类；有的呈乳浊质及悬浊质状态，如蛋白质等；有的以乳浊液及悬浊液状态存在，如脂肪等。

（1）蛋白质

牛乳中的蛋白质含量为3%～4%，其中80%以上为酪蛋白，其他主要为乳清蛋白。酪蛋白是一种耐热蛋白质，可在酸性条件下沉淀。酪蛋白是种优质蛋白，容易为人体消化吸收，并能与谷类蛋白质发生营养互补作用。牛乳所含的蛋白质中有人体生长发育所必需的一切氨基酸。牛乳蛋白质的消化率可达98%～100%，而豆类蛋白质的消化率为80%，因而，乳蛋白为完全蛋白质。

①酪蛋白

酪蛋白是乳中含量最高的蛋白质，可防治骨质疏松与佝偻病，促进动物体外受精，调节血压，治疗缺铁性贫血、缺镁性神经炎等多种生理疾病，尤其是其促进常量元素（Ca、Mg）与微量元素（Fe、Zn、Cu、Cr、Ni、Co、Mn、Se）高效吸收的功能特性，使其具有"矿物质载体"的美誉，它可以和金属离子，特别是钙离子结合形成可溶性复合物，一方面有效避免了钙在小肠中性或微碱性环境中形成沉淀，另一方面还可在没有维生素D参与的条件下使钙被肠壁细胞吸收，所以是最有效的促钙吸收因子之一。

②乳清蛋白

乳清蛋白质是指溶解分散在乳清中的蛋白，占乳蛋白质的18%～20%，可分为热稳定和热不稳定乳清蛋白两部分。乳清液在pH=4.6～4.7时煮沸20分钟，发生沉淀的一类蛋白质是热不稳定的乳清蛋白，主要包括乳白蛋白和乳球蛋白；而不沉淀的蛋白质属于热稳定蛋白。在中性乳清中加饱和硫酸铵或饱和硫酸镁盐析出时，呈溶解状态而不析出的蛋白质为乳白蛋白，能析出而不呈溶解状态的则属于乳球蛋白。

（2）脂类

乳脂质包括脂肪、磷脂、甾醇、游离脂肪酸等，乳脂肪具有水溶性脂肪酸值高、碘值低、挥发性脂肪酸多、不饱和脂肪酸少、低级脂肪酸多、皂化值比一般脂肪高等特点。

（3）乳糖

乳糖是乳的特殊糖分，乳糖在乳酸菌的作用下，分解成半乳糖和葡萄糖，为人类提供营养和能源。半乳糖对哺乳动物神经发育有重要影响，乳糖有利于钙的吸收。乳糖酶缺少会引起乳糖不耐症。

（4）维生素

乳是各种维生素的优良来源。它含有几乎所有种类的脂溶性和水溶性维生素，可以提供相当数量的核黄素、维生素B_{12}、维生素A、维生素B_6和泛酸。牛乳中的尼克酸含量不高，但由于牛乳中蛋白质中的色氨酸含量高，可以帮助人体合成尼克酸。牛乳中还含有少量维生素C和维生素D。牛乳中的淡黄色来自类胡萝卜素和核黄素。

（5）矿物质

乳中含有丰富的矿物质，如钙、磷、铁、锌、铜、锰、钼等。特别是含钙较多，而且钙、磷比例合理，吸收率高，是动物性食品中唯一的呈碱性的食品，牛乳中80%的钙以酪蛋白酸钙复合物的形式存在，其他矿物质也主要是以蛋白质结合的形式存在。牛乳中的钙、磷不仅含量高而且比例适中，并有维生素D、乳糖等促进吸收的因子，因此，牛乳是膳食中钙的最佳来源。在自然界中，乳中的碳水化合物只有乳糖仅存在于哺乳动物的乳汁中,其甜度为蔗糖的 1/6。乳糖的一个重要特点是能促进人类肠道内乳酸菌的生长,从而抑制肠内异常发酵造成的中毒现象,有利于肠道健康。乳糖还与糖的代谢有关,在食物中增加乳制品有利于钙的吸收,有预防小儿佝偻病、中老年人骨质疏松病的功效。

3.2.4 蛋的化学成分

禽蛋的化学成分取决于家禽的种类、品种、饲养条件和产卵时间等。蛋的结构复杂,其化学成分也丰富、复杂。虽然各成分的含量有较大的变化,但同一品种蛋的基本成分是大致相似的。

(1) 蛋壳的化学成分

蛋壳主要由无机物组成,占整个蛋壳的 94%～97%,有机物占蛋壳的 3%～6%,主要为蛋白质,属于胶原蛋白。

(2) 蛋白的化学组成

蛋白中的水分占 85%～88%,各层有所不同,蛋中的蛋白是一种胶体物质,蛋白的结构和种类不同,其胶体状态也不同。这些蛋白包括卵白蛋白、伴白蛋白、卵类粘蛋白、卵粘蛋白、卵球蛋白等。此外,蛋白还含有碳水化合物、脂肪、维生素、矿物质、酶等,蛋白中的酶最主要的是溶菌酶。

(3) 蛋黄的化学组成

蛋黄不仅结构复杂,其化学成分也极为复杂。蛋黄中的蛋白质大部分是脂蛋白质,包括低密度脂蛋白、卵黄球蛋白、卵黄高磷蛋白和高密度脂蛋白。

蛋黄中的脂质含量最多,占 32%～35%,其中属于甘油酯的真正脂肪所占的比重最大,约占 20%;其次是磷脂(包括卵磷脂、脑磷脂和神经磷脂),约占 10%;还有少量的固醇(包括甾醇、胆固醇和胆脂醇)和脑苷脂等。蛋黄脂类中不饱和脂肪酸较多,易氧化,在蛋品保藏上,即使是蛋黄粉和干全蛋品的储存也应引起充分重视。

蛋中尤以蛋黄色素含量最多,使蛋黄呈黄色或橙黄色。这些色素大部分为脂溶性色素,属类胡萝卜素一类。

鲜蛋中的维生素主要存在于蛋黄中,不仅种类多而且含量丰富,尤以维生素 A、E、B_2、B_6、泛酸为多,此外还有维生素 D、K、B_1、B_{12}、叶酸、烟酸等。

蛋黄中含 1.0%～1.5% 的矿物质,其中以磷最为丰富,占无机成分总量的 60% 以上,钙次之,占 13% 左右,还含有铁、硫、钾、钠、镁等,且其中的铁很易被人体吸收。

3.3 易腐货物的变质原因

食品在储藏过程中,在一些因素的影响下会使得食品的营养物质发生分解和变化导致食品的色、香、味发生变化,这就是食品变质。食品变质后的表现形式主要有:新鲜度下降、水分蒸发、蛋白质变性、脂肪酸败、营养成分损失等。引起食品变质的原因主要有 5 种，即微生物作用、酶的作用、呼吸作用、氧化作用和机械损伤。

3.3.1 微生物作用

食品中的微生物是导致食品腐败变质的主要原因。一般来说，食品原料都带有微生物。在食品运输、销售和储存的过程中，食品都有可能被微生物污染。在一定的条件下，这些微生物在食品中生长、繁殖，使食品失去原有的或应有的营养价值和感官品质，甚至产生有毒有害的物质。

1. 微生物与食品变质

微生物具有分布广、种类多、繁殖快、代谢力强、营养谱宽等特点，使得食品的污染与变质难以避免。

（1）微生物污染食品的途径

食品在生产加工、运输、储藏、销售以及食用过程中都可能遭受到微生物的污染，根据污染的途径不同可分为两大类。

①内源性污染

凡是作为食品原料的动植物体在生活过程中，由于本身带有微生物而造成的食品污染称为内源性污染，也称第一次污染。

②外源性污染

食品在生产加工、运输、储藏、销售、食用过程中，通过水、空气、人、动物、机械设备及用具等而使食品发生的微生物污染称为外源性污染，也称第二次污染。

（2）微生物引起食品腐败变质的条件

加工前，食品中存在一定种类和数量的微生物。然而微生物污染食品后，能否导致食品的腐败变质，以及变质的程度和性质如何，受多方面因素的影响。一般来说，食品发生腐败变质，与食品本身的性质、污染微生物的种类和数量以及食品所处的环境等因素有着密切的关系，而它们三者之间又是相互作用、相互影响的。

①食品的氢离子浓度

各种食品都具有一定的氢离子浓度。根据食品 pH 范围的特点，可将食品划分为两大类：酸性食品和非酸性食品。一般规定 pH 在 4.5 以上者，属于非酸性食品；pH 在 4.5 以下者为酸性食品。微生物都有其最适宜的 pH 范围，食品中的氢离子浓度可影响菌体细胞膜上电荷的性质，进而影响对物质的吸收能力；改变酶的活力，影响微生物的正常代谢等。因此，食品 pH 的高低是制约微生物生长、影响食品腐败变质的重要因素之一。

大多数细菌最适合生长的 pH 是 7.0 左右，酵母菌和霉菌生长的 pH 范围较宽，因而非酸性食品适合于大多数细菌及酵母菌、霉菌的生长；细菌生长下限一般在 pH4.5 左右，pH 3.3～4.0 以下时只有个别耐酸细菌，如乳杆菌属尚能生长，故酸性食品的腐败变质主要是由于酵母菌和霉菌的生长。

②食品的水分活度

在研究水分与微生物生长繁殖的关系时,用水分活度值能反映食品储藏的安全条件。水分活度是指食品中水分存在的状态,即水分与食品结合的程度(游离程度)。水分活度值越高,结合程度越低;水分活度值越低,结合程度越高。含有水分的食物由于其水分活度的不同,其储藏期的稳定性也不同。利用水分活度的测试,反映物质的保质期,已逐渐成为食品、医药、生物制品等行业检验的重要指标。

③食品的渗透压

不同微生物种类对渗透压的耐受能力大不相同。绝大多数细菌不能在较高渗透压的食品中生长,只有少数种类能在高渗环境中生长。如将微生物置于低渗溶液中,菌体吸收水分发生膨胀,甚至破裂;若置于高渗溶液中,菌体则发生脱水,甚至死亡。

④食品的存在状态

完好无损的食品,一般不易发生腐败,如没有破碎和伤口的马铃薯、苹果等,可以放置较长时间。如果食品组织溃破或细胞膜碎裂,则易受到微生物的污染而发生腐败变质。

⑤储藏温度

温度是影响微生物生长繁殖最重要的因素之一。在一定温度范围内,机体的代谢活动与生长繁殖随着温度的上升而增强。

⑥储藏环境的气体成分

引起微生物变质的气体很多,一般 O_2 关系最大,控制 O_2 可抑制大多数微生物生长,有效延长食品保鲜期。

⑦储藏湿度

水分对维持微生物的正常生命活动是必不可少的。干燥会造成微生物失水、代谢停止以至死亡。不同的微生物对干燥的抵抗力是不一样的,以细菌的芽孢抵抗力为最强,霉菌和酵母菌的孢子也具较强的抵抗力,依次为革兰阳性球菌、酵母菌的营养细胞、霉菌的菌丝。

⑧储藏的其他环境条件

另外,环境中是否含有防腐剂、氧化剂、杀菌剂和辐射,污染微生物的数量和种类等,也是影响微生物生长的主要因素。所以,保藏食品的过程中,为了防止腐败变质有时采用添加防腐剂、杀菌剂等化学试剂来保藏食品。

2. 由微生物引起的不同食品的变质

(1)微生物与蔬菜的变质

由于新鲜蔬菜含有大量的水分,且其 pH 处于很多细菌的生长范围之内,因此,细菌是引起蔬菜腐败的常见微生物。由于蔬菜具有相对较高的氧化—还原电势及缺乏平衡能力,因而引起蔬菜腐败的细菌主要为需氧菌和兼性厌氧菌。

(2)微生物与水果的变质

由于水果的 pH 大多低于细菌生长的 pH 范围,因此,由细菌引起的水果腐败现象并不常见。水果的腐败主要是由酵母菌和霉菌引起的,特别是霉菌。为避免水果在储藏过程中受到霉菌的污染,收获水果应在其合适的成熟季节并避免果实损伤;采摘用具必须卫生，霉变的果实应销毁；低温和高 CO_2 在水果储运过程中有助于防止水果霉变。但对各种水果要区别对待，因为有些水果种类对低温和高 CO_2 较敏感。

（3）微生物与肉、禽类的变质

微生物引起肉类腐败现象主要有发黏、变色、长霉及产生异味等。发黏主要是酵母菌、乳酸菌及一些革兰阴性细菌的生长繁殖所引起。肉类的变色现象有多种，如绿变、红变等，但以绿变为常见。绿变是由 H_2O_2 引起的，另外，还可由 H_2S 引起。能使肉类产生变色的微生物还有产生红色的黏质沙雷杆菌，产生蓝色的深蓝色假单胞菌属，及产生白色、粉红色和灰色斑点的酵母菌等。长霉也是鲜肉及冷藏肉中常见的变质现象，例如，白分枝孢霉属和白地霉可产生白色霉斑，腊叶枝霉可产生黑色斑点，草酸青霉可产生绿色霉斑等。通常都伴有各种异味的产生，如因乳酸菌和酵母菌作用而产生的酸味以及因蛋白质分解而产生的恶臭味等。

（4）微生物与蛋类的变质

带壳蛋类中常见的腐败微生物有假单胞菌属、小球菌属、沙门菌属等细菌，有毛霉属、青霉属、单胞枝霉属等霉菌，而圆酵母属则是蛋类中发现的唯一酵母菌。

污染蛋类的微生物首先使蛋白质分解，系带断裂，蛋黄因失去固定作用而移动；随后蛋黄膜被分解成为散黄蛋，发生早期变质现象；散黄蛋被腐败微生物进一步分解，产生 H_2S、吲哚等腐败分解产物，形成灰绿色的稀薄液并伴有恶臭，称为泻黄蛋，此时蛋即已完全腐败。有时腐败的蛋类并不产生 H_2S 而产生酸臭，蛋液不呈绿色或黑色而呈红色，且呈浆状或形成凝块，这是由于微生物分解糖而产生的酸败现象，称为酸败蛋。当霉菌进入蛋内并在壳内壁和蛋白膜上生长繁殖时，会形成大小不同的霉斑，其上有蛋液黏着，称为黏壳蛋或霉蛋。

（5）微生物与鱼贝类的变质

污染鱼贝类的腐败微生物首先在鱼贝类体表及消化道等处生长繁殖，使其体表黏液及眼球变得浑浊，失去光泽，鳃部颜色变灰暗，表皮组织也因细菌的分解而变得疏松，使鱼鳞脱落。同时，消化道组织溃烂，细菌即扩散进入体腔壁并通过毛细血管进入肌肉组织内部，使整个鱼体组织分解，产生氨、H_2S、吲哚、粪臭素、硫醇等腐败特征产物。一般地，当细菌总数达到或超过 10^8 个/g，从感官上即可判断鱼体已进入腐败期。

3.3.2 酶的作用

酶的作用是指由于食品本身酶在适宜的条件下，能使食品营养成分分解而使食品变质。

酶存在于动物性食品和植物性食品中，并且能脱离活细胞起催化作用，在适宜的条件下，会促使食品中的蛋白质、脂肪等营养成分分解，产生硫化氢、氨等各种难闻的气体和有毒物质而不能食用。

常见的与食品变质有关的酶主要是脂肪酶、蛋白酶、果胶酶、淀粉酶、过氧化物酶、多酚氧化酶等。引起食品质量变化的主要酶类及其作用，如表3-4所示。

表 3-4 引起食品质量变化的主要酶类及其作用

酶 的 种 类		酶 的 作 用
与风味改变有关的酶	脂氧合酶	催化脂肪氧化,导致臭味和异味产生
	蛋白酶	催化蛋白质水解,导致组织产生肽而呈苦味
	抗坏血酸氧化酶	催化抗坏血酸氧化,导致营养物质损失
与变色有关的酶	多酚氧化酶	催化酚类物质的氧化,形成褐色聚合物
	叶绿素酶	催化叶绿醇环从叶绿素中移去,导致绿色丢失
与质地变化有关的酶	果胶脂酶	催化果胶脂的水解,导致组织软化
	多聚半乳糖醛酸酶	催化果胶中多聚半乳糖醛酸残基之间的糖苷键水解,导致组织软化
	淀粉酶	催化淀粉水解,导致组织软化,黏稠度降低

酶的活力受温度、pH、水分活度等因素的影响。在低温时酶的活性很小,随着温度升高,酶的活性增大,化学反应速度也随之加快,但到一定的温度以上,就会被破坏而丧失活性。因此反应速度到达某一高峰后,温度如果再上升,速度反而下降,酶与微生物一样存在一个最适合生存的温度,酶在一定的温度范围内活性最强,如降低温度,就可以减低它的反应速度。因此,食品保持在适当的低温条件下就可防止由于酶的作用而引起的变质。

3.3.3 呼吸作用

呼吸作用是指由于水果、蔬菜的固有的呼吸作用的不断加强,而逐渐消耗体内的养分致使食品变质。

由于水果、蔬菜是有生命的活体食品,在采收后储藏的过程中要发生呼吸作用。呼吸作用是在酶的参与下进行的一种缓慢的氧化过程,使食品中的有机物质被分解成比较简单的物质,并释放出热量。

在有氧条件下果蔬进行有氧呼吸,使其中的糖类或其他有机物质氧化分解,产生二氧化碳和水分,并放出较大的能量。在氧气较少二氧化碳的浓度相对较高的条件下,果蔬进行无氧呼吸,这时糖类不能氧化而只能分解成酒精、二氧化碳,并产生少量的能量。

无论是有氧呼吸还是无氧呼吸都会产生能量,除少部分被果蔬利用外,其中绝大部分以热的形式发散出来,使果蔬周围的温度升高而不利果蔬的储藏,加速果蔬的变质。

尤其是在无氧呼吸时,所产生的能量要比正常的有氧呼吸少很多,果蔬要获得维持生命活动所需的足够能量,就必须分解更多的有机质。无氧呼吸产生的二氧化碳被排出但是酒精则留在果蔬中,并且会越积越多,引起果蔬腐烂变质。因此在对果蔬进行储藏时,应定时更换库内的空气,并应根据果蔬的种类不同应当运用适当的温度加以控制,抑制果蔬的呼吸作用,防止其变质。

3.3.4 氧化作用

氧化作用是指食品中的化学成分被空气中的氧气氧化而引起化学反应致使食品变质。

脂类氧化是食品腐败的主要原因之一，它使食用油脂、含脂肪食品产生各种异味和臭味，统称为酸败。另外，食品的其他成分（如维生素、天然色素等）也会发生氧化作用，降低食品的营养价值，某些氧化产物可能具有毒性酸败油脂，不仅可以降低风味，而且也会导致营养价值显著降低。人体摄取酸败油脂会引起腹痛、腹泻、呕吐等急性中毒症状。若人体在生活中经常微量摄取，则可引起肝硬化、动脉硬化等症，严重威胁人体健康和影响寿命。

脂肪氧化受到多种因素的限制，如温度、光照和放射线辐射、水分等，其中温度是主要因素。脂肪氧化的速度随温度升高而增大，因此，低温可大大减缓食品氧化速度。

3.3.5 机械损伤

机械损伤是指由于食品碰伤、擦伤后发生氧化，导致食品变色、变味以致变质。果蔬碰伤或擦伤后，内部组织即暴露在空气中，使某些成分氧化，而且由于机械损伤造成呼吸作用加强，这种呼吸称为"伤呼吸"。这样的呼吸加速食品的腐烂而变质。所以，对果蔬应轻拿轻放，防止碰伤，减少腐烂或变质。

扩展阅读 3.3

扫码观看

3.4 易腐货物冷链的基本原理

3.4.1 冷链与微生物

微生物和其他生物一样，只能在一定的温度范围内生存、发育和繁殖，这个温度范围的下限温度称为生物零度。在这个温度之下，微生物呈抑制状态，但不是全部死亡，即使在人工制造的 −260℃ 左右的超低温下也有活的微生物。对一般的腐败菌和病原菌来说，在 10℃ 以下它们的发育就显著地被抑制了。所以低温对微生物的生存、发育、繁殖有很大影响，而微生物又对低温产生抵抗力。

1. 低温对微生物的影响

微生物对于低温的敏感性较差。绝大多数微生物处于最低生长温度时，新陈代谢已减弱到极低的程度，呈休眠状态。实验证明，随着温度的降低，微生物的繁殖减慢；温度增高，微生物分裂的时间缩短，繁殖速度加快。在冻结的情况下，微生物的繁殖相当缓慢。对于中温微生物，如大多数腐败菌，最适宜的繁殖温度为 25～37℃，低于 25℃ 繁殖速度就逐渐减缓，到 0℃ 时就相当慢了（是 8℃ 时速度的 1/40）。对低温微生物，即嗜冷菌，当温度降低至 0℃ 左右时，其繁殖速度变慢，当温度降到 −5～−1℃ 时，其生长繁殖被抑制，但仍在缓慢地繁殖，到 -12～-8℃时，繁殖才趋于停止。某些嗜冷菌，如霉菌、酵母菌，耐低温能力很强，即使在 -8℃的低温下仍可看到孢子发芽，到 -10℃以下时就停止了。由于食品内水中的细菌都是嗜冷菌，在 0℃以下仍能生长繁殖。因此，要完全使它们停止繁殖，就必须把温度降低到 -18℃以下，这时，食品内绝大部分水都冻结成冰了，食品内的微生物无法摄取营养物质。同时，在低温下，由于食品内部汁液冻结膨胀，破坏了微生物的细胞壁和原生质之间的关系，使其生理过程失常而停止活动。但必须强调，低温并不能完全杀灭细菌，而只是停止它的活动和繁殖，一旦温度升高，还活着的细菌就会苏醒过来，继续活动和繁殖，促使食品变质和腐败。所以，食品在低温流通中的温度要保证相对稳定。

食品在冻结时附在表面或内部的微生物也发生冻结，微生物内的水分大部分形成冰结晶，所以，结晶的膨胀对微生物的细胞有机械损伤作用。

由于食品的水分被冻结，微生物的细胞失去了可利用的水分，造成干燥状态，同时生物细胞内的水分也被冻结，而使细胞质产生浓缩，电解质浓度增高，黏度增大，细胞质的 pH 和胶体状态发生改变，甚至可引起细胞质内蛋白质部分变性等。

2. 微生物对低温的抵抗力

微生物对低温的抵抗力很强，特别是在形成孢子的情况下抵抗力更强。微生物对低温的抵抗力因菌种、菌龄、冻结条件、培养基和污染量的不同而有所不同。

（1）菌种

不同微生物对低温有不同抗力，结核杆菌在液氧量以下也能繁殖，有的较强，有的较弱，嗜冷荧光杆菌即使在 -196℃条件下经 10 小时冻结也不死亡，一般来说，球菌比革兰氏阴性杆菌具有较强的抗冻能力。引起食物中毒的葡萄球菌和梭状芽孢杆菌（繁殖体）的抗冻能力较沙门氏菌强。具有芽孢的细菌和真菌的孢子都具有较强的抗冻特性。

（2）菌龄

一般幼龄的细菌（培养时间短的细菌）抵抗低温能力较弱。如荧光杆菌冻结前经不同时间培养后，其死亡率差异很大。培养时间越短，即越幼龄的细菌死亡率越高。

（3）冻结条件

冻结食品储藏时间越长，细菌的死亡率越高。如荧光杆菌在 -6℃的蒸馏水中冻藏，其死亡率如表 3-5 所示。

表 3-5　冻藏时间和荧光杆菌的死亡率

时间（分钟）	死亡率（%）
8	70
16	71
32	85
64	96
128	93
256	98.1

冻藏温度不同,细菌的死亡率不同。有人曾用大肠杆菌做实验,将其在 -70℃ 条件下快速冻结,然后在不同温度下冻藏,结果发现,高温冻藏的大肠杆菌比低温冻藏多。微生物在冻结和解冻反复交替过程中的死亡率比一直在冻藏状态的死亡率要高。

（4）培养基细菌

在培养环境中的 pH 不同,死亡率亦不同。通常 pH 越接近中性,细菌的死亡率越小。例如,有人以病原菌做实验,在 -18～-40℃ 的条件下冷藏,接种在樱桃上能生存 2～3 个月,而在酸性果汁中仅能生存 4 周。所以,食品的种类和状态等不同,即使在同样条件下冻结、冻藏,细菌的死亡率也不同。

3. 食品冷藏中微生物的活动

食品的冷藏分为冷却食品的冷藏和冻结食品的冷藏,后者也称为冻藏。因食品的冷藏条件不同,微生物的活动也不同。

在冷却食品的冷藏中,随着温度的降低,嗜冷性微生物的活动减弱,在接近 0℃ 时活动显著减缓。

在冷却冷藏的水果、蔬菜、肉类、鱼类和蛋类等食品中,已发现的耐低温性微生物主要是假单孢杆菌、无色杆菌、黄色杆菌、醋酸杆菌,其中造成冷却食品在保藏中腐败,改变食品颜色的主要是假单孢杆菌。

假单孢杆菌和无色杆菌最适宜的生长温度是 10～20℃,最高温度为 25～35℃,最低温度为 0～5℃,这两种细菌属于好气性细菌,因此在空气不足的条件下生长非常缓慢。此外,这两种细菌在低温下也能产生有活性的蛋白分解酶,同时发生一系列化学变化,这是食品在低温下腐败的主要原因。假单孢杆菌和无色杆菌在食品上繁殖的时候,食品表面出现半透明有光泽的菌落,有时呈灰色的黏状薄膜,有的使产品变成绿色或褐色。

冻结食品的冻藏,一般温度在 -20～-18℃,有的在 -40℃ 以下,储藏的食品有水果蔬菜、肉类、禽类、鱼类、蛋类和乳类等。

食品在这个温度下冻藏,几乎足以阻止微生物的生长,所以可以较长时间地保藏。但是,有些嗜冷性微生物在冻结食品上也能生长和繁殖,由于微生物产生酶类,仍然进行着缓慢的生物化学变化。因此,长期保藏的冻结食品的质量会缓慢地下降。

冻结前经过成熟的肉类,有时要受到细菌产生的酶和毒素的污染,当冻结之后,这些酶和毒素对食品质量仍有不良的影响,即使在 -30℃ 左右的冻结状态下,也会对食品发生作用。如果附着病原菌的肉类在冻结前保藏的温度较高,则可能产生毒素。这些毒素即使经过冻结也不会被破坏,用这样的肉类加工的产品,可能引起食品中毒。所以,在冻结前食品的加工过程中,必须有严格的卫生管理。

目前,有资料显示的 13 种微生物（细菌 6 种、酵母菌 4 种、霉菌 3 种）在冷冻食品储藏中仍能活动,尤其是酵母菌与其他微生物相比能在更低的温度下繁殖。如红色酵母中的一种在 -34℃ 时仍能发育,另外两种在 -18℃ 还可发育。霉菌中最低的发育温度为 -12℃,所以在冷冻果汁、冰激凌及其他水果类食品中依然能发现有微生物的活动。

微生物处在繁殖温度以下低温时,不是处于休眠,就是处于死灭的状态。一般说来,凡是嗜冷菌在冻结点以下就不可能繁殖。但也有些能在 0℃ 以下在食品中生长、繁殖的菌,这类细菌被认为是一种特殊情况。

3.4.2 冷链与酶

温度对酶的活性影响很大，低温处理虽然会使酶的活性下降，但使食品中酶的活性不会完全丧失的温度系数为 2～3，也就是说温度每降低 10℃，酶的活性会降低至原来的 1/3～1/2。相对而言，低温对动物性酶的影响较大，而对植物性酶的影响较小。

3.4.3 冷链与呼吸作用

（1）低温与呼吸速度

食品的温度每上升 10℃，其化学变化或化学反应的速度增加的倍数叫作温度系数，用 Q_{10} 表示。通常情况下，果蔬的 Q_{10} 为 2～3，即温度上升 10℃，化学反应的速度是温度未升 10℃ 前的反应速度的 2～3 倍；相反，温度下降 10℃，化学反应速度减少 1/2～2/3。

不同水果的 Q_{10} 有不同数值，在 0～35℃ 的温度范围内，温度低时 Q_{10} 增大，对水果的储藏有利；相反，温度在 35～40℃ 时，由于果实中的酶被破坏，呼吸作用将会停止。

（2）低温与呼吸高峰

果蔬放在低温条件下，呼吸强度减弱，就可推迟果蔬呼吸高峰的到来，并使呼吸高峰较低，所以，推迟呼吸高峰是果蔬保藏中的重要方法。

例如，把收获后的洋梨放在不同温度下，温度越低，呼吸高峰出现越晚，呼吸高峰越低，洋梨收获后放在 10～21℃ 下，经 10～21 天就进入呼吸高峰阶段而变黄；在 1.1～4.5℃ 下，可以大大地推迟进入呼吸高峰的时间，21 天时完全看不到变黄；当放在 -2.5℃ 下，即使经过 140 天也没有呼吸高峰出现，因此，-2.5～1.1℃ 是最佳储藏温度。

（3）低温与呼吸强度

果蔬的呼吸作用强弱是用呼吸强度来表示的。呼吸强度大，则果蔬的呼吸作用强；呼吸强度小，则果蔬的呼吸作用就弱。影响呼吸强度大小的内因和外因很多，如果蔬的种类、品种、生长天数是内因，外界的温度高低、空气成分、机械损伤、微生物侵染是外因。

在相同的条件下，不同种类果蔬的呼吸强度差异很大。一般是绿叶菜呼吸强度最大，浆果其次，苹果、柑橘最小。同种类不同品种的果蔬呼吸强度也不同，一般是早熟品种比晚熟品种的呼吸强度大。

温度对于果蔬呼吸强度的影响是极为显著的。在一定范围内，外界环境温度增高，果蔬的呼吸强度也随之增大；反之，温度降低使呼吸强度减小，抑制了呼吸作用，进而保证了果蔬的质量，延长了保藏期限。另外，在储藏和运输期间，温度的波动也能引起呼吸强度的增大。可见，低温能使植物性食品的耐藏性加强。

在储藏环境中，空气中的氧和二氧化碳的浓度对果蔬的呼吸强度也有一定的影响。二氧化碳的浓度增高，能抑制果蔬的呼吸强度；氧的浓度增高，能增强呼吸强度。气调库是控制果蔬呼吸强度的较好办法。

此外，果蔬遭受机械损伤之后，呼吸强度也会增大。原因是原果蔬组织内氧的浓度小，而二氧化碳的浓度大，一旦损伤后，内部组织暴露于空气中，氧的浓度增大，从而促进呼吸作用。受微生物感染的果蔬，呼吸强度也会增强。因为这时需要利用呼吸过程中的氧化作用来抵抗细菌的入侵。

综上所述，经实践证明，在温度为 25～35℃时，食品的变质作用进行得最强烈。随着温度的降低，微生物的活动减慢，呼吸作用被抑制，低温能延缓和减弱食品的变质，并能最大限度地保持食品的新鲜度和色、香、味。因此，利用人工制冷达到低温来保藏食品的方法已被广泛采用。这样不但能够长时期地保持食品原有状态，而且给调节产销、调节淡旺季提供了条件。但是，应该指出，低温并不能完全阻止微生物活动、酶的作用和呼吸作用，储藏期过长，食品的质量仍然会下降。所以，冷却和冻结食品的储藏期不能超过储藏期限。

3.4.4 冷链与振动

振动对易腐货物，尤其是果蔬有一定的影响。振动的物理特征是用振幅与频率来描述的，振动强度以振动所产生的加速度大小来分级。振动可以引起多种果蔬组织的伤害，主要为机械损伤和导致生理失常两大类，最终导致果蔬品质的下降。

机械损伤会刺激呼吸作用加强。任何的机械损伤，即使是轻微的挤伤或压伤，都会刺激呼吸作用加强。因为损伤破坏了完好的细胞结构，加速了气体交换，提高组织内氧气的含量，同时增加了组织中酶与作用底物接触的机会。

机械损伤还会刺激乙烯合成加强。机械损伤使果蔬组织内氧气的含量增加，促使体内乙烯的合成加强，加快了成熟衰老的进程。

机械损伤给微生物侵染创造了条件。果蔬受到机械损伤时，果蔬会产生保卫反应，使呼吸作用加强。

在实际的冷链运输与装卸中，果蔬能忍耐的振动加速度是一个非常复杂的问题。一般而言，按照果蔬的力学特性，可把果蔬划分为耐碰撞和摩擦、不耐碰撞、不耐摩擦、不耐碰撞和摩擦、脱粒等数种类型，如表 3-6 所示。

表 3-6 各种果蔬对振动损伤的抵抗性

振动损伤类型	果蔬种类
耐碰撞和摩擦	柑橘类、青番茄、甜椒、根茎菜类
不耐碰撞	苹果、红熟番茄
不耐摩擦	梨、茄子、黄瓜、结球蔬菜
不耐碰撞和摩擦	桃、草莓、西瓜、香蕉、绿色菜类
脱粒	葡萄

思 考 题

1. 按原料来源分，易腐货物可以分为哪几类？
2. 食品的化学成分包含哪些？
3. 易腐货物的变质原因有哪些？
4. 简述低温对微生物的影响。
5. 简述冷链对呼吸作用的影响。

案 例 分 析

跨越山河的极致鲜活，解密海航冷链全球生鲜供应链

一架全货运龙虾包机顺利抵达合肥新桥国际机场，从加拿大哈利法克斯起飞，50吨来自北极圈深海海域的波士顿龙虾在"客机腹舱"直接登上海航冷链严格温控的冷链卡车，迅速被运往北京、上海、昆明等城市，第一时间出现在每个希望享受全球直采健康生鲜的家庭的餐桌上。

伴随着人民对美好生活的需求越来越高，以互联网技术为代表的新零售迅速发展。客单价15美元，年度购买频次121次，中国城镇家庭户均消费生鲜占比超过50%……这一系列数字背后，是国内生鲜市场近年来狂飙突进式的崛起。在消费升级、技术创新与"互联网+"的影响下，冷链物流行业也迎来了全新的发展机遇。同时，中物联冷链委秦玉鸣秘书长表示，国内冷链物流行业"小、乱、散"等问题愈发突出，"行业整体亟待整合升级"。面临机遇与挑战并存的行业环境，作为在中国冷链物流行业深耕20余年的领军企业，海航冷链率先提出"商物流"模式，围绕冷链物流供应链，打造全程冷链增值服务，解决传统冷链行业"断链"问题的同时，整合冷链设备、冷链科技、冷链金融等上下游产业链，以智慧物流为核心，为冷链物流行业的发展提供了新的方向。

在亚洲最大创新食品展中国国际食品饮料展（SIAL China）中食展上，海航冷链携其全球14个国家和地区6大类跨境生鲜产品和自有品牌"异国异品"亮相国际冷链馆现场，引发行业关注。作为目前中国规模最大、最专业、效益最好的国际食品展，中食展汇聚了包括食品、饮料、餐饮供应链及国际冷链管理等涉及食品全产业链的优质展商。而国际冷链馆作为新晋常设展馆，搭建起了全球生鲜食品商贸的桥梁。本次展会上，海航冷链展示了其完整的"全程增值供应链服务"以及来自其"全球跨境生鲜直采基地"的各类生鲜产品，受到来自行业内外的一致肯定。

"首先，从产品品质来说，我们甄选来自全球的优质生鲜产品，深入海外生产源头，与当地优质供应商建立长期稳定的合作关系，形成海航冷链独有的全球跨境生鲜直采基地网络。其次，从物流运输来说，依托海航集团的资源集群优势，我们可以为客户提供从产地到终端的一站式服务，从空地联运到仓运配一体，从 90 分钟快速通关到全国分销体系，再到增值加工和特定包装等业务，我们能够真正形成一个完整的增值服务闭环，为客户提供最优质和完善的服务。"海航冷链副董事长刘原介绍了海航冷链的一套完整的供应链解决方案。目前，海航冷链已经在全球 14 个国家开拓了 6 类 10 项产品，获取 5 项进出口贸易相关资质，与国内 4 家主流电商、5 家大型商超建立了稳定的合作关系，业务基本覆盖全国主要一、二线城市。除了生鲜的供应链解决方案，在冷链物流领域，海航冷链也形成集冷链装备、冷链科技、冷链医药、冷链基金等业务组合矩阵，为客户提供冷链物流全产业链解决方案。目前，海航冷链地面运输网络已经覆盖全国除西藏、台湾地区外的所有省市和地区，运输路线 800 余条，整合车队规模超 3 000 辆，控制冷库面积超 210 000 平方米，致力于打造全球领先的冷链商贸物流供应链一体化集成服务商。

要打通供应链各环节，智慧物流起到了至关重要的核心作用，智慧物流是海航现代物流 4.0 的重要组成部分，是物流行业发展的大势所在，被列入十三五规划得到国家政策的大力支持，近年来海航冷链在智慧物流领域亦频频发力。近日，海航冷链与重庆渝北区在京签订了战略合作协议，双方表示将围绕航空物流服务平台、供应链解决方案、大数据等领域开展全方位、多层次联动合作，在渝北共同打造物流 4.0 服务体系，海航冷链业务多元和协同发展效应愈发清晰。

（资料来源：第一食品网 http://spzx.foods1.com/show_2732277.htm）

第4章
冷链加工与包装

本章学习目标

1. 掌握冷加工原理；
2. 掌握冷链加工技术；
3. 了解冷链包装的要求；
4. 能够运用冷链包装材料与方法。

喜旺冷链物流让产品"鲜活"起来

在产品差距越来越小、终端管理越来越相近时，喜旺公司坚持打造"新鲜"肉制品美食方向，即在冷链物流的管控体系之下，最大限度地保证产品新鲜度。

肉类的冷链物流是指在肉类从屠宰、分割、加工、包装、储藏、运输、销售，直至最终消费过程中，使肉保持在0～4℃的冷藏条件或-20～-30℃的冷冻条件所需要的，包括车间冷却、冷藏间储存、冷藏车运输、销售等全程温度控制系统。现代肉类冷链物流解决了肉类生产、运输以及销售、消费过程中对于温度的需求。

在肉类冷链物流方面，喜旺公司率先创立了集冷冻储存、低温加工、冷链（0～4℃）、直营连锁专柜销售为一体的经营模式。特别是运输环节的温度控制，使用国内最先进的冷王机组、带导流槽的挂式冷藏车，能够保证全程0～4℃，在这样的温度条件下，微生物几乎不能繁殖，同时能有效地保留喜旺美食的原有风味与食材营养。为了保证冷链的高效运作，除了现今的冷藏设施和技术外，喜旺公司还成功开发了"温度采集系统和自动报警系统"，实时手机监控各点温度，发现异常及时处置。除了现今的冷链信息系统技术支撑，通过冷链物流的有效管理建立了全流程的质量控制体系，实现产品从原料到成品的全过程正向可控、逆向可追溯。

同时，喜旺公司所有连锁、专柜的店面操作严格执行公司规范。部分店面配制消毒柜，不同材质的工器具采取不同形式的消毒方式，确保工器具卫生、减少微生物。连锁店营业员着装规范，要求每个营业员必须佩戴帽子，避免头发等异物落入产品。所有产品到达连锁店后必须30分钟内上柜冷藏，禁止违规常温销售。正是在这种完善的全程冷链物流运输和这种严格的卫生管控体系之下,喜旺公司从最大限度上保证了产品的新鲜度,也保证了产品的质量,让广大消费者真正享受安全、新鲜的喜旺食品。

(资料来源:胶东在线 http://www.jiaodong.net/)

4.1 冷链加工概述

4.1.1 冷加工定义

冷加工工艺就是利用人工制冷技术,将易腐食品进行冷加工的一门科学。同时也是专门研究如何运用低温条件,使易腐食品获得最佳的保鲜冷藏工艺和冻藏工艺,从而维持其原有质量的一门食品低温保藏技术。食品经过冷加工工艺,有效地解决了食品季节性生产与常年消费之间的矛盾,调剂了人民生活的需要。

4.1.2 冷加工原理

生鲜食品在常温下储藏,时间长了会发生腐败变质,其主要是由食品中的酶进行的生化反应和微生物的生命活动造成的。酶的催化作用和微生物的生命活动,都需要在一定的温度和湿度情况下进行。如果降低储藏温度,酶的活性就会减弱,微生物的生长、繁殖也会减慢,就可以延长生鲜食品的储藏期。此外,低温下大多数微生物新陈代谢会被破坏,其细胞内积累的有毒物质及其他过氧化物能导致其死亡。当生鲜食品的温度降至-18℃以下时,生鲜食品中90%以上的水分都会变成冰,所形成的冰晶还可以以机械的方式破坏微生物细胞,细胞或失去养料,或因部分原生质凝固,或因细胞脱水等造成微生物死亡。因此,冻结的生鲜食品可以更长期地储藏。

为了保持果蔬等植物性食品的鲜活状态,一般都在冷却的状态下进行储藏。果蔬在被采摘后,仍然是具有生命力的有机体,还在进行呼吸活动,并能控制引起食品变质的酶的作用,对外界微生物的侵入也有抵抗能力。降低储藏环境的温度,可以减弱其呼吸强度、降低物质的消耗速度,从而延长储藏期。但是,储藏温度也不能降得过低,否则,会引起果蔬活体的生理病害,以至冻伤。所以,果蔬类食品应放在不发生冷害的低温环境下储藏。此外,如鲜蛋也是活体食品,当温度低于冻结点,其生命活动也会停止。因此,活体食品一般都是在冷却状态下进行低温储藏。

鱼、禽、畜等动物性食品在储藏时,因其细胞都已死亡,其自身不能控制引起食品变质的酶的作用,也无法抵抗微生物的侵袭。因此,在储藏动物性食品时,要求在其冻结点以下的温度保藏,以抑制酶的作用、微生物的繁殖和减慢食品内的化学变化,从而较长时间地维持食品的品质。

4.1.3　冷加工内容

（1）食品的冷却和冷藏

食品的冷却是将食品的温度由常温降到指定的温度，但不低于食品汁液的冻结点。一般冷却后食品温度为 $-4 \sim 4$℃，以保持食品的新鲜度。

食品的冷藏即食品经过冷却后的储藏，亦称冷却物冷藏（高温库）。它要求在维持食品冷却后最终温度下作短期储藏，因为部分微生物仍能生长繁殖。

（2）食品的冻结和冻藏

食品的冻结是将食品的温度由常温或冷却后的温度降到低于食品汁液的冻结点，使食品中的大部分水分冻结成冰。一般冻结后食品温度为 -15℃。

食品的冻藏即食品经过冻结后的储藏，亦称冻结物冻藏（低温库）。它要求在维持食品冻结后最终温下作长期储藏，因为微生物受到严重抑制而不能生长繁殖。

（3）食品的升温和解冻

食品的升温是将高温库的冷却食品在出冷库前，应逐渐地使冷却食品的温度回升到接近周围空气的温度，以保持食品的质量。

食品的解冻是将低温库的冻结食品在食用和加工前，使其温度升高到所要求的温度，以恢复冻结的状态，获得最大限度的可逆性。

4.1.4　冷加工任务

（1）防止食品腐败，保障人民健康

人类为了维持生命，达到正常发育和健康，必须要从外界获得营养素。这些营养素主要来源于动、植物性食品。这些食品易受自身和外界物理因素、化学因素的影响及微生物的作用等原因而发生腐烂变质。据国际制冷学会估计，全世界每年生产的食品中，由于缺乏冷藏或其他保藏措施，导致食品腐烂的数量约占45%。因此，食品冷加工工艺的首要任务就是防止食品腐败，保持食品质量，保障人民健康。

（2）提高冷加工技术，保证冷藏质量

这是世界各国普遍注意急需解决的问题。由于食品的种类繁多，品种又多样化，这就要求针对食品的特性来研究食品的最佳保鲜冷藏和冻藏工艺，并为提高低温保藏食品技术而努力，以确保食品的质量，减少食品的损失。

（3）关注全环节，构建完善食品冷链

食品冷链是指易腐食品从产地收购、冷加工、储藏、运输、销售，直到消费前的各个环节都处于适当的低温之下，以保证食品的质量，减少食品的损耗。

食品冷链是由食品冷链加工、冷链储藏、冷链运输和冷链销售四个方面构成。食品冷链加工包括畜、禽、鱼类食品的冷却与冻结，蛋和果蔬的冷却及果蔬的速冻等。主要涉及冷却装置和冻结装置。食品冷链储藏包括各类食品的冷却储藏和冻结储藏，还有果蔬的气调储藏。主要涉及各类冷藏库、冷藏柜、冰柜、家用电冰箱等。食品冷链运输包括地区之间的中、长途运输及短途的市内配送。主要涉及冷藏汽车、冷藏火车、冷藏船、冷藏集装箱等低温运输工具。食品冷链销售包括各类食品运输后的冷链储藏与销售。

扩展阅读 4.1
扫码观看

4.2 冷链加工技术

4.2.1 冷却技术

1. 食品冷却的目的

食品的冷却是将食品的温度降低到指定的温度，但不低于其冻结点，其基本目的是延长食品储藏期限。

食品冷却主要针对植物性食品。冷却可以抑制果蔬的呼吸作用，使食品的新鲜度得到很好的保持。对于动物性食品，冷却可以抑制微生物的活动，使其储藏期限延长，对于肉类等一些食品，冷却过程还可以促进肉的成熟，使其柔软、芳香、易消化。但动物性食品由于储藏温度高，微生物易生长繁殖，一般只能作短期储藏。

2. 食品冷却过程中的热交换

食品冷却过程也就是食品与周围介质进行热交换的过程，即食品将本身的热量传给周围的冷却介质，从而使食品的温度降低。这个热交换过程较复杂，通过传导、辐射及对流来实现。热交换的速度与食品的热导率、形状、散热面积、食品和介质之间的温度差以及介质的性质、流动速度等因素有关。

食品冷却过程的热交换速度与食品本身的热导率成正比。食品的热导率越大，在单位时间内由温度较高的食品中心向温度较低的表面传导的热量也就越多，因而食品冷却或冻结得就越快。各种食品的化学组成不同，其导热性也不相同。水比脂肪的热导率大些，因此，含水多、含脂肪少的食品传热速度就快；反之，就慢。

当食品与周围介质进行热交换时，食品的散热表面积的大小与热交换的速度有直接关系。散热表面积越大，单位时间内食品与周围介质之间交换的热量也就越多，因而食品冷却或冻结就越快。所以，球形、立方体形和圆柱体形食品要比厚度相等的板状食品与周围介质的热交换速度快，即冷却的时间短些。食品的实际形状可视为与上述的任一种标准几何形状相似。如某些截面接近于圆形的鱼类，可视为圆柱形；白条肉和扁形的鱼类可视平板状；苹果可视作球形等。

食品与周围冷却介质之间的温度差，对热交换的速度有决定性影响且成正比，温度差越大，热交换就进行得越强烈。冷却介质的表面传热系数对热交换速度有重要意义。不同的冷却介质其表面传热系数也不相同。以空气和盐水两种介质相比，空气的表面传热系数较盐水为小，因而，空气作为冷却介质时，热交换的速度较以盐水为介质时慢些。当冷却介质呈静止状态时，热交换只能以传导和辐射形式进行。当介质流动时，除了热传导和辐射外，还要以对流形式传递热量，因而就加速了热交换过程。介质的流动速度越大,热交换的速度也就越快。例如,当食品主要以空气作为冷却介质冷却时,空气在冷室内循环,室内温度保持在食品冻结温度以上约 1 ~ 2℃。当空气温度为 0℃,空气循环不强时,冷却猪肉需 36 小时;如温度降至 -2℃,加强了空气循环,冷却时间就可以缩短至 16 小时。

3. 食品冷却时的变化

食品在冷却储藏时会发生一些变化。这些变化除肉类在冷却过程中的成熟作用外,其他均会使食品的品质下降。

(1) 水分蒸发

食品冷却时,由于食品表面水分蒸发,出现干燥现象,植物性食品会失去新鲜饱满的外观,动物性食品(肉类)会因水分蒸发而发生干耗,同时肉的表面收缩、硬化,形成干燥皮膜,肉色也有变化。鸡蛋内的水分蒸发主要表现为鸡蛋气室增大而造成质量下降。

蔬菜类食品冷却时的水分蒸发量要根据各种蔬菜的水分蒸发特性控制其适宜的湿度、温度及风速;肉类食品冷却时的水分蒸发,除了温度、湿度和风速外,还与肉的种类、单位质量表面积的大小、表面形状、脂肪含量等有关。

(2) 生理作用

水果、蔬菜在收获后仍是有生命的活体。为了运输和储存上的便利,果蔬一般在收获时尚未完全成熟,因此,收获后还有个后熟过程。在冷却储藏过程中,水果、蔬菜的呼吸作用、后熟作用仍在继续进行,体内各种成分也不断发生变化,例如淀粉和糖的比例、糖酸比、维生素 C 的含量等,同时还可以看到颜色、硬度等的变化。

(3) 成熟作用

畜肉宰后的死后变化中有自行分解的作用。在冷却储藏时,这种分解作用缓慢地进行,分解的结果是使肉质软化,风味鲜美,这种受人们欢迎的变化称为肉的成熟作用。一般在 0 ~ 1℃的条件下进行。但必须注意的是,这种成熟作用如进行得过分,也会使肉类的品质下降。

(4) 脂质变化

食品在冷却储藏中,食品中所含的油脂仍会发生水解、脂肪酸氧化、聚合等复杂的变化,使食品的风味变差,出现变色、脂肪酸败、黏度增加现象,严重时就称为油烧,导致食品质量下降。

(5) 淀粉老化

食品中的淀粉是以 α 淀粉的形式存在,但是在接近 0℃的低温范围内,淀粉 β 化迅速出现,这就是淀粉的老化。代表性的食品是面包,在冷却冷藏时迅速老化,变得不好吃了。又如土豆在冷冻陈列柜中存放时,也会有淀粉老化的现象发生。

(6) 低温病害

在冷却储藏时,有些水果蔬菜的温度虽然在冰点以上,但当储藏温度低于某一温度界限时,果蔬的正常生理机能受到影响,失去平衡,称为低温病害。低温病害有各种现象,最明显的症状是表皮出现软化斑点和内心部变色。像鸭梨的黑心病、马铃薯的发甜现象都是低温病害。有些果蔬在外观上看不出症状,但冷藏后再放至常温中,就丧失了正常的促进成熟作用的能力,这也是低温病害的一种。

一般来说,产地在热带、亚热带的水果蔬菜容易发生低温病害。但是,有时为了吃冷的果蔬,短时间放入冷藏库中,即使是在界限温度以下,也不会出现低温病害。因为果蔬低温病害的出现需要一定的时间,症状出现最早的是香蕉,黄瓜和茄子则需要10～14天才出现症状。

(7)移臭(串味)

有强烈香味或臭味的食品与其他食品放在一起冷却储藏时,这香味或臭味就会串到其他食品上去。例如蒜与苹果、梨放在一起,蒜的臭味就会移到苹果和梨上面去;洋葱和鸡蛋放在一起,鸡蛋就会有洋葱的味道。这样食品固有的风味就发生变化,风味变差。另外,冷藏库还具有一些特有的臭味,俗称冷藏臭,也会移给冷却食品。

(8)微生物增殖

在冷却储藏中,当水果蔬菜渐渐衰老或者有伤口时,就会在此有霉菌繁殖。肉类在冷却储藏中也有霉菌和细菌的增殖。细菌增殖时,肉类的表面会出现黏湿现象。鱼在冷却储藏时也有细菌增殖,因为鱼体附着的水中细菌,如极毛杆菌、无芽孢杆菌、弧菌等都是低温细菌。在冷却储藏的温度下,微生物特别是低温细菌的繁殖和分解作用并没有被充分抑制,只是速度变得缓慢些。长时间后,由于低温细菌的增殖,会使食品发生腐败。

低温细菌的繁殖在0℃以下变得缓慢,但要停止繁殖,温度要到-10℃以下。个别的细菌要到-40℃以下才停止繁殖。

(9)寒冷收缩

宰后的牛肉在短时间内快速冷却,肌肉会发生显著收缩,以后即使经过成熟过程,肉质也不会十分软化,这种现象叫作寒冷收缩。一般来说,宰后10小时内,肉温降低到8℃以下,容易发生寒冷收缩,但这温度与时间也未必是一定的。成牛与小牛或者同一头牛的不同部位都有差异。例如成牛是温度低于8℃,而小牛是温度低于4℃。按照过去的概念,肉类宰后要迅速冷却这是个原则,但近年来由于冷却肉的销售量不断扩大,为了避免寒冷收缩的发生,人们正在研究不引起寒冷收缩的冷却方法。

4. 食品冷却设备

食品的冷却是将食品的温度降低到指定的温度,但不低于其冻结点。要完成食品的冷却需要相应的食品冷却设备。按照冷却介质和热交换的方式,常用的食品冷却的方法有冷风冷却、冷水冷却、碎冰冷却、真空冷却等。在选用时,应根据食品的种类及冷却要求的不同,选择适用的冷却方法和相应的设备,如表4-1所示。

扩展阅读4.2

扫码观看

表4-1 各类食品的冷却方法

	肉	禽	蛋	鱼	水果	蔬菜
冷风冷却	△	△	△		△	△
冷水冷却		△		△	△	△
碎冰冷却		△		△	△	△
真空冷却				△	△	△

（1）冷风冷却设备

冷风冷却是利用强制流动的冷空气使被冷却食品的温度下降的一种冷却方法。它是一种应用范围较广的冷却方法。

进入冷却间的货物温度一般较高，如水果、蔬菜、鲜蛋相当于室外温度，而刚屠宰不久的肉胴或分割肉则为35℃左右。为了抑制微生物和酶的活动，保持食品的鲜度，必须迅速将物品温度降至±0.5℃，并尽可能减少它的干耗。冷却间的温度一般采用0℃（肉冷却间可采用-2℃），相对湿度为90%。

冷风冷却应用最多的是冷却水果和蔬菜，冷空气自冷风机的风道中吹出，流过库房内的水果、蔬菜的表面而吸收热量，然后流回到冷风机的蒸发器中，空气温度降低后又被冷风机吹出，如此循环往复，不断地吸收水果、蔬菜的热量并维持其低温状态。冷风的温度可根据选择的储藏温度进行调节和控制。

近几年来，冷却肉的销售量不断扩大，肉类的冷风冷却装置也普遍使用。冷风冷却装置中的主要设备为冷风机。为了使屠宰后的肉胴温度能在20小时内从35℃冷却至4℃，一般采用柜式冷风机，并配置集中送风型的大口径喷口。冷风机通常布置在冷却间的纵向一端，它的四侧离墙面或柱边的间距不应小于400mm，冷风机的设置高度应尽量利用库房的净高，使它的喷口上端稍低于库房的楼板底或梁底。经冷风机翅片管蒸发器冷却后的空气借离心式风机从喷口射出，并沿吊轨上面射向冷却间的末端，再折向吊轨下面，从吊挂的白条肉间流过，冷空气与白条肉进行热交换后又回到冷风机下面的进风口。冷空气的这种强制循环，加速了白条肉的冷却过程。同时，由于喷口气流的引射作用，靠近冷风机侧的空气循环加剧，从而使冷却间内的温度比较均匀。

有些单位采用冷藏库的冷却间对肉类采用快速冷却方法，主张采用变温快速两段冷却：第一阶段是在快速冷却隧道或冷却间内进行，空气流速为2m/s，空气温度一般在-5～-15℃，相对湿度为90%，经过2～4小时后，胴体表面温度降到0～-2℃，而后腿中心温度还在16～20℃，这一阶段的特征是散热快，肉胴表面温度达0℃以下，形成了"冰壳"；然后在温度为+1～-1℃，相对湿度为90%的空气自然循环冷却间内进行第二阶段的冷却，经过10～14小时后，半白条肉内外温度基本趋向一致，达到平衡温度4℃时，即可认为冷却结束。整个冷却过程在14～18小时之内可以完成。最近国外推荐的二段冷却温度更低，第一阶段温度达到-35℃，在1小时内完成；第二阶段冷却室空气温度为-20℃。整个冷却过程中，第一阶段在肉类表面形成不大于2mm的冻结层，此冻结层在20小时的冷却过程中一直保持存在，研究认为，这样可有效减少干耗，其自然干耗平均为1%，较常法少40%～50%。用快速方法冷却的肉类外观良好，色泽味道正常，冷却时间缩短了4～7小时。

采用变温快速两段冷却法的优点是：食品干耗小，平均干耗量为1%；肉的表面干燥，外观好，肉味佳，在分割时汁液流失量少。但由于冷却肉的温度为0～4℃，在这样的温度条件下，不能有效地抑制微生物的生长繁殖和酶的作用，所以只能作1～2周的短期储藏。

冷风冷却应用较广，不仅用于水果、蔬菜和肉类的冷却，还可以用来冷却禽、蛋、调理食品等。缺点是当室内温度低时，被冷却食品的干耗较大。

（2）冷水冷却设备

所谓冷水冷却是通过低温水把被冷却的食品冷却到指定的温度的方法。冷水冷却通常用于禽类、鱼类和某些果蔬，特别是对鲜度下降较快的水果，如桃子等更为适用。大多数产品不允许用液体冷却，因为产品的外观会受到损害，而且失去了冷却以后的储藏能力。冷水冷却通常用预冷水箱来进行，水在预冷水箱中被布置于其中的制冷系统的蒸发器冷却，然后与食品接触，把食品冷却下来。如不设预冷水箱，也可将蒸发器直接设置于冷却池内，冷却池内设搅拌器，水由搅拌器搅动而流动，使冷却池内温度均匀。伴随着冰蓄冷技术的不断发展与完善，冷水冷却的应用前景更为广阔。具体做法是在冷却开始前先让冰凝结于蒸发器上，冷却开始后，此部分冰就会释放出冷量。

冷水冷却有三种形式：喷淋式、浸渍式和混合式（喷淋和浸渍）三种，其中喷淋式应用最多。

①喷淋式

在被冷却食品的上方，由喷嘴把冷却了的有压力的水呈散水状喷向食品，达到冷却的目的。

②浸渍式

被冷却食品直接浸在冷水中冷却，冷水被搅拌器不停地搅拌以使温度均匀。

③混合式

混合式冷却装置一般采用先浸渍后喷淋的步骤，这种冷却方式速度快、更卫生。

同冷风冷却相比较，冷水冷却有如下优点：避免了干耗；冷却速度大大加快；所需空间减少；对于某些产品，成品的质量较好。这种方法的缺点是可能产生污染。例如，在冷却家禽时若有一个禽体上染有沙门氏菌，就会通过冷水传染给其他禽体，影响成品质量。

（3）碎冰冷却设备

冰是一种良好的冷却介质，它的相变潜热为334.5KJ/kg，具有较大的冷却能力。在与食品接触过程中，冰融化成水要吸收相变潜热，使食品迅速冷却。冰价格便宜、无毒害、易携带和储藏。此外融解的冰水使食品的表面保持湿润，能避免干耗现象。

用来冷却食品的冰分淡水冰和海水冰。一般淡水冰用来冷却淡水鱼，而海水冰用来冷却海水鱼。淡水冰按冰质可分为透明冰和不透明冰。不透明冰是由于形成的冰中含有许多微小的空气气泡而导致不透明。从单位体积释放的冷量来讲，透明冰要高于不透明冰。淡水冰可分为机制块冰（每块质量为100kg或120kg，经破碎后用来冷却食品）、管冰、片冰、米粒冰等多种形式。为了提高碎冰冷却的效果，要求冰要细碎，冰与被冷却的食品接触面积要大，冰融化后生成的水要及时排出。海水冰也有多种形式，主要以块冰和片冰为主。海水冰的特点是没有固定熔点，在储藏过程会很快地析出盐晶体而变成淡水冰。海水冰用来储藏虾时降温快，可防止变质。随着制冰机技术的完善，许多作业渔船可带制冰机随制随用，但要注意，不允许用被污染的海水及港湾内的水来制冰。常用碎冰的体积质量和比体积见表4-2。

表 4-2　常用碎冰的体积质量和比体积

碎冰的规格 /cm	密度 / (kg/m³)	比体积 / (m³/t)
大块冰（10×10×5）	500	2.00
中块冰（4×4×4）	550	4.82
细块冰（1×1×1）	560	1.78
混合冰（大块冰和细块冰混合）	625	1.60

在海上冷却渔获物的方法一般有三种：加冰法（干法）、水冰法（湿法）及冷海水法。

① 加冰法：加冰法要求在容器的底部和四壁先加上冰，随后一层冰一层鱼。冰可以是淡水冰，也可以是海水冰，有轧碎冰、鳞片状冰、板状冰、管状冰、雪花状冰等。要求冰粒要细，撒布要均匀，最上面的盖冰冰量要充足。融冰水应及时排出，以免对鱼体造成不良影响。

② 水冰法：水冰法是在有盖的泡沫塑料箱内，用冰加上冷海水来保鲜鱼货。海水必须先预冷到 1.5～-1.5℃再送入容器或舱中，再加鱼和冰，鱼必须完全被冰浸盖。用冰量根据气候变化而定，一般鱼与水之比为（2～3）：1。为了防止海水鱼在冰水中变色，用淡水冰时需加盐，如乌贼鱼要加盐 3%，鲷鱼要加盐 2%。淡水鱼则可用淡水加淡水冰保藏运输，不需加盐。水冰法操作简便，用冰省，冷却速度快，但浸泡后肉质较软，易于变质，故从冰水中取出后仍需冰藏保鲜。此法适用于死后易变质的鱼类，如鲐、竹刀鱼等。

③ 冷海水法：冷海水法主要是以机械制冷的冷海水来冷却保藏鱼货，与水冰法相似，水温一般控制在 0～-1℃。冷海水法效率高，可大量处理鱼货，所用劳力少、卸货快、冷却速度快。缺点是有些水分和盐分被鱼体吸收后使鱼体膨胀，颜色发生变化，蛋白质也容易损耗，另外，因舱体的摇摆，鱼体易相互碰擦而造成机械伤口等。冷海水法目前在国际上被广泛地用作预冷手段。

总之，冰冷却的特点是冰无害、便宜；能使冷却表面湿润有光泽，减少干耗；冷却速度快。这就是冰被广泛用于冷却、冷藏以及鱼类的冷却和运输的原因。它也用在叶类蔬菜的冷却和运输及某些食品的加工中，如香肠的碎肉加工。

（4）真空冷却设备

真空冷却又叫作减压冷却。它的原理是水分在不同的压力下有不同的沸点，用真空降低水的沸点，促使食品中的水蒸发，因为蒸发潜热来自食品本身，从而使食品温度降低而冷却。由于真空无处不在，与传统的传热方式（对流、传导、辐射）相比，真空冷却不但快速均匀，而且干净卫生，非常适合果蔬预冷及熟食品冷却，如图 4-1 所示。

真空冷却主要用于蔬菜的快速冷却。蔬菜经挑选、整理，放入打孔的纸板箱后，推进真空冷却槽，关闭槽门，开动真空泵和制冷机。当真空槽内压力降低至 667Pa 时，蔬菜表面的水分在 1℃低温下迅速汽化。水变成水蒸气时吸收的 2 253.88KJ/kg 的汽化潜热，使蔬菜本身的温度迅速下降到 1℃。装置中配有的制冷装置，不是直接用来冷却蔬菜的。由于水在 667Pa 压力、1℃温度下变成水蒸气时，其体积要增大将近 20 万倍，此时即使用二级真空泵来抽，消耗了很多的电能，也不能使真空冷却槽内的压力很快降下来，也不能使真空冷却槽内的压力维持在667Pa,所以增设了制冷设备。

图4-1 真空冷却设备

真空冷却效率高,例如生菜从常温24℃冷却到3℃,冷风冷却需要25小时,而真空冷却只需0.5小时。由于冷却速度快,水分蒸发量也只有2%～4%,因此不至于影响蔬菜新鲜饱满的外观。真空冷却是目前最快的一种冷却方法,对表面积大(如叶类菜)的食品的冷却效果特别好。真空冷却的主要优点是：冷却速度快、时间短；冷却后的食品储藏时间长；易于处理散装产品；若在食品上事先喷撒水分,则干耗非常低。缺点是装置成本高,少量使用时不经济。

①旋片真空泵和捕水器组合系统及果蔬真空预冷机

旋片泵是真空技术中最基本的真空获得设备之一。这是一种抽速大、体积小、极限真空度高、工作噪声低的油封式机械真空泵。在这种真空泵中,油起着重要的作用,它兼具密封、润滑及冷却3种效能。

利用旋片真空泵完全可以达到果蔬预冷所需的真空度(≤660Pa),但是如前所述,真空冷却的原理正是利用水分汽化时吸热而造成自身降温。因此,在冷却过程中会产生水汽,如果水汽直接进入旋片泵,将引起泵油的乳化,不但影响泵的性能,而且会对泵体本身造成损害。解决的办法是在泵的前面增加一套捕水器,利用低温将水汽凝结成水而排掉。为此,必须再配置制冷系统,使空气除去水汽后再经真空泵排出。果蔬真空预冷机一般都是根据上述原理而设计制成,其基本组成是真空箱体、捕水器、制冷机组和旋片式真空泵。

②水力喷射真空技术和常温型真空速冷机

熟食品的冷却不同于果蔬的预冷,起始温度很高,一般在90℃以上,冷却过程中会有大量的水汽逸出。如果仍然采用旋片真空泵、捕水器组合系统,势必捕水器和制冷机组都要配得很大,不但机组庞大而且能耗很高,极不经济。而将水力喷射真空技术应用于熟食品的快速冷却,可以取得很好的经济效益。

该项技术集抽真空、冷凝、排水3种功能于一体。它是利用一定压力的水流,通过具有一定侧斜度的喷嘴高速喷出,聚合在一个焦点上,可在周围形成负压,使与之相通的真空箱内产生真空。另外，由于蒸气与喷射水流直接接触，进行热交换，绝大部分的蒸气凝结成水，通过扩压管排出，体积明显地缩小，这样又可进一步形成更高的真空。

（5）其他冷却方法简介

①热交换器冷却

这种冷却形式用于液体的散装处理，像牛乳、液体乳制品、冰激凌混合物、葡萄汁、啤酒果汁等。热量通过固体壁从液体食品传递给循环的冷却介质。冷却介质可以是制冷剂或载冷剂。冷却介质应该对食品无毒和无污染，对金属无腐蚀。液体冷却器主要有多管式、表面式、套管式几种形式。

②金属表面接触冷却

该装置是连续流动式的，它装着一条环状的厚约 1mm 的钢质传送带，在传送带下方冷却或直接用水、盐水喷淋，也可以滑过固定的冷却面而冷却。这种系统的冷却速度高，甚至可以将半流质的食品在传送带上进行冷却。

③低温介质接触冷却

主要用液态的 CO_2 和 N_2。液体 CO_2 在通过小孔径板膨胀的时候，将变为气固两相的混合物，干冰能产生很快的冷却效果，而且转换时没有残留物。这种方法可用于碎肉加工、糕点类食品的散装冷却等。

4.2.2 冻结技术

凡将食品中所含的水分大部分转变成冰的过程，称为食品的冻结。食品冻结的原理就是将食品的温度降低到其冻结点以下，使微生物无法进行生命活动、生物化学反应速度减慢，达到食品能在低温下长期储藏的目的。

食品冻结首先应尽一切可能保持其营养价值和美味，也就是使在冻结过程中所发生的各种变化达到最大的可逆性。

1. 食品冻结时的变化

食品在冻结过程中将发生各种各样的变化，主要有物理变化、组织变化和化学变化。

（1）物理变化

①体积膨胀和产生内压

食品内水分冻结成冰，其体积约膨胀 8.7%，当然冰的温度每下降 1℃，其体积收缩 0.016 5%，两者相比较，膨胀要比收缩大得多，所以含水分多的食品冻结时体积膨胀。当冻结时，水分从表面向内部冻结。在内部水分冻结而膨胀时，会受到外部冻结层的阻碍，于是产生内压。从理论上讲，这个数值可达到 8.7MPa，所以有时外层受不了内压而破裂，逐渐使内压消失。如冻结速度很快的液氮冻结时就产生龟裂，还有在内压作用下使内脏的酶类挤出，红血球崩坏，脂肪向表层移动等，由于血球膜的破坏，血红蛋白流出，加速了变色。

②比热容、热导率等热力学特性有所改变

比热容是单位质量的物体温度升高或降低 1K（或 1℃）所吸收或放出的热量。冰的比热容是水的 1/2。食品的比热容随含水量而异，含水量多的食品比热容大，含脂量多的食品比热容小。对一定含水量的食品，冻结点以上的比热容要比冻结点以下的大。比热容大的食品在冷却和冻结时需要的冷量大，解冻时需要的热量亦多。

③干耗

目前，大部分食品是以高速冷风冻结，因此在冻结过程中不可避免会有一些水分从食品表面蒸发出来，从而引起干耗。设计不好的装置干耗可达 5%～7%，设计优良的装置干耗降至 0.5%～1%。由于冻结费用通常只有食品价值的 1%～2%，因此比较不同冻结方法时，干耗是一个非常重要的问题。肉类冷却储藏时产生的干耗比如表 4-3 所示。

表 4-3 冷却储藏时肉类干耗的质量比　　　　　　　　　　　　　　　%

时间	牛	羊	猪
12 小时	2.0	2.0	1.0
24 小时	2.5	2.5	2.0
48 小时	3.5	3.5	3.0
8 天	4.0	4.5	4.0
14 天	4.5	5.0	5.0

产生干耗的原因是：空气在一定温度下只能吸收定量的水蒸气，达到最大值时，则称为含饱和水蒸气的空气，这种水蒸气有一个与空气饱和程度相应的蒸气压力，它在恒定的绝对湿度下随温度升高将会变小。空气中水蒸气的含量甚小时，水蒸气压力亦甚小，而鱼、肉和果蔬等由于含有水分其表面水蒸气压力大，这样从肉内部移到其表面并蒸发，直到空气不能吸收水蒸气，即达到饱和为止，也就是不再存在蒸气压差。温度低的空气中蒸气压会增大，故温度低时干耗小。除蒸气压差外，干耗还与食品表面积、冻结时间有关。蒸气压差大，表面积大，则冻结食品的干耗亦大。如果用不透气的包装材料将食品包装后冻结，由于食品表面的空气层处于饱和状态，蒸气压差减小，就可减少冻结食品的干耗。

（2）组织变化

植物细胞由原生质形成，表面有原生质膜，外侧有以纤维素为主要成分的细胞壁。原生质膜能透水而不透溶质，极软，富有弹性，能吸水而膨胀；细胞壁则不同，水和溶质均可透过，又较厚，缺乏弹性。所以，植物细胞冻结时，原生质膜胀起，细胞壁会胀破，不能保持原来形状，细胞死亡时，原生质膜随之受到破坏，溶液可以任意出入，解冻时有体液流出。

动物细胞膜软，有弹性，仅有一层原生质膜而没有细胞壁。冻结水分膨胀，细胞仅出现伸展，原生质膜不容易受到破坏。

植物性食品受到机械损伤，氧化酶活动增强而出现褐变，故植物性食品如蔬菜冻结前应经烫漂、杀酶，冻结才不会褐变。动物性食品受机械损伤后，解冻时体液流失，并因胶质损伤而引起蛋白质变性。

（3）化学变化

①蛋白质冻结变性

冻结后的蛋白质变化是造成质量、风味下降的原因，这是由于肌动球蛋白凝固变性所致。造成蛋白质变性的原因有以下几点。

- 冰结晶生成无机盐浓缩，盐析作用或盐类直接作用使蛋白质变性。
- 冰结晶生成时，蛋白质分子失去结合水，蛋白质分子受压集中，互相凝集。
- 脂质分解氧化产生的脂质过氧化物是不稳定的，使蛋白质变性。
- 由于生成冰晶，使细胞微细结构紊乱，引起肌原纤维变性。

这些原因是互相伴随发生的，因动物性食品种类、生理条件、冻结条件不同而由某一原因起主导作用，其中脂类的分解氧化在冻结时不明显，在冻藏时较突出。

②变色

冷冻鱼的变色从外观上看有褐变、黑变、褪色等。鱼类变色的原因包括自然色泽的分解和新的变色物质产生两个方面。自然色泽的破坏，如红色鱼皮的褪色，冷冻金枪鱼的变色；产生新的变色物质，如白色鱼肉的褐变，虾类的黑变等。变色使外观不好看，而且会产生臭味，变色反应的机理是复杂的。

（4）生物和微生物的变化

生物是指小生物，如寄生虫和昆虫，经冻结都会死亡。猪囊虫在-18℃就会死去，大麻哈鱼中的列头条虫的幼虫在-15℃下5天死去，因此，冻结对肉类所带有的寄生虫有杀灭作用。

微生物包括细菌、霉菌、酵母三种。其中细菌对人体的危害最大，细菌冻结可将其杀灭。如在有些国家常成为食物中毒原因的一种孤状菌，经过低温储藏，其数量能减少到原来的 $1/5 \sim 1/10$。所以，要求在冻结前尽可能杀灭细菌，而后进行冻结。

2. 食品冻结过程中的冻结水量和冰结晶

（1）食品产生冰结晶的条件

冰结晶表现了冻结过程的最基本的实质。当食品中所含水分结成冰结晶时，即有热量从食品中传出，同时食品的温度也随之降低。

从物质分子结构上来看，液体是介于气体和固体之间的。气体分子运动是混乱的，彼此各不相关。而在固体（结晶体）中，分子是按一定的规律排列的，彼此之间有着相互的关联。当温度升高时，液体分子运动加速，使它的结构与气体接近；当温度降低时，液体分子运动减慢，其结构则趋向于结晶体。当液体温度降低至冻结点时，液体相与结晶相处于平衡状态。要使液体变为结晶体，就必须破坏这种平衡状态，也就是使液体温度降至稍低于冻结点的温度，造成液体的过冷。由此可见，过冷现象是使液体中产生冰结晶的先决条件。

当液体处于过冷状态时，其内部形成了稳定的原始结晶核，这个结晶核的形成并非自发的，而是由于某种刺激作用（如液体中所含的灰尘或振动等）产生的。因此，普通河水较煮沸水和蒸馏水容易结晶。灰尘与杂质能确定液体中结晶核的位置，并产生两相的分界面。

在稳定的结晶核形成后,如继续散失热量,水分子就聚集在结晶核周围组成结晶冰的晶格排列,使水变成冰而放出热量。这种热量的放出,使水或水溶液的温度由过冷温度上升至冻结点温度。因此,要保证冰结晶过程的进行,必须不间断地将热量移去。

各种食品的汁液均有不同的过冷临界温度。所谓过冷临界温度实际上就是温度低于物质的临界温度。物质处于临界状态时的温度为临界温度。这个温度就是物质以液态形式出现的最高温度,如再将其温度降低于临界温度,即达到过冷临界温度,则液态将变成固态而成为冰。牲畜、家禽和鱼中所含的汁液,其过冷临界温度平均约为 $-4 \sim -5℃$,乳类约为 $-5 \sim -6℃$,蛋类约为 $-11 \sim -13℃$。

食品在冻结过程中,其过冷状态一般并不稳定。因为冻结时,食品表面层的温度很快降低,破坏了表面层的过冷状态而产生冰晶。随着冻结时间的延长,冰晶将不断地发展,使食品内部的热量不断导出而在其内部亦产生冰结晶。

（2）食品的冻结水量

溶液的冻结与纯水不同,它的冻结点较水的冰点低些。溶液的冻结点与溶液的浓度、溶质的离解程度及溶剂的性质有关。

由于在食品中的水分中溶解有矿物质和有机物质,因此,食品冻结时所发生的溶液浓度的变化过程比普通溶液复杂得多。

食品的冻结点是指食品汁液中的水分开始变成冰时的温度,因此也称冰点。大多数天然食品的冻结点接近于 $-1℃$。例如,肉类冻结点为 $-0.6 \sim -1.2℃$,淡水鱼为 $-0.5 \sim -1.0℃$,海水鱼为 $-0.8 \sim -2℃$,蛋黄为 $-0.65℃$,蛋白为 $-0.45℃$。含有大量溶质（糖、盐、酸）的食品,其冻结点较低。例如,天然的酸樱桃冻结点约为 $-3.5℃$,某些富含糖分和铁盐的葡萄品种,冻结点低达 $-5℃$。

由于食品所含的水分中均溶解有不同的盐类,盐量越多,其冻结点也越低。所以,当食品汁液中的水分渐渐析出而冻结成为冰结晶后,剩下的汁液含盐浓度增大,冻结点降低。食品中剩余的汁液越少,其浓度越大,汁液的冻结点也就越低。这样,食品的继续冻结就要在温度大大降低的条件下进行。可见,食品发生冻结的冻结水量是随着冻结时间的延续及冻结温度的降低而增加的。浓缩的水溶液完全冻结时的温度叫作共晶点。食盐水共晶点为 $-21.2℃$,其含量（质量分数）为 22.4%。食品中的水溶液是微量溶解着各种成分的水溶液的混合液,每种成分的水溶液的共晶点都不相同。根据实验可知,由于受到这些成分中最低的共晶点温度的影响,要使食品中水分全部冻结,必须将其温度降低至食品的低熔共晶点,即 $-55 \sim -65℃$。但这一温度在冷冻工艺处理与冷藏中不易达到,因而无多大意义。

食品内水分的冻结率近似值为：

$$冻结率 = (1-\frac{食品的冻结点}{食品的温度}) \times 100\% \qquad (1)$$

例如：食品的冻结点为 $-1℃$,降到 $-18℃$ 时的冻结率 $= (1-\frac{-1}{-18}) \times 100\% = 94.4\%$。

普通的冻结食品的冻藏温度为 $-18 \sim -25℃$,在这个温度下,食品的结冰率达到

90%左右,给人们感觉食品已冻得坚硬,认为已处于完全的冻结状态,可实际上还没有达到低熔共晶点温度,所以,仍有10%的水分处于未冻结状态。

(3)冰结晶的分布和数量

食品中的水分分布,大致可分为两部分:一部分为细胞内的水分,另一部分为细胞间隙中的水分。在食品的细胞间隙内,水蒸气张力比在细胞内小,盐的浓度也小些,冻结点则高些。当食品冻结时,细胞间隙内的水分首先结成冰晶。由于冰的饱和蒸气压比水低,因此,在食品冻结初期,当细胞外的水分已冻成冰,而细胞内的水分因冰点较低仍在液体状态时,由于两者饱和蒸气压的不同,致使细胞中的水分以蒸气状态透过细胞膜而扩散至细胞间隙中。这样,如果是慢速冻结,就使大部分水冻结于细胞间隙内,并形成较大的冰结晶。水在转变成冰时,体积约增大9%~10%,结果使细胞因受压挤而变形,甚至造成细胞膜破裂。于是当食品解冻时,冰晶融化成水,食品汁液流失。

如果采用低温快速冻结时,由于冰结晶形成的速度大于水蒸气的扩散速度,因而冰结晶即可均匀地分布在食品细胞内与细胞间隙中,并形成小的结晶体。这样就不会使细胞变形和破裂。按食品冻结速度可分为3类:快速冻结(5~20cm/h),中速冻结(1~5cm/h),慢速冻结(0.1~1.0cm/h)。冻结速度与冰晶形状的关系见表4-4。

表4-4 冻结速度与冰晶形状的关系

冻结速度(通过 0~5℃的时间)	冰结晶			
	位置	形状	大小(直径×长度)	数量
数秒	细胞内	针状	1~5μm×5~10μm	无数
1.5min	细胞内	杆状	1~20μm×20~50μm	多数
40min	细胞内	柱状	50~100μm×100μm以上	少数
90min	细胞外	块粒状	50~200μm×200μm以上	少数

3. 食品冻结设备

冻结设备是用来完成食品冷冻加工的机器设备的总称,包括以下几种。

(1)吹风冻结设备

①流态化冻结设备

随着我国速冻果蔬、虾类和速冻调理食品的迅速发展,用于单体快速冻结食品,如小型鱼、虾类、草莓、青豌豆、颗粒玉米等的带式流态化冻结装置得到了广泛的应用。

流态化冻结是使小颗粒食品悬浮在不锈钢网孔传送带上进行单体冻结的。风从传送带底部经网孔进入时风速很高,为7~8m/s,把颗粒食品吹起,形成悬浮状态进行冻结。冻结时食品间的风速为3.5~4.5m/s,由于传送带上部的空间大,故冷风的速度降低,不致将冻结后的食品吹走。

生产能力为1t/h的冻结装置(以冻结青刀豆为准),它的总长为9m、宽5m、高3.2m,安装在一个有隔热层的隧道间内。制冷装置多采用氨泵系统,采用向蒸发器上进下出供液的方式。隧道内温度为-30~-35℃。

食品在带式流态化冻结设备内的冻结过程分为两个阶段:第一阶段为外壳冻结阶

段，要求在很短时间内，使食品的外壳先冻结，这样不会使颗粒间相互黏结，以小虾为例，这一阶段约为 5～8min，这个阶段的风速大、压力高，一般采用离心风机；第二阶段为最终冻结阶段，要求将食品的中心温度冻结到 -18℃ 以下，以小虾为例，约需 20～25min。

近几年来，随着我国速冻水产品、调理食品和速冻蔬菜等食品的迅速发展，我国在流态化食品速冻装置方面发展较快。如有关厂家生产的振动流态化食品速冻装置是专为速冻水产品、肉制品、果蔬和调理食品等而设计制造的。该装置为两区段冻结工艺。微冻区段传送网带设有三处"驼峰"，防止产品冻粘在网带上。两区段分别根据不同产品冻结工艺要求，随时调节冻结速度及冻结时间以保证冻品质量。装置内配以强制循环冷风，使食品在流态化悬浮状态下均匀地进行快速冻结，使小型的食品不会粘结成块。另外，隧道中配有搁架小车，能冻结较大规格的食品，达到一机多用。

②隧道式冻结设备

隧道式冻结设备用隔热材料做成一条隔热隧道，隧道内装有缓慢移动的货物输送装置，隧道入口装有进料和提升装置，出口装有卸货装置和驱动设备，货物在缓慢移动时遇强烈冷风而迅速冻结。隧道内的温度一般为 -30～-40℃，冷风速度为 3～6m/s，冷风吹向和货物移动方向相反，所以冻结速度快，产量大，在我国肉类加工厂和水产冷库中被广泛应用。该装置多使用轴流风机、风速大、冻结速度快（但食品干耗大），蒸发器融霜采用热氨和水同时进行，故融霜时间短。隧道式冻结设备分下吹风和上吹风两种。一般认为冻鱼应用下吹风，冻猪肉上吹风较好。隧道式冻结设备可用于冻结鱼、猪肉和预制过的小包装食品等，如图 4-2 所示。

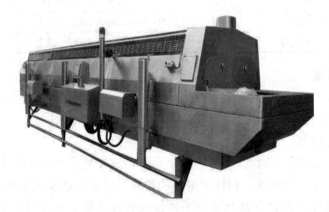

图 4-2 隧道式冻结设备

隧道式冻结设备在设计该装置和生产实践中应注意下列几点。

第一，冻结的均匀性问题。一个冻结装置，根据冻结的设计能力得到所需要的制冷量是很容易的。但是，对于一个装有几乎达到上千个鱼盘的冻结装置，要求在同一时间内使每个鱼盘得到相等的冷量是比较困难的。组织气流的均匀分布不但影响冻结的效率，而且也是提高冻品质量的关键。因此，在设计和安装该装置时，对冷量均匀分配问题（如气流的均匀分布等）应该加以注意。

第二,气流流动形式对均匀冻结的影响问题。冻结装置的气流流型与冻品的形状有关,气流流动形式应由冻品的形状来定。冻结鱼盘装扁平状食品时,因为冷空气流与冻晶最大的接触面是鱼盘上、下两个平面,所以气流平行于鱼盘作水平流动比较好。冻结猪、牛胴体时,因胴体竖挂,冷空气流与冻晶最大的接触面是胴体周围的立面,所以使空气流平行于胴体表面作垂直流动则比较合适。

第三,风机的位置对食品均匀冻结的影响。对于空气横向循环的冻结装置,风机的安装位置对冻结效果影响很大。为了减少冷量消耗,最好是将风机的电动机部分安装在冻结室外。一般情况下,因构造上的困难,仍然将整台风机放在冻结室内,那么在室内将轴流式风机放在什么位置,既要考虑有利于气流的均匀分布,又要有利于维修。经过实测证明,放在上部位置是比较合适的。因为风机放在上部,可以使风机出口的高速气流有一个扩展均匀阶段,造成空气进入冻结区以前形成紧密而均匀的气流,以利于下一步的均匀分配而转弯导向。空气经过均匀分导后,形成上下比较均匀的气流,以 $1 \sim 1.5 \text{m/s}$ 的速度进入冻结区。这个速度对空气通过冻结区造成水平层流比较有利。

第四,气流组织对水产品冻结的影响。冻结装置的气流方向是影响冻晶不均匀的主要原因。冻结区始末端的空气有温差的存在,这是由于单向气流与空气循环量大小有关。如果能使气流方向定期转换,可将始末端温差值减少一半。为解决气流换向问题,目前,国内外最先进的隧道式管架式冻结装置都采用可逆式轴流风机。

(2)接触平板冻结设备

这是一种使食品与平板式蒸发器直接接触的冻结设备,其制冷能力是每冻结 1kg 食品的耗冷量为 $335 \sim 375 \text{kJ}$。它的工作原理是将食品放在各层平板内,用油压把平板压紧,空心平板内流通着液氨或者低温氯化钙溶液蒸发吸热,使金属平板成为蒸发器,借助热传导的作用将接触的食品热量迅速带走,从而达到快速冻结的效果。食品与平板的接触压力要求为 $6.86 \sim 29.4 \text{kPa}$,油泵的压力为 2.94MPa。

接触平板冻结设备分卧式与立式两种。卧式适用于冻结工艺要求较高的剔骨畜肉类、禽兔类及其副产品的箱装、盘装、听装食品;立式的可将无包装的食品直接放入两板之间,冻结的效率比卧式高,操作省力,适用于冻结剔骨的畜类产品、块状肉类及鱼类,如图4-3所示。

图4-3 接触平板冻结设备

平板蒸发器可以超过10层，板与板之间的间隔距离可以在一定范围内借助液压机械伸展与压缩。多层平板蒸发器的外围设有带绝热层的围挡结构，所以，可以将其安装在常温房间内冻结食品，而不必建造冻结间。故接触平板冻结设备具有以下优点。

①可在常温条件下操作，改善了工人的劳动条件。

②操作方便，维修简便。

③放热系数大，其冻结速度从风冷的$0.1 \sim 1cm/h$提高到$1 \sim 5cm/h$，因而冻结时间短，比风冷缩短3/4左右。

④冻结食品干耗小，保证了产品质量。

⑤耗电量小，由风冷的110kW·h/t减少到71.4kW·h/t。

⑥占地面积小，可在船上生产使用。

⑦便于机械化生产，可自动装卸。其缺点是不适合对形状不规则的、怕挤压的及厚度较大的食品进行冻结。

（3）液体冻结设备

①不冻液浸渍冻结设备。用于浸渍冻结的不冻液有乙二醇、丙二醇及酒精的水溶液。丙二醇水溶液的温度可达到$-20℃$，但放热系数只有氯化钠盐水的1/2左右。乙二醇水溶液的对流放热系数介于氯化钠盐水与丙二醇水溶液之间。

②液氮喷淋冻结设备。用液氮冻结食品早在1926年前后就曾试用过，但是由于成本昂贵，在正式使用上未能实现。后来，美国在1960年前后创造了第一台实用液氮冻结装置，而使液氮正式用在冻结食品上。运输食品的液氮冷藏汽车、冷藏火车、冷藏船等均有迅速的发展。

氮气是无色、无臭、无味的惰性气体。液氮是无色液体，不与其他物质发生化学反应，其沸点为$-195.8℃$，是一种理想的冷媒。而且液氮是空气液化分离工厂制造液态气时得到的副产品，价格比较便宜。

液氮冻结食品具有下列优点。

- 冻结速度快。当液氮直接喷淋到食品上时，将与食品进行强烈的热交换，而使食品每分钟降温$7 \sim 15℃$，一般用$6 \sim 12min$就可以把食品冻结好（当然也因食品的种类不同而不等）。冻结速度比用氨冻结快$20 \sim 30$倍，比用平板冻结快$5 \sim 6$倍。

- 冻结质量好。用液氮冻结食品时，热交换很强，所以通过最大冰晶生成带的时间仅为5min，使冻结食品的细胞内和细胞间隙中的水分能同时冻结成极细小的冰晶体，但对细胞无破坏作用，食品解冻后仍能最大限度地恢复到原有的营养成分和新鲜状态。故液氮冻结使食品的保鲜度很高，质量优良。

- 冻结食品的干耗小。一般冻结设备的冻结食品干耗率为$3\% \sim 6\%$，而用液氮冻结食品的干耗率仅为$0.6\% \sim 1\%$。

- 冻结食品不会发生氧化。液氮喷淋食品进行冻结时，所产生的气体是惰性气体氮气，因而食品在冻结过程中就不会氧化和变色。

- 具有节约性。液氮冻结装置同机械型制冷的冻结装置相比，在冻结能力相同的情况下，安装面积可以节约5/6，一次投资费用可节省30%，所需动力只需1/10左右，而且用人少。
- 液氮冻结装置易于实现机械化、自动化流水作业线，提高生产率，并可改善低温下操作的条件和劳动强度。
- 可以冻结普通冻结方法目前尚不能冻结的食品，包括：含有75%以上大量水分的食品以及在解冻后容易产生汁液流失，而且不易复原的食品，如杨梅、柑橘、蟹肉、鱼肉等。经热处理后容易丧失风味和一经热烫后就不能冷冻的食品，如蘑菇、松耳等。需单个冻结的食品，如虾、鸡、肉饼、饺子、烧卖、毛豆、春卷、冰激凌等。含淀粉的食品，如鱼糕、生鱼片、面包、点心等。

液氮冻结装置也存在一些问题，如由于液氮沸点很低，容易造成食品的超速冻结，使某些食品表面开裂。所以，需要对喷淋的液氮进行控制，使冻结温度控制在-120～-60℃之间，且食品的厚度以不超过60mm为宜，对冻结厚的食品有困难。同时，液氮冻结装置成本高，对于冻结价廉的食品，在应用上还受到限制，这些都需要进一步研究解决。

4. 新兴的食品冻结辅助方法

在冻结食品的过程中，较大的冰晶会对细胞组织造成显著的伤害，均匀分布的细小冰晶能够在很大程度上减少对细胞的损伤。过冷度越高，冰晶的数目越多，尺寸越小。为了提高食品品质，提出了新兴的技术来辅助冻结过程，并取得了很好的效果，辅助方法分类如图4-4所示。

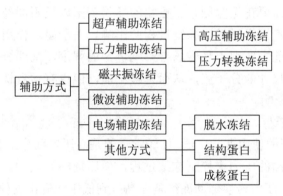

图4-4 新兴食品冻结辅助方法

（1）超声辅助冻结

近年来，关于超声辅助冻结的研究非常广泛。徐保国等研究了超声浸渍式冻结对有包装的红萝卜内部的水分分布及质量的影响，结果表明超声辅助速冻能够显著减少冻结时间，并提高萝卜的质量。他们还研究了超声对于圆柱形萝卜结晶的影响，研究中呈现了动态的结晶过程和超声的延迟等。程新峰等研究了超声辐射对草莓的浸渍式冻结的影响，结果表明合理采用辐射温度和强度能够有效控制易腐食品的成核过程。

超声对速冻过程的影响是确定的，但超声影响结晶过程的机理仍未统一。关于超声诱发成核的机理有以下几种比较认同的说法：①超声引起微小气泡的剧烈崩塌，非常高的压力导致较大的过冷度，形成较多且较小的冰晶；②超声具有毁坏树枝状冰晶的能量，形成的碎片可以作为冰核；③由于宏观上的湍流和微观上高度的粒子碰撞使固液边界变薄。由于这一系列的原因，使在超声的辅助下传热系数相对较高。但超声辅助冻结一般运用于浸渍冻结，其他情况的运用较少，所以其适用场合有一定限制。不同的超声强度、频率及辐射温度对食品的影响需要进一步研究。

(2) 电、磁场辅助冻结

电场辅助冻结是一种新方法。E. Xanthakis 等以猪肉作为实验材料，发现采用电场辅助可以减少对肉类的损伤。脉冲电场的运用可以在很大程度上减少冻结时间，并得到较好的产品特性。J. H. Mok 等采用脉冲电场和静态磁场相联合进行食品冻结，得到细小且均匀的冰晶，并缩短了相变的时间。F. J. Barba 等总结了目前脉冲电场在食品行业的应用及其广阔的前景。但关于这项技术的研究并不彻底，对于各种不同类型的电场，如静电场、不同占空比的脉冲电场及两者的联合等，需要进一步实验研究其对食品作用不同时间的影响，还需要进一步证实微观机理。

食品的主要成分为水，水是一种抗磁性物质，在磁场的影响下，能够改变其特性。在冷冻室内，运用振荡的磁场延迟冰晶的形成，结果表明，由于这种延迟效应，可形成均匀的冰晶，减少对食品结构的破坏。Y. B. Kim 等采用磁场对肉类进行冻结，结果发现加快了食品冻结的速度，减少了汁液流失，但增加了烹饪过程中的损耗。但根据 C. James 等的研究，在冻结过程中，磁场并没有加强过冷度。目前关于磁场对食品的影响还存在较多争议。现在的研究主要集中在较低强度的静磁场、交变磁场在工频下对食品冻结过程的影响，今后可能需要在更宽频带、更宽的场强范围以及不同类型磁场的叠加方面进行更多的研究，进一步探索磁场对冻结过程的影响。关于磁场作用的机理也还需要进一步研究进行证实，目前主要观点是磁场会影响氢键的强度，削弱分子簇内的氢键，将大尺寸的分子簇碎成小尺寸的分子簇，从而延缓结晶，但也有学者认为是洛伦兹力或食品内部铁磁性材料等的影响。

(3) 压力辅助冻结

在食品行业，高压的使用非常广泛。比较常见的是高压辅助冻结和压力转换辅助冻结。两种方式都是通过较高的压力来控制冻结过程，但原理略有差别。高压辅助冻结是在较高的压力下冷冻食品。压力转换辅助冻结是在高压到低压的变化过程中实现食品的冻结，与高压辅助冻结方式不同的是，高压释放时发生相变，较高的过冷度形成了更小更均匀的冰晶。丁胜华等研究了在高压 CO_2 下胡萝卜的速冻过程并得到了高质量的胡萝卜片。针对压力转换辅助冻结方式的研究要比高压辅助冻结方式多，原因是前者形成的冰晶更小更均匀，冻结时间也较短。但是，要广泛运用还存在一些限制，如能够承受高压的设备投资很高，此外，需要进一步研究在短时间内如何迅速移除产生的大量热量。

(4) 微波辅助冻结和射频辅助冻结

微波辅助冻结和射频辅助冻结是两种较新的技术，但目前对这方面的研究较少。两种方法的原理相似，利用微波或射频引诱水分子的偶极子旋转来破坏冰核的形成和发展。微波或射频的运用会引起温度的波动，有实验数据表明，这种有限的温度波动能够减少冰晶的尺寸。截至目前，仅有少量的研究证实这种有效性。E. Xanthakis 等采用微波辅助的方法对猪肉进行了实验，结果表明产品质量得到了提高。M. Anese 等研究了射频辅助对猪肉冻结过程的影响，发现形成的冰晶更小。

（5）其他冻结方法

脱水冷冻是一种新兴的技术。水果蔬菜一般会比其他食品有更多的水分，在冻结过程中由于水的膨胀会对细胞组织造成更大的伤害。脱水冷冻的原理是让食品先进行一定程度的脱水后再冻结。水分的减少可以降低果蔬冰点，并减少在冻结过程中产生的热量。拉马约（L. A. Ramallo）等研究发现经过脱水处理后需要的冻结时间比未经处理的缩短了一半，经过处理后的颜色、结构和营养均有一定程度的提高。该方法已经在某些装置中使用并取得了较好的效果。

结构蛋白不能阻止冻结，但可以控制冰晶的尺寸和形状。M. Hassas-Roudsari 等研究了结构蛋白的功能，C. M. Yeh 等研究表明结构蛋白可减少汁液流失。但现在除了在生产冰激凌时采用结构蛋白，在其他食品中还未得到广泛应用，还需更多的研究来发现适用于添加结构蛋白的产品。

成核蛋白的作用和结构蛋白的作用相反，主要是提高成核温度及减少过冷度。通过添加成核蛋白，能够减少冻结时间，形成较为均匀的冰晶。孙大文表明成核蛋白能够提升食品品质。但是目前成核蛋白的使用受到一定限制，因为这些成核蛋白一般从细菌中得到，运用到食品中需要考虑安全性，如何将不可食用的细菌完全移除尤为重要。

4.2.3 解冻技术

1. 食品解冻的目的

食品的解冻是冻结的逆过程。解冻的目的是将食品的温度回升到所指定的温度，使食品内的冰结晶融化，并保证最完善地恢复到冻结前的状态，获得最大限度的可逆性。但是，要完全恢复到冻结前的状态是不可能的。这主要因为解冻的方法不同和在解冻过程中要发生物理、化学变化。如肉食品由于冰结晶对纤维细胞组织构造的损伤，使它们保持水分的能力减弱及蛋白质物理性质的变化，必然要产生汁液的流失；由于温度升高和冰结晶融化成水，能使微生物和酶的活动能力趋于活化，使食品的芳香性成分挥发及加速食品的腐败。

为了使生鲜肉食品解冻后尽可能恢复到冻结前的状态，就不仅要求冻结、冷藏条件好，而且要求解冻方法适当。即要使解冻时间尽可能短，解冻终温尽可能低，解冻品表面和中心部分的温差尽可能小，汁液流失尽可能小，并且要有较好的卫生条件。

2. 食品解冻的方法

因食品的种类不同，采用的解冻方法也不同。一般冻结食品的解冻方法有：外部加热法，即利用解冻的介质温度高于冻结食品的温度进行外部加热解冻。其方法有空气解冻、水解冻、真空解冻、接触解冻等。内部加热法是指为了提高解冻速度，利用电气的特性在冻结食品的内部加热来解冻，其方法有电流解冻、微波解冻法等。

4.3　冷链包装概述

4.3.1　冷链包装的概念

狭义的冷链包装,即农副产品的低温供应链包装,是指农副产品从生产、加工、储藏、运输、销售到消费前的各个环节中始终处于规定的低温环境下,以保证食品质量,防止食品腐烂变质的产品包装。

广义而言,冷链包装涉及的不仅仅是农副产品,还包括药品、化学制剂等对温度有特殊要求的物品。

长期以来,新鲜水果、蔬菜等农产品是我国主要的出口产品,但包装粗糙、保鲜技术落后,导致每年上万吨果蔬腐烂,经济损失严重。一些国家进口我国的农产品对其重新包装后再投入本国市场,其市场价远比进口时高。特别是我国加入世贸组织以后,关税下调,国外农产品涌入我国市场,更削弱了我国农产品的竞争力。

需要从包装材料、包装容器、包装辅料、各种包装防护技法、低温冷链环境等方面重新考察和检验冷链包装的可靠性,进而满足冷链物流体系的工况要求。

4.3.2　冷链包装的要求

冷链包装的要求是指产品包装能满足生产、储运、销售至消费整个生产流通过程的需要及其满足程度的属性。包装质量的好坏,不仅影响到包装的综合成本效益、产品质量,而且影响到商品市场竞争能力及企业品牌的整体形象。因此,了解或建立包装质量标准体系是做好包装工作的重要内容,评价食品包装质量的标准体系主要包括以下几个方面。

1. 包装能提供对食品良好的保护性

食品极易变质,包装能否在设定的食品保质期内保全食品质量,是评价包装质量的关键。包装对产品的保护性主要表现在以下三个方面。

(1) 物理保护性包括防振耐冲击、隔热防尘、阻光阻氧、阻水蒸气及阻隔异味等。

(2) 化学保护性包括防止食品氧化、变色,防止包装的老化、分解、锈蚀及有毒物质的迁移等。

(3) 生物保护性主要是防止微生物的侵染及防虫、防鼠。其他相关保护性指防盗、防伪等。

2. 卫生与安全

包装食品的卫生与安全直接关系到消费者的健康和安全,也是国际食品贸易的争执焦点。

3. 方便与适销

包装应方便和具有良好的促销功能,体现商品的价值和吸引力。

4. 加工适应性好

包装材料应易加工成型，包装操作简单易行，包装工艺应与食品生产工艺相配套。

5. 包装成本合理

包装成本是指包装材料成本、包装操作成本和运输包装及其操作等成本在内的综合经济成本，包装成本应合理。

4.3.3 包装在冷链物流中的功能

包装在冷链物流中应具有以下功能。

（1）具有良好的保温性能

外包装要具有良好的保温性能，这样才能防止冷链中的温度过度交换，造成局部温度变动过大，损害鲜活商品的品质。

（2）具有良好的防潮防水性能

"冷"环境往往与水和湿气伴生，因此冷链中的包装必须防潮防水。

（3）具有良好的透氧透气性能

果蔬类产品是"鲜活"、需要呼吸的，因此其包装还应当具有一定的透氧透气性能，以维持鲜活产品生命循环的氧需要。这些特殊要求的包装在普通商品包装中显然是鲜见的，因此冷链中的包装应当属于一种特殊的包装物。

（4）具有良好的识别功能

良好的识别功能可以减少存储和库存中的错误，节省提货和处理的时间，支持库存周转。

4.4 冷链包装材料与方法

4.4.1 果蔬保鲜包装

1. 果蔬保鲜的包装材料

用于果蔬保鲜包装的材料种类很多。目前，应用的功能性包装材料主要有塑料薄膜、保鲜包装用片材、瓦楞纸箱、蓄冷材料和隔热容器、保鲜剂等几大类。

（1）塑料薄膜

常用的塑料薄膜保鲜材料主要有 PE（聚乙烯）、PVC（聚氯乙烯）、PP（聚丙烯）、BOPP（双向拉伸聚丙烯）、PS（聚苯乙烯）、PVDC（聚偏二氯乙烯）、PET/PE（PET 为聚对苯二甲酸乙二酯）等薄膜，以及 PVC、PP、PS、辐射交联 PE 等的热收缩膜和拉伸膜。这些薄膜常制成袋、套、管状，可根据不同需要选用。近年来出现了许多功能性保鲜膜，除了能改善透气透湿性外，有的还涂布脂肪酸或掺入界面活性剂，使薄膜具有防雾、防结露作用。此外，也有混入以泡沸石为母体的无机系抗菌剂的抗菌性薄膜，混入陶瓷、泡沸石、活性炭等以吸收乙烯等有害气体的薄膜，混入远红外线放射体的保鲜膜等。

（2）保鲜包装用片材

保鲜包装用片材大多以高吸水性的树脂为基材，种类很多，如吸水能力数百倍于自重的高吸水性片材，这种片材混入活性炭后除具有吸湿、放湿功能外，还具有吸收乙烯、乙醇等有害气体的能力。混入抗菌剂可制成抗菌性片材，可作为瓦楞纸箱和薄膜小袋中的调湿材料、凝结水吸收材料，改善吸水性片材在吸湿后容易构成微生物繁殖场所的缺点。目前，已开发出的许多功能性片材已应用于松蘑、蘑菇、脐橙、涩柿子、青梅、桃、花椰菜、草莓、葡萄和樱桃的保鲜包装。

（3）瓦楞纸箱

普通瓦楞纸箱由全纤维制成的瓦楞纸板构成。近年来功能性瓦楞纸箱也开始应用：如在纸板表面包裹发泡聚乙烯、聚丙烯等薄膜的瓦楞纸箱。在纸板中加入聚苯乙烯等隔热材料的瓦楞纸箱，由聚乙烯、远红外线放射体（陶瓷）及箱纸构成的瓦楞纸箱等。这些功能性瓦楞纸箱可以作为具有简易调湿、抗菌作用的果蔬保鲜包装容器来使用。

（4）蓄冷材料和隔热容器

蓄冷材料和隔热容器并用可起到简易的保冷效果，保证果蔬在流通中处于低温状态，因而可显著提高保鲜效果。蓄冷材料在使用时要根据整个包装所需的制冷量来计算所需的蓄冷剂量，并将它们均匀地排放于整个容器中，以保证能均匀保冷。

发泡聚苯乙烯箱是常用的隔热容器，其隔热性能优良并且具有耐水性，在苹果、龙须菜、生菜、硬花甘蓝等果蔬中已有应用，但是其废弃物难以处理，可使用前述的功能性瓦楞纸箱和以硬发泡聚氨酯、发泡聚乙烯为素材的隔热性板材式覆盖材料作为其替代品。

（5）保鲜剂

为进一步提高保鲜效果，可将保鲜剂与其他包装材料一起使用于保鲜包装中，常见的保鲜剂主要有以下几种。

①气体调节剂，有脱氧剂、去乙烯剂、二氧化碳发生剂等。脱氧剂多用于耐低氧环境的水果，如巨峰葡萄等。二氧化碳发生剂多用于柿子、草莓等。去乙烯剂（包括去乙醇剂）包括多孔质凝灰石、吸附高锰酸钾的泡沸石、用溴酸钠处理过的活性炭等。涂布保鲜剂有石蜡、脂肪酸盐等。

②抗菌抑菌剂，有日柏醇等。

③植物激素，有赤霉素、细胞激动素、维生素 B_9 等，均可抑制呼吸、延缓衰老、推迟变色、保持果蔬的脆度和硬度等。这些保鲜剂有些涂布于包装材料中，有些单独隔开放入包装袋中，有些则被制成被膜剂直接包覆于果蔬表面，这些方法均能起到保鲜作用。目前，果蔬保鲜包装主要是利用包装材料与容器所具有的简易气调效果，结合防雾、防结露、抗震、抗压等特性来进行包装。

2. 果蔬保鲜的内包装方法

（1）塑料袋包装

选择具有适当透气性、透湿性的薄膜，可以起到简易气调效果。与真空充气包装结合进行，可提高包装的保鲜效果。这种包装方法要求薄膜材料具有良好的透明度，对水蒸气、氧气、二氧化碳的透过性适当，并具有良好的封口性能，安全无毒。

（2）浅盘包装

将果蔬放入纸浆模塑盘、瓦楞纸板盘、塑料热成型浅盘等，再采用热收缩包装或拉伸包装来固定产品。这种包装具有可视性，有利于产品的展示销售。芒果、白兰瓜、香蕉、番茄、嫩玉米穗、苹果等都可以采用这种包装方法。

（3）穿孔膜包装

密封包装果蔬时，某些果蔬包装内易出现厌氧腐败、过湿状态和微生物侵染。因此，需用穿孔膜包装以避免袋内二氧化碳的过度积累和过湿现象。许多绿叶蔬菜和果蔬适宜采用此法，在实施穿孔膜包装时，穿孔程度应通过试验确定。一般以包装内不出现过湿状态下所允许的最少开孔量为准，这种方法也称有限气调包装。

3. 果蔬保鲜的外包装方法

果蔬的外包装是指对小包装果蔬进行二次包装，以增加耐储运性，并有利于创造合适的保鲜环境。目前，外包装常采用瓦楞纸箱、塑料箱等，从包装保鲜角度考虑，外包装可同时封入保鲜剂及各种衬垫缓冲材料，如脱氧剂、杀菌剂、去乙烯剂、蓄冷剂、二氧化碳发生剂、吸湿性片材等。

4.4.2 鲜切蔬菜包装

在超级市场和连锁餐厅出现之前，蔬菜都是直接运至传统市场贩卖，无须冷藏保存和进一步地加工处理。随着社会的进步和生活节奏的加快，消费者对蔬菜食用消费的方便性和安全性要求越来越高，一种洗净分切的包装蔬菜产品应运而生，这种产品最初只限于餐厅、旅馆等餐饮业的应用。近几年超市货架零售的分切包装蔬菜也愈趋普遍，成为蔬菜食用消费的发展趋势。

1. 鲜切蔬菜保鲜包装的机理

生鲜蔬菜采收后其呼吸、蒸腾失水及生理变化都在继续进行，影响其后熟和货架保鲜期的因素比其他食品更加复杂，其中除了物理性的因素和病菌侵袭外，蔬菜采收后的呼吸作用及生理变化反应都是酶活动的结果。酶对于温度的变化极为敏感，温度越低，蔬菜衰老劣变的速度越慢；运销寿命越长，而温度越高，呼吸率越大，呼吸热能越多，蔬菜鲜度衰减越迅速。

如果蔬菜进一步分切处理，其呼吸、蒸腾失水及生理变化会更加显著。包装会改变蔬菜的呼吸率、生理生化变化、乙烯作用，尤其是切口部位的失水和病理性衰败，进而影响蔬菜的生鲜品质和货架保鲜期限。因此，鲜切蔬菜的温度控制对包装后的货架保鲜期限起着极重要的作用。同时，鲜切蔬菜的微生物和包装内气氛控制对货架保鲜期限起到关键作用。

鲜切蔬菜的呼吸速率除受温度影响之外，还受到蔬菜品种、种植采收、运输储藏、加工条件、产品规格等因素影响。包装内环境气氛也是重要的变因，包装内的气氛变化除了决定于包装材料本身的透气率外,包装面积和产品重量比例也有关键性影响:包装袋越大,透气面积越大,则每分钟进入袋中的气体越多;包装中蔬菜越多,总呼吸量越大。在多重因素的影响下,一个合适的包装,其透气率需符合包装中产品的呼吸率,既使蔬菜有足够的氧气呼吸,又能抑制因无氧呼吸而产生的异味,同时控制氧气,不至于因过量而使蔬菜氧化变色。

若包装能适当地控制氧和二氧化碳的进出,保持包装内一定的气体比例,即可在包装蔬菜储存过程中达到减缓蔬菜呼吸氧化速率的效果。根据以往的经验,包装内气体比例在包装后 3~5 天若能达到一平衡点,即氧气小于 2%、二氧化碳大于 10%,则最多可有 7~9 天的保鲜期限,不然蔬菜会在 3~5 天内变色衰败。

2. 鲜切蔬菜的保鲜包装材料和方法

在西方发达国家,鲜切蔬菜之所以能广泛流通销售,是因为蔬菜处理包装厂能大批量稳定运作采收、预冷、运送、加工、包装、冷藏流通,通过操作程序的标准化来控制鲜切蔬菜的安全和生鲜品质。要想包装成功,必须先慎选原料,配合适当的采收时间和条件,以及采收后的预冷运送、控温管理,避免物理性损伤和外来污染,在加工前保持原料的最佳生鲜状态,并在工厂加工处理时注意卫生和温度控制,降低蔬菜品质劣变和微生物污染,然后包装并进入冷链流通。

(1) 鲜切蔬菜的包装材料

包装材料的透气率应与鲜切蔬菜的呼吸率相当。鲜切蔬菜的呼吸作用一般会大于完整蔬菜,也会产生更多的呼吸热,因此,选择的包装材料必须能让足够的氧气进入,并排出呼吸后产生的多余二氧化碳,使包装内气体比例达到动态平衡,直到蔬菜在冷藏温度(1~5℃)下进入呼吸缓慢的睡眠状态,延缓衰老。

美国希悦尔公司(Sealed Air Corporation)食品包装部根据各种蔬果的呼吸强度将其分成几个等级,如表 4-5 所示,并配合不同等级的呼吸率范围,研究开发出相应的限制性气调保鲜包装袋。另外,还有高透明度、抗雾、可微波等为超市零售设计的包装材料。

表 4-5　5℃下蔬果的呼吸强度等级及主要蔬果品种

呼吸强度等级	5℃下呼吸率范围 [mg CO_2/(kg·h)]	主要蔬果品种
极低	<5	花生、枣、剥皮马铃薯
低	5~10	苹果、柑橘、洋葱、马铃薯
中	10~20	杏、梨、包心菜、胡萝卜、莴苣、番茄
高	20~40	草莓、花椰菜
极高	40~60	洋蓟、豆芽
超高	大于 60	芦笋、青花菜

(2) 鲜切蔬菜的包装形式和方法

鲜切蔬菜的包装形式有袋装、盒装和托盘包装。块茎类鲜切蔬菜可采用真空袋装,叶菜类鲜切蔬菜可采用盒装和托盘包装。根据蔬菜品种的呼吸强度等级可选择充气包装或限制性气调保鲜包装,如欧美等超级市场零售的分切蔬菜沙拉采用充气包装,其充入的理想气体比例则通过试验确定。

（3）鲜切蔬菜的包装尺寸

包装尺寸和包装总透气率有密切的关系。包装袋的总面积乘上透气率即包装袋的总透气率。包装的总透气率必须配合包装内蔬菜的总呼吸率才能达到所需的效果。若选择的包装尺寸过大，即使包装材料合适，也会造成相对过高的透气率，而多余的氧气会引起蔬菜的氧化反应，反之，则会出现无氧呼吸情况。

（4）鲜切蔬菜的温度控制

鲜切蔬菜加工过程对蔬菜造成的污染和伤害都会影响蔬菜的呼吸率和保存期限。分切越细，呼吸率越高；处理过程越繁复，污染机会越大；预冷不足，则呼吸率偏高。因此，加工过程的温度控制对鲜切蔬菜的生鲜品质至关重要。同样，稳定合适的储存流通温度也能有效延长蔬菜的保鲜期限，但过低的温度会造成蔬菜冻伤。

4.4.3 生鲜肉制品包装

1. 托盘包装

一般在超级市场销售的冷藏肉，多以普利龙（polystyrene，聚苯乙烯）托盘，托盘底层垫放吸水纸以吸附肉汁，使得肉格外鲜红，刺激消费者的购买欲。常用的透明膜材料有以下几种。

（1）玻璃纸（cellophane）：一面涂覆硝化纤维，以此面与肉品接触则可吸收肉表面水分而呈饱和状态，进而促进氧气渗透以保持优良色泽，减少失重。但如玻璃纸两面皆涂覆硝化纤维者则不适用。

（2）聚乙烯（polyethylene）：简称PE，可分为低密度PE、中密度PE和高密度PE三种，对氧的通透性大，尤以低密度PE为最。此外，抗酸碱、抗油性和水蒸气透过性亦佳，很适合包装鲜肉。此种材料唯一的缺点是抗张强度与耐磨性较差。

2. 气调包装

也称气体置换包装，通过用合适的气体组成替换包装内的气体环境，从而起到抑制微生物的生长和繁殖，延长保鲜期的目的。具体做法是用CO_2、N_2、O_2三种不同气体按不同比例混合，CO_2主要抑制细菌和真菌的生长，尤其是在细菌繁殖的初期，在低温和20%～30%浓度时抑菌效果最佳；N_2主要防止氧化酸败，抑制真菌的生长；O_2主要氧合肌红蛋白，使肉品保持鲜红颜色，并抑制厌氧菌的繁殖。

（1）气调包装中使用的气体。肉类气调包装可分为两类：一类是猪、牛、羊肉，肉呈红色，又称为红肉包装，要求既保持鲜肉红色色泽又能防腐保鲜；另一类是鸡、鸭等家禽肉，可称为白肉包装，只要求防腐保鲜。红肉类的肉中含有鲜红色的氧合肌红蛋白，在高氧环境下可保持肉色鲜红，在缺氧环境下还原为淡紫色的肌红蛋白。真空包装红肉，由于缺氧肉呈淡紫色，会被消费者误认为不新鲜而影响销售。红肉气调包装的保护气体由O_2和CO_2组成，O_2的浓度需超过60%才能保持肉的红色色泽，CO_2的最低浓度不低于25%才能有效地抑制细菌的繁殖。各类红肉的肌红蛋白含量不同，肉的红色程度不相同，如牛肉比猪肉色泽深，因此不同红肉气调包装时氧的浓度需要调整，以取得最佳的保持色泽和防腐的效果。

（2）充气包装中各种气体的最适比例。在充气包装中，CO_2 具有良好的抑菌作用，O_2 为保持肉品鲜红色所必需，而 N_2 则主要作为调节及缓冲用。

猪肉气调包装保护气体的组成通常为 60%～70% 的 O_2 和 30%～40% 的 CO_2，0～4℃ 的货架期通常为 7～10 天。家禽肉气调包装的目的是防腐，保护气体由 CO_2 和 N_2 组成，禽肉用 50%～70% 的 CO_2 和 30%～50% 的混合气体气调包装，0～4℃ 的货架期约为 14 天。在肉类保鲜中，CO_2 和 N_2 是两种主要的气体，一定量的 O_2 存在有利于延长肉类保质期，因此，必须选择适当的比例进行混合，在欧洲鲜肉气调保鲜的气体比例为 O_2：CO_2：N_2=70%：20%：10% 或 O_2：CO_2=75%：25%。目前，国际上认为最有效的鲜肉保鲜技术是用高二氧化碳充气包装的 CAP 系统。如表 4-6 所示。

表 4-6 充气包装中各种气体的最适比例

肉 的 品 种	混 合 比 例	国家或地区
新鲜肉（5～12 天）	70%O_2+20%CO_2+10%N_2 或 75% O_2+25% CO_2	欧洲
鲜碎肉制品和香肠	33.3%O_2+33.3% CO_2+33.3% N_2	瑞士
新鲜斩拌肉馅	70% O_2+30% CO_2	英国
熏制香肠	75% CO_2+25% N_2	德国及北欧 4 国
香肠及熟肉（4～8 周）	75% CO_2+25% N_2	德国及北欧 4 国
家禽（6～14 天）	50% O_2+25% CO_2+25% N_2	德国及北欧 4 国

肉在充气包装时，可采用透气率和透湿率低的薄膜制成包装袋，鲜肉用纸浆模塑托盘或发泡 PS 托盘衬垫后装入袋内。随后充入一定比例的 O_2、CO_2 和 N_2 并封口。由于 PVDC 具有极低的透气、透湿率，并且在我国已大量生产并投入使用，故鲜肉可采用 PVDC 薄膜进行封装。目前，国外大量采用 PVDC/PE 复合薄膜进行包装。

鲜肉的充气包装也可以采用半刚性容器如吸塑浅盘的包装形式。目前，国外某些国家用 300～800μm 厚的复合塑料片材 EVC/EVA、PVC/EVOH/EVA 或 PS/EVOH/PE 吸塑成浅盘的形状，充填鲜肉和气体后，用涂布 PVDC（厚度 70～100μm）的 PET/PE 或多层共挤的 PVC/PVDC/EVA 复合膜作为覆盖封口材料。由于我国用 PVDC 涂布或 EVA 共挤的复合材料尚未进入生产应用阶段，而其他材料的透气率又特别高，所以，新式的鲜肉充气包装需经历一段时间在中国才能进入实用阶段。

在欧美国家，超市中包装方便的生鲜肉品基本上采用混合气体充气包装。用聚苯乙烯托盘装入生鲜肉品后，充入混合气体（$O_2$70%～80%，$CO_2$20%～30%），再以高阻气抗雾性聚氯乙烯薄膜紧密热封。目前，这种方式在我国也开始应用。

3. 真空包装

通过抽真空形式，使包装紧贴肉品，抑制肉品中水分渗出，同时阻隔氧气，抑制细菌繁殖，提高肉品的安全性。分割肉的包装大量使用了真空贴体包装和热收缩包装、热成型拉伸包装。

真空包装由于除去了使脂肪酸败及微生物赖以生存的氧气，可使肉保存相当长的时间。但是传统的真空包装技术不完全适合包装鲜肉。因为真空包装鲜肉时，鲜肉基本上处于无氧环境中、鲜肉的颜色会变浅红或发白，这种颜色不利于鲜肉的销售。传统的真空包装方法一般适用于饭店、餐馆等鲜肉需求量大且不注重鲜肉颜色的单位或部门。

如果在保证真空包装的储存效果时，还能使真空包装的颜色变好，则真空包装非常适合作为销售包装。据此，可以考虑使真空包装的透气率在不同的流通阶段发生变化，即储存时保持较低的透气率，保证鲜肉不因氧气过多使微生物大量繁殖而腐败；销售时保持较高的透气率，使鲜肉快速与氧气反应生成氧合肌红蛋白，鲜肉呈现鲜红色，促进其销售。这样可以将鲜肉的真空包装设计成如图4-5所示。

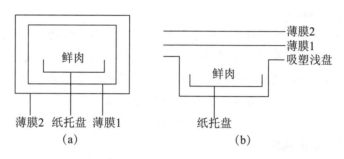

图4-5　利用薄膜真空包装

图4-5（a）为利用薄膜进行真空包装的情况。鲜肉放于具有较强吸水性的纸上，防止肉汁渗出，然后用具有较高透气率的薄膜1进行拉伸裹包或袋装，再用阻气性很好的薄膜2进行套装并抽真空、封口。利用该方式包装后，由于鲜肉在储存时处于真空环境中，所以在较长的储存期内不会发生腐败现象，此时鲜肉呈浅红色或粉红色。当鲜肉在柜台出售时，销售人员将外层薄膜2打开，此时外界的氧气会很快地穿过薄膜1与鲜肉发生反应，鲜肉吸氧后变为鲜红的颜色，从而促进鲜肉的销售。图4-5（b）是用吸塑包装盒对鲜肉进行真空包装的情况。薄膜1为透气性高的材料，薄膜2为透气性低的材料，塑盒本身也具有较低的透气率。此包装的作用机理与图4-5（a）相同。

不管是真空包装还是充气包装，必须与其他抑制微生物的方法相结合，才能最大限度地防止生鲜肉的腐败变质，这些方法主要包括降低水分活度、添加剂使用、低温储藏及有机酸处理，它们的实质都是使微生物缺乏生长条件而无法生长繁殖。

4.4.4　生鲜水产品包装

1. 生鲜水产品的销售包装

生鲜水产品的包装方式主要有以下几种：PE薄膜袋；涂蜡或涂以热熔胶的纸箱（盒）；采用纸盒包装，并在纸盒外用热收缩薄膜裹包；将鱼放在用PVC、PS、EPS（发泡聚苯乙烯）制成的塑料浅盘中，盘中衬垫一层纸以吸收鱼汁和水分，然后用一层透的塑料薄膜裹包或热封；生鲜的鱼块或鱼片也可以直接用玻璃纸或经过涂塑的防潮玻璃纸裹包；高档鱼类、对虾、龙虾、鲜蟹等由于对保鲜要求比较高，可采用气调、真空包装，包装使用的材料主要有PET/PE、BOPP/PE、PET/AL/PE、PET/PVDC/PE等高阻隔复合材料（其中AL为铝合金，PVDC为聚偏二氯乙烯）。

用于冷冻鱼、虾的小包装袋一般用LDPE（低密度聚乙烯）薄膜，涂蜡的纸盒或涂以热熔胶的纸箱（盒）包装也比较普遍。对于分割的鱼肉、对虾，为保持色泽、外形和鲜度，也可用托盘外罩收缩薄膜包装。生鲜鱼类的气调包装所采用的包装材料应具有高阻气性，可采用PET/PE、PP/EVOH/PE、PA/PE（其中，EVOH为乙烯-乙烯醇共聚物，PA为聚酰胺，即尼龙），采用的气体及比例应根据不同鱼类的特性试验来确定。值得注意的是，生鲜鱼类气调保鲜包装必须配合低温才能得到良好的效果。

2. 生鲜水产品的运输包装

水产品的运输包装主要采用普通包装箱和保温包装箱。普通包装箱有铝合金箱、塑料箱和纤维板箱等，保温包装箱有钙塑泡沫片复合塑料保温箱、EPS或PUR（发泡聚氨酯）泡沫片复合塑料保温箱和EPS复合保温纸箱等。冻结的鱼货必须用冷藏车运输，在销售点还需要设置冷库。保温箱包装水产品可以用普通车辆在常温下运输，在零售点，常温下可保持两天左右堆放和销售不变质，非常方便。

3. 其他生鲜水产品的包装

（1）虾类产品

虾类产品含有丰富的蛋白质、脂肪、维生素和矿物质及大量的水分和多种可溶性的呈味物质，且其头部含有大量细菌，在储存过程中容易发生脱水、脂肪氧化、细菌性腐败、化学变质和失去风味等现象。包装前应去头、去皮和分级，再装入涂蜡的纸盒（有的纸盒有内衬材料）中进行冷藏或冻藏；为防止虾的氧化和丧失水分，可对虾进行包冰衣处理，用PE、PVC、PS等热成型容器包装，也可用PA/PE膜进行真空包装。鲜活虾类产品可放在冷藏桶的冰水中并充氧后密封包装，以防止虾类死亡。

（2）贝类产品

贝类产品的性质与鱼虾相似，储存过程中易发生脱水、氧化、腐败及香味和营养成分的损失。贝类捕获后通常去壳并将贝肉洗净冷冻，用涂塑纸盒或塑料热成型盒等容器包装，低温流通。扇贝的活体运输包装常采用假休眠法：将扇贝放入有冰块降温的容器内（保持温度为3~5℃），使扇贝进入假休眠状态，冰融化的水不与扇贝接触，直接从底板下流走；待运输结束，将扇贝恢复到它本身所栖息的海水温度即可苏醒复活。通过这种方法运输，扇贝可存活7天，而一般的常规方法仅可存活3天。

（3）牡蛎等软体水产品

牡蛎等软体动物极易变质败坏，肉中含有嗜冷性的"红酵母"等微生物，这些微生物在-17.7℃甚至更低的温度下仍能生长。鲜牡蛎一旦脱离壳体就应立即加工食用。牡蛎可采用玻璃纸、涂塑纸张、氯化橡胶、PP、PE等薄膜包装。涂蜡纸盒用玻璃纸、OPP（共挤压定向聚丙烯）等薄膜加以外层裹包（防泄漏）后是较理想的销售小包装。

4.4.5 乳制品包装

无论是液态奶还是固态乳制品，其包装形式中最常见的是软包装。过去，简单的单层塑料袋充斥了整个软包装市场，而今，单层塑料袋已逐渐淡出乳品软包装市场，各种新材料、新技术使乳品软包装市场焕然一新。适合于各种鲜奶的复合包装材料（黑白膜、纸塑复合、纸铝塑复合），造型新颖、成本不一的包装形式（利乐枕、百利包、康美包等），功能先进、生产效率高的印刷复合设备（凹印机、柔印机、干式复合机），使乳品软包装市场呈现一派繁荣景象。造成乳制品变质、变味的原因有很多，从包装上来分析，很重要的一个原因是用于乳制品包装的塑料复合膜、袋，其阻氧性能远远不符合要求。

目前，我国液态奶的包装形式主要有利乐无菌砖、利乐枕、屋顶包、泉林包、塑料薄膜软包装（如百利包）等。

1. 利乐无菌砖、利乐枕类包装

利乐无菌砖、利乐枕是瑞典利乐公司的专利产品，从 20 世纪 80 年代进入我国市场以来，一直处于行业领先的垄断地位，占据了国内市场 90% 以上的份额。现在，山东泉林包装有限公司也开发出了相同类型的包装材料——泉林包，并在乳品和饮料包装领域逐渐成长起来，市场发展前景较好。采用该类包装的乳品保质期长，适合远距离运输，有利于扩大产品的销售范围，是超高温瞬间灭菌奶高档包装的主要形式之一。无菌砖、利乐枕类包装如图 4-6 所示。

图 4-6　无菌砖、利乐枕类包装

2. 屋顶包

屋顶包是由美国国际纸业引入我国的一种包装概念，目前除国际纸业以外，一些国内包装企业也开发出了不同材料的屋顶形包装，包括纸塑复合材料和纸铝塑复合材料包装。

目前，国内使用的屋顶包中较为典型的一种结构为印刷层/纸/PE，其中，PE 层主要通过挤出涂布方式进行复合，复合用纸是经过特殊处理的专用纸，印刷采用高氏或施密特公司的醇溶性油墨。屋顶包乳品的保质期因材料结构不同，差别较大，一般保质期为 45 天左右的屋顶包主要用于乳品生产基地周边的鲜奶销售包。由于这种包装的阻隔性能较差，因此在运输和销售过程需要利用冷链储运。如图 4-7 所示。

图 4-7　屋顶包

3. 复合塑料软包装

在我国的乳品包装中，塑料软包装凭着本身成本低、生产效率高、印刷精美等特点在液态奶包装市场中占有相当大的比例，也是一种经济实用的包装，发展前景广阔。

复合包装膜所用的薄膜材料主要为聚乙烯（PE）共挤膜，其层数不同、原料配比不同，应用领域也不同。如目前流行的"百利包"就是一种可用于包装超高温瞬间灭菌奶的包装膜，如图 4-8 所示。

图 4-8　百利包

包装产品实则是包装材料、形式、装备及技术等多个元素的不断变化，推动了乳制包装水平的不断提高，时至今日，乳制品包装经历了时间的考验，已经进入了多元化时代，这将会是一个以"环保、经济"为主导的外壳包装和塑料包装的新时代。

思　考　题

1. 什么是食品冷加工？
2. 食品冷却时的变化有哪些？

3. 简述食品冻结设备的类型。
4. 冷链包装的要求有哪些?
5. 包装在冷链物流中应具有哪些功能?
6. 简述乳制品包装的类型。

案 例 分 析

京东冷链助力蒙牛冰激凌全链路服务升级

正值京东"618"全球年中购物节激战正酣,时令生鲜、冰品冷饮在线上消费火爆之际,京东冷链宣布与国内领先的乳制品巨头蒙牛乳业达成合作意向。

根据合作内容,京东冷链将为蒙牛冰品开放覆盖全国的冷链仓网布局与冷链B2B核心骨干网,充分发挥F2B2C一站式冷链服务优势,从冷链仓储管理、干线运输、品质保障等多个维度进行全面创新,打造从工厂到销地再到餐桌的一体化行业解决方案,助力蒙牛冰品服务品质再升级。

多产品矩阵组合发力,全链路服务品质升级

作为国内领先的乳制品巨头企业,蒙牛乳业成立20年来,连续10年位列全球乳业20强,旗下形成了包括液态奶、冰激凌、奶粉、奶酪等多品类的产品矩阵系列。其中,以蒂兰圣雪、随变、冰+、优牧之选等为代表的蒙牛冰激凌明星产品,凭借全球甄选食材和世界顶级生产工艺,受到众多消费者的追捧喜爱。

然而很长一段时间以来,冷链物流一直是掣肘冰激凌生产企业发展的难题之一。尤其是高档冰激凌的奶含量极高,遇热即化,对冷链仓储管理的科技化水平、运输过程中的在途温度以及供应链条的一体化程度均有着极高要求,因此,一场围绕冰激凌的供应链角逐势在必行。

根据合作内容,京东冷链将通过先进的仓储管理系统,为蒙牛提供仓配一体的全供应链服务,并对其在京东及垂直电商等线上各渠道的库存进行统一管理,减少搬运次数,最大程度降低冰激凌"脱冷"风险。同时,对冰激凌的转运流转,京东冷链也有着严格的操作规范,比如对装卸车的时长要求都精确到分钟级。

此外,依托冷链卡班、冷链整车等标准化冷链B2B产品矩阵,京东冷链还将为蒙牛全国13个工厂的冰激凌与冰皮月饼,提供从工厂端到经销商端的干线运输服务,满足灵活货量下的全国运输需求。尤其是在"618"大促期间,京东冷链还将通过卡班一站式送货入仓的增值服务,为蒙牛提供绿色通道,实现快速交仓的需求,大大缩短入仓周期。

智能设备高效运转,冰激凌一路领"鲜"

除了全链路服务升级外,智能科技也是京东冷链助力蒙牛冰激凌提质增效、一路领"鲜"的重要"王牌"之一。

近年来，京东冷链加紧在物联网技术、大数据、云计算与人工智能等新兴技术方面的前瞻布局，加速"人、车、货、场"等要素的数据化升级，不断突破冷链行业的技术瓶颈。尤其是针对冰激凌这样极易化冻、对流转效率要求极高的商品，京东冷链一方面严把"温控关"，根据冰激凌的含奶量不同，分别储存在-18℃和-35℃两个温层。同时依托自主研发的智能温度监控平台，确保全程温度可视、品质可控；另一方面，通过全国首个冷仓"货到人"拣选系统、冷链自动化分拣中心的投用，大大提高了冷库自动化程度，加速订单流转，让消费者可以在更短时间收到"仙气"十足的冰激凌，也让员工体验得到升级。

据了解，位于北京的京东冷链自动化分拣中心，通过"人机CP"的配合，实现不同细分滑道的自动化分拣，不仅使冷链分拣效率提高三倍以上，还将原来需要从分拣中心—区域分拣—配送站点的流程简化成分拣中心直传配送站点，减少中间环节，提升整个冰激凌订单流转效率。

此外，京东冷链还为冰激凌定制专用包装箱以及干冰、冰盒等专业冷媒，实现从打包、分拣、配送，一直到消费者手中每一个环节的全程冷链。据悉，在一个冰激凌订单中，会放置多块干冰，而干冰的温度低达-78℃，为冰激凌的品质保障再添砝码。

打造多行业解决方案，一站式冷链服务能力释放

今年以来，京东冷链不断聚焦冷链行业新趋势、新特点，以技术驱动创新，以产品助推服务，持续打造高效、精准、敏捷的F2B2C一站式冷链服务平台。为了更精准地匹配适应不同行业的需求，京东冷链还针对冰激凌、速冻面点等食品加工业客户打造了专属的一站式冷链解决方案。

此次与蒙牛的合作，正是京东冷链工业解决方案的一次重要落地。蒙牛集团相关负责人对此次合作寄予厚望，他表示，"这是一次极富创新的合作升级，不但有助于提升蒙牛冰品的冷链配送水平，还能将服务辐射到冷链体系还不完善的三四线及农村市场，从而为更多消费者带来更优质、更新鲜的冰激凌产品和更便捷、更高效的物流服务。"

目前，京东冷链已经发布包括冷链仓储、冷链卡班、冷链整车、冷链城配在内的4大标准B2B产品，完整贯穿冷链仓储、干线运输、城市配送各个环节；并基于产地、工业、餐饮、零售、进口等行业的供应链特性与差异，打造了从仓储到配送、从线上到线下、从硬件到软件的五大行业一体化定制解决方案。

随着技术实力与服务模式得到认可，正在有越来越多的商家加入京东冷链的"朋友圈"。据京东冷链相关负责人介绍，作为社会化冷链协同网络的中坚力量，京东冷链在健全社会冷链流通基础网络的同时，不断提升自身网络效率与标准服务能力，积极拥抱各行业的合作伙伴，稳健而有力地向各行业商家释放F2B2C一站式冷链服务的供应链价值，必将极大地帮助各行业商家进行成本优化、效率提升与体验升级，持续塑造全行业最佳的客户体验。

（资料来源：第一物流网 http://www.cn156.com/article-96240-1.html）

第5章
冷链物流设施管理

本章学习目标

1. 掌握冷库的含义及组成；
2. 了解冷库的作用及分类；
3. 能够运用冷库的规划与设计管理；
4. 熟练运用冷库的运作管理；
5. 了解冷库的常规管理。

我国冷库建设发展迅速

1955年，我国开始建造第一座冷库，总容量4万吨，1968年开始，北京建造第一座水果机械冷库，1978年又建造第一座气调库，截至1991年年底，我国已建冷库容量413.5万吨。1995年由开封空分集团有限公司首次引进组合式气调库先进工艺，并在山东龙口建造容量15 000吨气调冷库获得成功，开创了国内大型组装式气调冷库的成功先例。1997年又在陕西西安建造了一座容量10 000吨气调冷库，气密性能达到国际先进水平。

近几年来，我国冷库建设发展十分迅速，主要分布在各水果、蔬菜主产区以及大中城市郊区的蔬菜基地。我国冷库已经进入了爆发式增长的阶段，行业发展十分迅速，但结构性并不十分合理。国内冷链物流园区已经初显过剩现象，不少冷库资源存在闲置的状况，若继续大批建设必然会进一步加剧产能过剩和市场竞争。冷链物流园区的建设热潮亟须降温，投资建设应该趋向理性。政府应该出台相应的政策进行有效、合理的引导，行业必须改变重建设轻运营的思路。从全国来看，冷库类型方面，冷冻库占比超过50%，而超低温冷冻库却占比不到1%。同时，冷库超过60%的比重分布在东部地区，而中西部地区冷库占比却不足。此外，在储藏商品品类上，果蔬类产品占比超过30%，而水产品、肉禽类产品占比有待提升。一些冷藏设备是保障大众消费食品、鲜花、饮料、酒水、水果、蔬菜、药品等生活必需品全程冷链服务的重要环节，其经济价值和社会价值已得到政府的肯定。目前，国外的一些品牌已打入中国的低温市场，全国各地已有许多合资和独资企业生产速冻方便食品，而国内企业还未意识到激烈竞争的威胁。同时作为新兴行业，国家应对其进行宏观调控和指导，尽快制定全面的质量控制标准，实行标准化、规范化管理，推行GMP（生产质量管理规范）和HACCP

（危害分析和关键控制点），使之成为食品领域新的经济增长点。随着科学技术的进步、低温制冷技术的发展，食品冷藏链逐渐建立起来。食品冷藏链是指易腐食品在从生产、储藏、运输、销售到消费前的各个环节中始终处于规定的低温环境下，以冷冻工艺学为基础，以制冷技术为手段，低温条件下的物流现象。因此，低温冷库建设要求把所涉及的生产、运输、销售、经济和技术性等各种问题集中起来考虑，协调相互间的关系，以确保易腐食品的加工、运输和销售。食品冷藏链由冷冻加工、冷冻储藏、冷藏运输和冷冻销售4个方面构成。果品蔬菜保鲜采用最低温度在-2℃的高温库，水产、肉食类保鲜采用温度在-18℃以下的低温库。大型冷库一般采用以氨为制冷剂的集中式制冷系统，在建造方面以土建冷库偏多，自动化控制水平普遍偏低。低温冷库近几年来有所发展。

（资料来源：中国空调制冷网 http://www.chinahvacr.com/hyzxnews/show-htm-item-3118702.html）

5.1 冷库概念

5.1.1 冷库的含义及组成

1. 冷库的含义

冷库是用人工制冷的方法让固定的空间达到规定的温度便于储藏物品的建筑物，又称冷藏库，是加工储存产品的场所。冷库能摆脱气候的影响，延长各种产品的储存期限，以调节市场供应。

冷库可以广泛地应用于食品厂、乳品厂、制药厂、化工厂、果蔬仓库、宾馆、酒店、超市、医院、血站、部队、实验室等。冷库主要用于对食品、乳制品类、肉类、水产禽类、果蔬、冷饮、花卉、绿植、茶叶、药品、化工原料、电子仪表等的恒温储存。

2. 冷库的组成

冷库主要由库体、制冷系统、冷却系统、控制系统和辅助系统五个部分组成。

（1）库体

库体主要保证储藏物与外界隔热、隔潮，并分隔各个工作区域，对于大型冷库有冷加工间、预冷间、冻结间、冷藏间、制冰间、穿堂等。大型冷库采用土建冷库库体，对于小型冷库和温度低于-30℃的冷库通常采用钢框架和轻质预制的聚氨酯或聚苯乙烯夹芯板材拼装而成的装配式冷库库体，而对于家用小型冷藏箱或冰箱则采用压铸成型的聚氨酯填充隔热的箱体。

（2）制冷系统

制冷系统主要用于提供冷库冷量，保证库内温度和湿度。根据冷库温度的不同，制冷系统也不同，通常冷库温度高于-30℃，则使用单级压缩制冷系统；冷库温度低于-30℃，高于-60℃，使用两级压缩制冷系统或复叠制冷系统；冷库温度低于-80℃，一般要用复叠制冷系统。

（3）冷却系统

冷却系统主要用于冷却制冷系统的散热。空气冷却系统，制冷系统直接采用空气冷却，它具有系统简单、操作方便的优点，适用于缺水的地区和小型冷库。水冷却系统，主要由冷却塔、水泵、冷却水管道组成，它具有冷却效果好的优点，但是系统复杂、操作烦琐，要求对冷却水系统要定期进行清洗，以保证冷却水系统的传热效果，冷却水系统大部分用于大型冷库。蒸发冷却系统，是将制冷系统的冷凝器直接与冷却塔结合，冷却水直接喷淋到冷凝器上进行蒸发冷却，冷却效果好，但是系统复杂，要求冷凝器直接安装在室外，所以系统的运行、维护保养工作要求高。

（4）控制系统

控制系统主要对冷库的温度、湿度控制和对制冷系统、冷却系统等进行控制，以保证冷库安全、正常地运行。随着技术的发展，目前，计算机和网络技术已逐步应用到冷库的控制中。

（5）辅助系统

辅助系统主要包括冷库操作间、机房等，对于大型冷库还要有动力车间、配电房、锅炉房、化验室、仓库、水处理等场所。

5.1.2 冷库的分类

冷库是用隔热材料建造的低温密闭库房，有结构复杂，造价高，需要防潮、防水、防热气、防湿冷等特点。

1. 按结构形式分类

冷库按建筑结构形式，可分为土建式冷库、装配式冷库、夹套式冷库和气调冷库。

土建式冷库主体一般为钢筋混凝土结构或砖混结构，内部喷涂聚氨酯保温，具有围护结构的热惰性大，受外界温度影响小的特点。一般为多层冷库，每层层高 4.5～6m，货物采用码垛的形式堆放。

装配式冷库采用复合隔热板作为冷库围护结构，钢梁做承重框架。复合隔热板一般为三层结构，两侧多为镀锌钢板，中间填充密度不同的硬质聚苯乙烯泡沫塑料（EPS）或者硬质聚氨酯泡沫塑料（PU）。如果复合隔热板置于钢梁外侧，称为外保温内结构冷库（国内占多数），反之，则称为内保温外结构冷库（国外占多数）。装配式冷库的主要构件均可在工厂预制，当冷库场地完成土建基础及地面铺设后即可进行钢结构、保温板及制冷设备的安装，相比较土建式冷库而言，建设周期短。装配式冷库一般为单层，层高 3～30m不等，在我国中小型冷藏库中占比非常高，尤其是小于 $100m^3$ 的室内冷库和零售商小冷库，可利用复合隔热板具有较高的抗压和抗弯强度特点，直接拼装成冷库。

夹套式冷库是在常规冷库的围护结构内增加一个内夹套结构，夹套内装设冷却设备，冷风在夹套内循环制冷。

气调冷库主要用于新鲜果蔬、农作物种子和花卉作较长期储存，除了要控制库内温度、湿度外,同时要控制库内 O_2、CO_2、N_2 和乙烯含量,抑制果蔬等植物的呼吸。

2. 按使用性质分类

冷库按使用性质,可分为生产型冷库、分配型冷库和零售型冷库。各类冷库的特点和建设地点如表 5-1 所示。

表 5-1 冷库按使用性质分类及特点

冷库种类	特 点	建 设 地 点
生产型冷库	具备大批量、连续性的冷加工能力,加工后的食品必须尽快运走;冷冻能力大,冰设有一定容量的周转用冷藏库	主要建在食品原料基地、货源较集中地区或交通便利地区
分配型冷库	冷藏容量大,冻结能力小,适宜于多种食品的储存	通常建在大中城市或人口比较集中的地区
零售型冷库	供临时储存零售食品之用,库容量小,储存期短,库温随使用要求不同而不同	通常建在大中城市、人口较多的工矿企业或大型副食品店、菜场内

3. 按公称容积分类

根据 GB50072—2021《冷库设计标准》,冷藏库应以"公称容积"标示冷库规模。公称容积是指冷藏间或者冰库室内净面积(不扣除柱、门斗和制冷设备所占用的面积)乘以室内净高值,单位为 m^3。用公称容积划分冷藏库规模,冷藏库物理空间直观可测,避免了冷藏库传统分类中用冷藏吨位划分冷藏库规模时需要容积系数折算带来的弊端。根据 GB50072—2021《冷库设计标准》,我国商物粮行业冷藏库规模分类如表 5-2 所示。

表 5-2 冷库公称容积分类

规 模 分 类	大 型	中 型	小 型
公称容积 /m^3	＞20 000	5 000～2 0000	＜5 000

4. 按温度分类

冷库按温度通常可分为高温冷库、低温冷库和超低温冷库,其温度和用途如表 5-3 所示。有时还将温度范围在 15～20℃ 的冷库称为恒温冷库。

表 5-3 冷库按温度分类及用途

冷库种类	冷库温度 /℃	用 途
高温冷库	-2～15	冷却物冷藏
低温冷库	-10～-30	冻结物冷藏
超低温冷库	＜-60	金枪鱼等食品冷藏

5. 按冷库自动化程度分类

智能型冷库是目前自动化程度最高的冷库,主要包含四个方面:一是制冷系统自动化,主要针对库内温度检测、控制,压缩机能量调节等方面;二是安全防护自动化,主要包括事故报警、自动喷淋灭火以及与消防部门的联网等;三是自动信息追测及检索系统,主要包括对冷库所存产品的种类、时间、位置、费用等信息的跟踪记录以及与仓储的财务收支、冷库管理系统、出库系统的联合;四是自动传输系统,主要指货物从库内到运输车之间的自动传送系统。智能型冷库不需要人进入库房内操作,从进货、分拣、换包装、储存、出货等过程全部由机器自动完成。当然，我国在智能型冷库总体发展水平上，无论是数量还是先进程度均仍有待提升，除了设备的自动化程度和可靠性外，经济成本因素也是非常重要的方面，如对智能识别系统的投资、电价峰谷差别等问题是企业无法回避的成本问题。

5.1.3 冷库建筑的特点

冷库主要用于食品的冷冻加工及冷藏，它通过人工制冷，使室内保持稳定的低温。冷库的墙壁、地板及平顶都敷设有一定厚度的隔热保温材料，以减少外界传热。为减少吸收太阳辐射能，冷库外墙表面一般涂成白色或浅颜色，因而，冷库建筑与一般工业民用建筑不同，有它独特的结构。

冷库建筑要防止水蒸气的扩散和空气的渗透。室外空气侵入时增加冷库耗冷量，还带入水分，水分凝结引起隔热结构受潮冻结损坏，所以要设置防潮隔热层使冷库具有良好密封性和防潮隔汽性。冷库的地基受低温的影响，土壤中的水分易被冻结。因土壤冻结后体积膨胀，会引起地面破裂及整个建筑结构变形。为此，低温冷库地坪除要有有效的隔热层外，隔热层下还必须进行处理，以防止土壤冻结，总的来说，冷库建筑是以其严格的隔热性、密封性、防潮隔汽性、坚固性和抗冻性来保证建筑物的质量。因此，冷库的建筑特点有别于其他建筑，具体如图 5-1 所示。

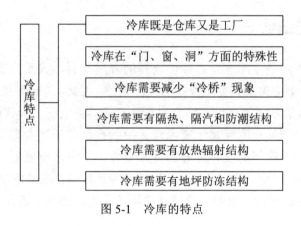

图 5-1　冷库的特点

5.2　冷库的规划与设计管理

冷库是在低温条件下保藏货物的建筑群，是以人工制冷的方法，对易腐物品进行冷加工和冷藏的建筑物，用以最大限度地保持食品原有质量，供调节淡旺季节，保障市场供应、执行出口任务和长时储存之用。冷库有不同的分类方法，在实际的设计活动中，主要根据仓库的用途以及所需的仓库容量来进行设计，在决定选用哪种仓库时，既要考虑所需仓库的功能和结构组成，又要考虑各种类别仓库的特点。

冷库的规划设计与建设是冷链物流运作的基础,其直接影响到各项活动的成本,同时也关系到整个冷链的正常运作和发展,因此,冷库的规划与建设必须在充分调查分析的基础上综合考虑自身经营特点、商品特性及区域交通经济等因素,在详细分析现状及预测的基础上进行,冷库规划设计的基本流程如图5-2所示。

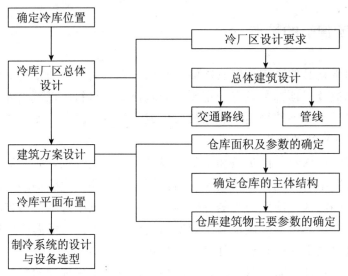

图 5-2　冷库规划设计的基本流程

5.2.1　冷库的选址

冷库建设的第一步是冷库选址。库址选择的合理与否,关系到工程的建设速度,基建投资和投产后的管理,关系到整个冷链的经济效益。因此,选择库址要根据冷库的性质、规模、建设投资、发展规划等条件,结合拟选地点的具体情况,择优确定。

一般情况下,生产性仓库应建于货源较集中的产区,还要考虑交通的便利性、与市场的关联性等因素。冷库四周应有良好的排水条件,地下水位要低,冷库底下最好有隔层,且保持通风良好,保持干燥。具体地,选择仓库地址时,应考虑以下因素:经济依据、地形地质、水源、区域环境、电源、交通运输等冷库选址的基本流程,如图5-3所示。

1. 冷库定位

冷库定位是根据其性质、规模、建设、投资等进行的战略定位和功能定位。冷库选址以其定位为基础展开。其功能定位主要分为:生产性冷库、分配性冷库和销售性冷库。

2. 资料收集

资料的收集和其他仓库选址资料收集内容基本相同,基本包括社会经济发展情况、用地条件、政策法规、交通条件、工程地址等。此外还要考虑冷库以下些因素。

（1）水源

冷库是用水较多的企业,故库址周围要有充足的水源。

（2）环境

冷库建设对环境要求较高,因此应远离污染区域。

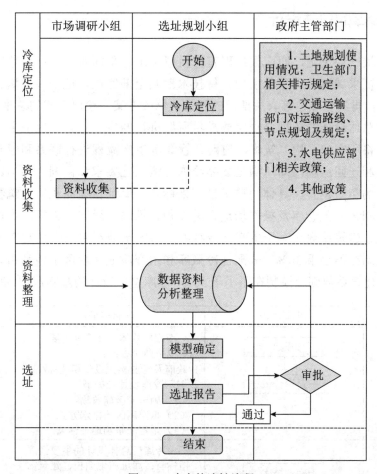

图 5-3 冷库的选址流程

（3）电力供应

冷库供电属于第二类供电负荷，需要一个可靠的、电压较稳定的电源。

3. 资料整理

数据资料整理及分析就是将所收集到的相关数据资料，按照重要性和性质等进行分类、筛选的工作。

4. 冷库选址

冷库选址主要包括选址模型确定、编写选址报告和审批。

（1）选址模型确定

选址模型确定就是在对整理的数据资料进行定性、定量分析的基础上选择一定数据模型进行仓库选址，主要有线性规划法、模拟法、启发法及仿真法等。

（2）编写选址报告

编写选址报告是对所选地址编写可行性报告。

（3）审批

审批是将选址报告交给政府各相关部门审核批准。主要相关部门包括土地审批规划部门、卫生部门、交通部门、水电供应部门等。

5.2.2 冷库的总体设计

冷库的库址一经选定，即应根据现有资料拟定出总平面布置方案和草图，以供技术勘测、征地及征求城建部门意见所用。待技术勘测全部完成，地形、土壤、地质、水文等资料齐全后，再结合城建等有关部门的意见、修改方案，绘出正式的总平面布置图。

冷库厂区总体设计的依据是冷库要满足所要进行的生产工艺，保证生产流程的连续性。为此，应将所有建（构）筑物、道路、管线等生产流程进行联系和组合，尽量避免作业线的交叉和迂回运输，即从满足食品冷冻冷藏工艺要求和便利产品运输出发，布置各车间和库房的相对位置。具体的技术经济指标是：库址占地面积、建筑物占地面积、构筑物占地面积、露天仓库及操作场地占地面积、铁路、道路、人行道占地面积、库区土地利用系数、建筑系数。对于生产性冷藏库，库区土地利用系数控制在不小于40%，建筑系数应控制在不小于30%。分配性冷藏库和水产冷成库库区土地利用系数应控制在不小于70%，建筑系数则应控制在不小于50%，冷库总体设计的基本流程，如图5-4所示。

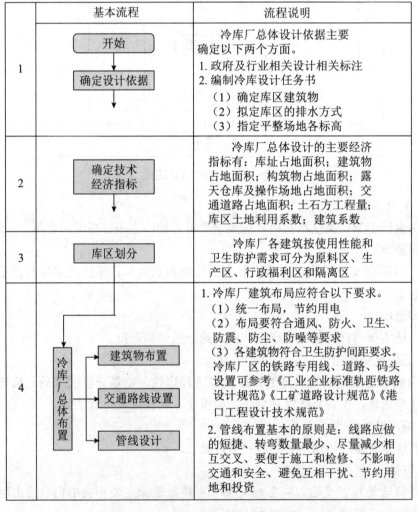

图5-4 冷库的总体设计的基本流程

5.2.3 冷库的建筑方案设计

冷库的建筑方案设计是根据冷库的性质、生产规模、工艺流程、设备安装及所用建筑材料等条件并结合库址的具体情况（地下水位、地址、地形等）而确定的，同时还应满足使用、卫生、施工技术和建筑艺术等方面的要求，主要内容如图 5-5 所示。

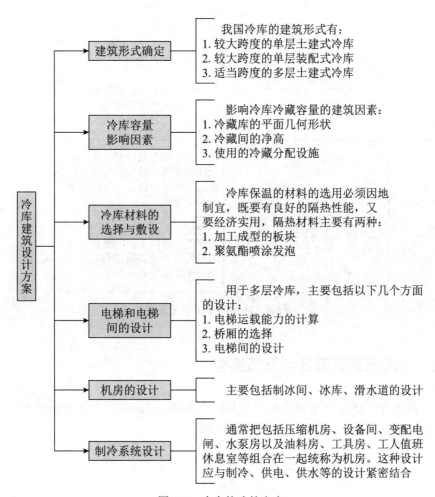

图 5-5 冷库的建筑方案

5.2.4 冷库的平面布置

冷库平面布置的主要任务是根据设计任务书的要求、总图所限定的客观条件，确定建筑平面中各组成部分的范围以及它们之间的相互关系，具体流程如图 5-6 所示。

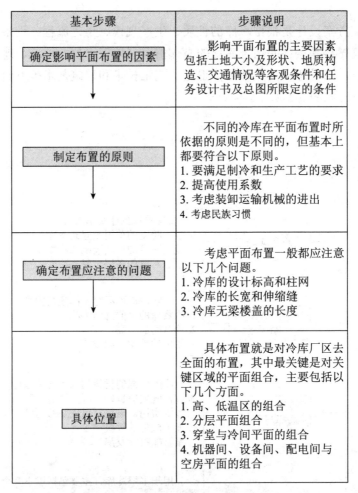

图 5-6　冷库的平面布置流程

5.2.5　制冷系统的设计与设备选型

冷库与其他仓库建筑的主要区别在于其制冷系统，设计合理的制冷系统对冷库建设、使用和维护都十分重要，具体内容如图 5-7 所示。

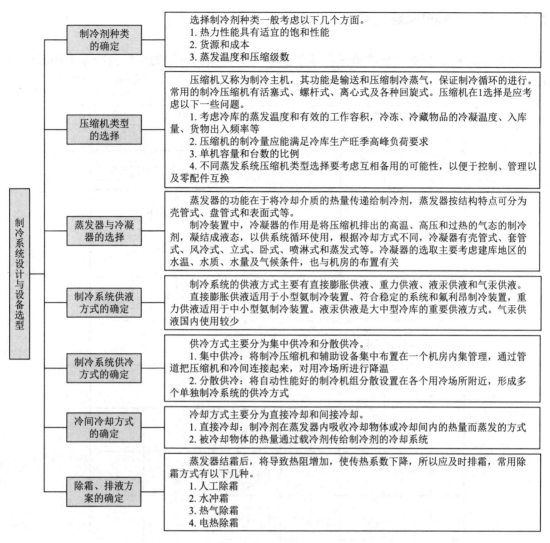

图 5-7 制冷系统的设计与设备选型

5.3 冷库的运作管理

5.3.1 冷链的人员配备与冷库的使用维护

冷库的组织架构和人员配备与普通仓库基本相似。组织架构的主要模式有三种：直线制、直线职能制和事业部制。冷库人员匹配与普通仓库相比涉及更多冷库技术工人的配备，冷库技术工人是执行冷库管理制度和实施直接操作的工人骨干，其人数和组织直接关系到冷库的生产和食品的质量，冷库技术工人必须持证上岗。

扩展阅读 5.2

扫码观看

5.3.2 冷库的采购管理

冷库的采购流程和其他物流采购流程基本相似，比较典型的销售型冷库采购流程如图 5-8 所示。

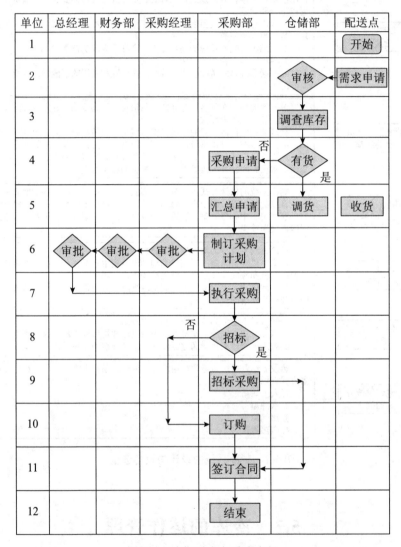

图 5-8 销售型冷库采购流程

5.3.3 冷库的出入库管理

1. 冷库的入库管理

冷库的入库是指货物被运到冷库，经验单、装卸搬运、验收等环节按预定的货物存储等一系列工作，货物入库时，要对货物的温度进行测定，检查货物内部状态并进行详细记录，对于霉变货物不得直接进入冷冻库，入库前货物要预冷，未经预冷冻结货物不得直接进入冷冻库,以免高温货物大量吸冷造成库内温度升高,影响库内其他冻货,具体流程见图5-9所示。

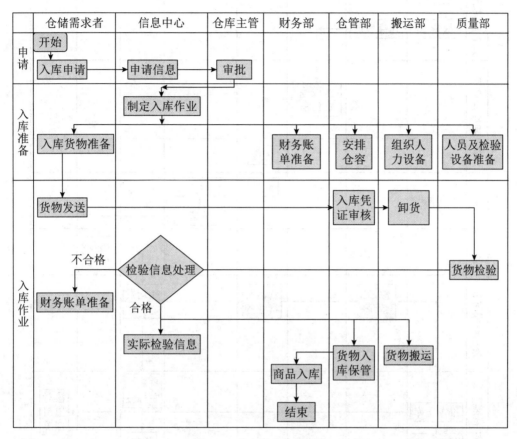

图5-9 冷库入库作业流程

2. 冷库的出库管理

冷库的出库是根据业务部门或存货单位开局的出库凭证,从对出库凭证审核开始,进行拣货、分货包装等一系列作业,将货物交给要货单位的过程。货物出库需认真核对,防止错发、错取,对于出库时需要升温处理的货物,应按照作业流程加热升温,不得采取自然升温,具体流程如图5-10所示。

冷库作业,为了减少冷耗,货物出入作业应选择在气温较低的时候进行,如早晨、傍晚、夜间。出入库作业时集中仓库内的作业量,尽可能缩短作业时间。要使装运车辆离库库门距离最近,缩短货物露天搬运距离,防止隔车搬运;在货物出入库中出现库温升高时,应停止作业,封库降温。

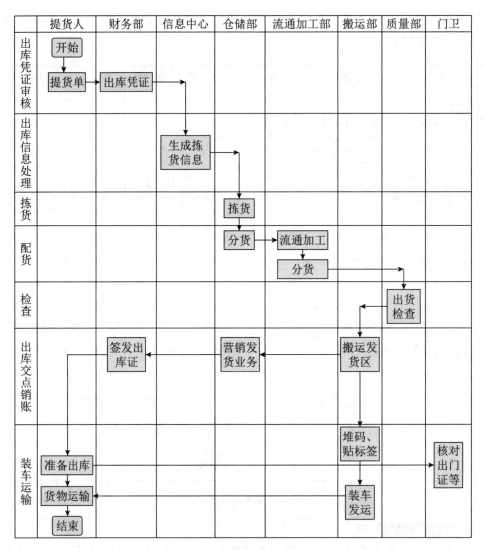

图 5-10　冷库出库作业流程

5.3.4　冷库的货物保管

1. 冷库的堆垛

库内堆垛严格俺早规章进行，合理选择货位。长期货物存放在库内端，短期货物存放在库外端，易升温的货物存放在接近冷风口或排管附近。堆垛方式主要有垂直堆垛和交叉堆垛。堆垛完毕要挂堆垛牌。取货时，从上向下依次取货。严格强行取货扯坏包装。

2. 严格掌握库房的温度和湿度

根据食品的自然属性选择相应的库房的温度和湿度。冻结间温度一般保持在 -18℃ 以下，正常情况下，温度波动不得超过 1℃，进出库时，昼夜升温不得超过 4℃。

3. 冷库的通风换气

按照货物的要求进行通风，保证库内合适的氧气和湿度。根据货物的通风需求控制冷库的换气次数和换气时间。

4. 认真掌握仓库的储藏安全期限

经常对货物进行不定期的检查，对将超过储藏期的货物应及时处理，执行先进先出制度。

5.4 冷库的常规管理

作为冷链上的重要环节，冷库管理必须适应冷链现代化的形势，不断完善冷库的功能，提高冷库的生产效率，确保冷库的作业安全。

5.4.1 冷库使用中应注意的事宜

冷库在使用中应注意以下事项。

（1）冷库应保证清洁、干燥，要责任到人，对库内的冰、霜、水应及时清除，库内严禁带水作业，没有经过冷却的商品，不能直接入冷冻库。

（2）冷库因其工作性质，要求保证制冷状态，否则就会造成损失，所以对其制冷系统（压缩机、冷凝器、节流阀、蒸发管）要加强设备的养护管理，保证设备的完好率，同时，因其具有高压、易爆、有毒的特点，要确保安全生产。

（3）要合理利用冷库的空间，合理设计商品的堆垛方式，提高储存能力；商品应分类分区存放，防止相互污染变质。

（4）冷库要定时通风，对于不同商品，保证合理的温度、湿度。

5.4.2 严格的商品出入库制度

在商品出入库时，要认真清点商品的数量、品种，记录商品的生产日期、卫生状况、规格等，合理安排存储位置，先出库的要安排在库门附件以便减少出库时间，防止因开门时间过长，而使库内温度、湿度变化过大。在冷库内，商品要与地面、墙面隔离，防止因结冰使商品粘在地面或墙上，库内及搬运和称量工具要定期消毒，保管人员身体条件要符合卫生、防疫要求。

5.4.3 冷库安全

在冷库的日常管理中，由于冷库温度低，为了减少热交换，降低能耗，冷库的开闭有严格的时限，因此，容易发生操作工被关到冷库里面的事故。冷库保管人员要严格遵守冷库操作规程，防止冻伤；不能在冷库内工作时间太长，防止人员缺氧窒息；妥善使用设备，防止碰撞，以免降低保温、隔热性能，甚至造成容器、管道局部开裂、折断、跑氨等事故。

冷库安全事故很多是工作人员缺乏安全意识，操作不当造成的。因此，冷库单位每年都应组织操作人员进行安全教育和技术培训。

思 考 题

1. 什么是冷库，冷库系统由哪几部分组成？
2. 冷库分类方法有哪些？
3. 简述冷库规划设计基本流程。
4. 简述冷链入库和出库作业流程。

第6章 冷链物流园区规划与管理

本章学习目标

1. 了解冷链物流园区的功能定位、内外部资源环境;
2. 能够运用冷链物流园区的综合功能区规划;
3. 了解冷链物流园区战略规划及过程;
4. 了解冷链物流园区发展的综合定位;
5. 了解冷链物流园区竞争力分析、产业组合及产品组合设计;
6. 了解冷链园区的发展战略、指导思想及基本原则;
7. 了解冷链产业集群的发展战略制定。

福建三明某生态农业冷链物流园区发展规划

三明市资源丰富,是福建省主要商品粮基地和农副产品生产基地。从地理位置来看,三明市路经物流中心辐射范围可以直达周围商圈,还可以进行农副产品加工,直供周边大中超市,市场潜力很大,市场前景十分好。根据三明市商业布局规划,对农产品交易市场进行整体规划,立足福建,面向全国,通过科学的安排,建立一座现代化、多功能的,融交易、检测、信息发布、农产品深加工、供应链整合、物流配送、运输、仓储功能为一体的大型多功能农产品交易市场需求强烈。

经过多方考察,该生态农业冷链物流园区管委会决定委托中投顾问承担园区发展规划编制和园区运营管理体系建立的工作。中投顾问项目团队经过详细的市场调研和案例研究,并依托自身在行业研究方面的深厚沉淀,提出要将该生态农业冷链物流中心打造成一个冷冻、冷藏、加工、包装、销售为一体的现代物流中心,在海西地区搭建一个完善的冷链服务平台。为福建农产品提供专业化、规范化、高效率的冷链物流服务,同时为三明主城区超市提供标准化的冷链配送服务。物流中心依托三明地区丰富的鲜活农产品和福建各城区巨大的市场容量,以及其持续增长的消费能力。这一发展定位获得了园区管委会的高度认可。

在园区规划顺利完成后,中投顾问在此基础上帮助园区管委会建立园区运营管理化体系。中投顾问项目团队在科学严谨地分析内外部环境之后,为该产业园区设计了近中远期的经营模式,并且帮助园区管委会设计了流程制度体系和组织结构,目前,园区运营管理工作正在按照上述几方面的方案有条不紊地推进,实施效果良好。当前中投顾问正着手园区运营管理体系建立的第二步工作,协助园区建立各类公共服务平台。

(资料来源:福建三明某生态农业冷链物流园区发展规划 http://wenda.so.com/q/14000106332062850。)

6.1 冷链物流园区功能定位

6.1.1 冷链物流园区的含义及功能定位

(1)冷链物流园区的含义

物流园区是指在物流作业集中的地区,利用多种运输方式,将多种物流设施和不同类型的物流企业在空间上集中布局的场所,也是一个有一定规模的和具有多种服务功能的物流企业的集结点。而冷链物流园区要求所使用的各种物流设施设备为冷藏、冷冻设备。

(2)冷链物流园区的功能定位

物流园区的功能具体包含8个方面:综合功能、集约功能、信息交易功能、集中仓储功能、配送加工功能、多式联运功能、辅助服务功能、停车场功能。其中,综合功能的内容为:具有综合各种物流方式和物流形态的作用,可以全面处理储存、包装、装卸、流通加工、配送等作业方式以及不同作业方式之间的相互转换。

6.1.2 冷链物流园区内外部资源环境

1. 冷链物流园区内部资源环境概述

所谓园区资源,是指物流园区在提供产品或服务的过程中能够实现企业运营战略目标的各种要素组合。物流园区的发展需要由多种资源作为支撑,为其提供空间、资金、基础设施、人力等诸多必要资源。为了使物流园区充分发挥其物流功能,并且满足社会对物流园区的需求,要对物流园区内部资源进行合理的分配和优化,为园区未来的发展提供保障。通常而言,物流园区的存在和发展需要以下五种重要资源要素。

(1)土地资源

土地规模是物流园区最重要的概念之一,它是物流园区发展所需的重要资源,是物流园区的承载者,其规模大小将决定物流园区所能够承载的设施、功能与服务。物流园区要求具有一定的规模,既为实现物流园区的规模效应,也为园区未来发展提供足够的预留空间。我国的人均占有耕地是世界人均占有量的1/2,由于基本建设对耕地的占用和土地资源利用率较低,土地浪费严重,人地矛盾尖锐化不断扩大。由于物流园区的建设对于土地资源的需求巨大,未来土地资源的缺少将是物流园区发展的"瓶颈"。因此,合理设计物流园区的位置、内部结构，节省园区占地面积，将成为物流企业长久发展急需解决的问题。

（2）设施设备资源

冷链物流园区必须具备完善的基础设施，主要包括冷库、制冷系统、储存系统、冷库用门及库板工程、冷链物流月台设备设施、搬运设备、物流容器及分拣设备等。这些设施设备的建设投入，将极大地促进园区功能和业务快速发展，合理分配设施设备资源将是园区均衡发展的必要条件。

（3）人力资源

人力资源是物流园区发展的关键，人力资源是物流企业发展最重要的战略资源。现代企业要想在激烈的市场竞争中生存，使得投资建设的物流园区能够可持续发展，就必须有完备的人力资源体系。物流园区人才的储备不仅包括搬运、装卸、运输等操作层面的技术人员，也包括更高层面的物流园区设计规划人才、运营管理人才来满足园区的战略发展需要。同时，人力资源对于企业的自我完善与进步、增强企业活力、提高企业经济效益、主导物流园区未来的发展方向，都有着重要的意义。并且在物流园区的成长过程中，优秀人才的引进和人力资源的储备将主导物流园区未来的发展方向。

（4）企业资源

物流园区的规划与设计不能只停留在功能上，必须对物流园区未来的发展方向有明确的定义，依据市场需求，设计物流园区的服务范围和模式，有计划地吸引物流企业入驻园区，增强园区物流服务水平。物流企业作为一种资源存在于物流园区中，园区内入驻物流企业的类型、规模、服务水平将影响物流园区的商业运作模式。与此同时，我国虽然物流企业众多，但是大型高水平物流企业却相对较少，例如运输型物流企业华宇、佳吉等，仓储型物流企业中集、中床等，综合型物流企业中远、中外运等。这些企业资源十分宝贵，物流园区根据自身的发展需要适当地对于不同类型的物流企业进行吸纳入驻，实现园区的仓储、运输、配送、流通加工等多项物流业务，进而提高物流园区的服务水平，增强园区的竞争力。

（5）战略资源

为了精心设计以资源为基础的战略，物流园区首先必须识别和评价它所拥有的资源，以找出那些可以作为未来发展或竞争优势的资源。这个过程包括确定物流园区所拥有的资源，然后检验确定哪些资源真正有价值。在物流园区拥有的众多资源中，哪些具有稀缺性或不可模仿性的资源，通常会给物流园区带来基于资源的优势，是物流园区发展和竞争的战略基础，我们称为战略资源。由于战略资源具有长期的稀缺性，不会轻易地被竞争对手模仿，因而物流园区是可持续竞争的源泉。

2. 冷链物流园区外部资源环境概述

物流园区的外部因素是指对于物流园区规划、建设及发展产生深远影响的园区外部环境。物流园区作为社会大环境的组成部分，与其所在的区位、交通、市场等诸多条件息息相关。经过分析，我国物流园区规划的外部因素主要包括区位环境、交通环境、市场环境、客户及需求环境、政策环境等。这些外部因素的存在，将对物流园区的发展起到决定性的作用。

(1) 经济环境

我国经济社会持续40多年的快速发展居民生活水平不断提高，必然对食品安全、健康、品质、便捷提出更高的要求，这是冷链物流加快发展的需求拉动。由于冷链物流的初期投资和运营成本相对较高，因而必然以一定的经济发展水平为前提。2021年，我国在经济总量和人均水平上双双实现新突破。2021年，我国国内生产总值（GDP）比上年增长8.1%，两年平均增长5.1%，在全球主要经济体中名列前茅；经济规模突破110万亿元，稳居全球第二大经济体。在疫情防控常态化形势下，冷链物流发展势头强劲。据资料显示，2021年我国冷链物流市场需求总量2.75亿吨，同比增长3.8%。从食品冷链物流需求细分结构情况来看，需求占比前三的分别为蔬菜、水果和肉类，占比分别为27.8%、23.5%和19.6%。

(2) 区位环境

物流园区的区位环境分析主要是对物流园区所在的位置和所处环境有一个清醒的认识，包括园区周边的自然地理交通环境及辐射范围等。为物流园区的战略定位和发的认标提供科学的分析依据。首先，明确物流园区所处的地理位置和所在区域所发挥的重要作用。自然地理位置的明确包括物流园区所在的周边地理环境、交通网络、区域中心等，其次，对于物流园区的交通环境进行分析。物流园区的交通环境主要包括交通道路网络、交通设施及物流园区与外部交通的衔接部分。道路网络是指连接物流节点的货运交通系统，其包含多种运输方式的线路和中转等重点交通设施。而物流园区与外部交通的衔接通过道路交通完成，衔接处通常是园区周围交通的"瓶颈"所在，故处理好内外交通衔接关系是保证物流园区交通系统高效运行的重要环节。物流园区的交通环境因素既有利于园区的初始建设和发展，也会成为未来园区发展的"瓶颈"。最后，通过物流园区地理位置和交通条件分析，确定物流园区未来辐射的范围和经济腹地，制定未来的战略目标和发展方向。因此，区位环境分析对于园区的整体发展有着重要的指导意义。

(3) 客户及需求环境

重点客户的需求是对物流园区发展影响最大的因素。冷链物流行业作为服务行业的集合体，所面向的是对冷链物流服务有不同需求的客户及消费群体。只有满足这些消费者的需求，达到其期望的服务标准才是一个物流园区存在与发展的动力源泉。而对于客户及需求环境分析，主要体现在两个方面：一方面要分析出哪些需求者是我们的重点客户；另一方面是这些重点客户的物流需求和所需物流量的大小。通过以上两个方面的分析，物流园区规划建设要具有针对性，满足自身功能实现的同时，贴近客户需求，使得物流园区能够在与客户协同配合过程中持续地成长壮大。政策环境物流园区作为现代物流发展的一种新形态，在其发展过程中政府应通过提供优惠政策给予支持和鼓励。在企业的发展过程中软环境有时要比硬环境更重要。物流园区能否具有长久的生命力和对企业具有吸引力，取决于政府政策对它的认知程度和支持力度。首先，物流园区的规划建设要了解政府对于整个区域的物流行业的发展规划，应积极配合政府工作，合理建设物流园区，实现物流园区建设的社会效益和经济效益。其次，在物流园区规划建设的初期，得到国家和地方政府的支持，并有相应的支持导向政策，加快物流园区的发展。

6.1.3 冷链物流园区的综合功能区规划

冷链物流园区的综合功能区规划建设主要包含三个方面的内容：一是冷链物流园区的布局规划；二是冷链物流园区的信息系统规划；三是冷链物流园区的运作模式规划。其中，冷链园区的布局规划包括园区宏观空间布局规划和园区内部各功能区的微观布局规划。冷链物流园区的宏观空间布局规划是指对城市区域物流用地进行宏观空间布局，包括区域内冷链物流园区数量确定、选址确定、规模确定及业态确定等；冷链物流园区的内部微观布局规划主要是指对园区内部的功能区进行微观设计和定位。

扩展阅读6.1

冷链物流园区内部功能区规划主要是对服务功能的微观设计和定位，包含三个步骤：首先，需要进行客户需求与系统分析，根据目标需求，结合冷链物流园区辐射区域的实际情况，细分市场，划分功能类型。其次，进行功能定位和功能区域规划，即通过把各个单一的服务功能向冷链物流园区归并和整合后来确定园区的功能区域数目和类型，是进行园区功能区域系统布置的依据。最后，对规划方案进行评价。

1. 客户需求与系统分析

客户需求与系统分析是物流园区进行功能定位和功能区域划分不可或缺的前提条件，其内容主要是通过市场调研，如现场调查、集中访谈、表格问卷调查等方式，掌握主要客户的物流需求，包括物流服务需求功能种类、物流需求量、物流流向等基本数据。在此基础上，对所获取的数据进行相应的系统分析，以便整理出规划所需要的信息。由于物流园区需要依托一定的市场来规划建设，在物流园区规划建设前期的可行性论证中，其服务对象应已明确，因此，客户需求分析的主要对象应是物流园区物流服务辐射范围内的各类工商企业。在各种调研内容中，物流需求量和流向以及在此基础上的预测数据是确定物流园区规模与建设地点的重要依据，而物流服务需求功能的调查是确定物流园区中所需服务功能区的重要依据。物流服务需求功能的调查可采用表格形式，被调查企业可根据自身的需求在空格中选择。在选择调查企业对象时，园区辐射范围内的大型制造企业和大型商贸企业将是调研的主要对象。在物流服务需求功能的调查中，可事先设计好各种服务功能，且列出的服务功能应力争全面，并应留有足够的空格以便被调查对象选择或根据自身服务需要进行相应的补充。同时，由于物流园区的建设通常呈现出阶段性的特点，因此，服务功能需求还应区分时间阶段，如近期、中期和远期等。对各种被调查的物流服务功能需求进行汇总后，最后可总结出各阶段物流服务功能设置进程表，其中近期、中期和远期的确定以所有被调查对象中所选最大比例数据为依据。

2. 功能定位、功能区域确定和功能区域系统布置

（1）功能定位

冷链物流园区的功能定位是其战略定位和市场定位的外在体观，是按照战略定位和市场定位对冷链物流园区的物流服务能力进行规则设计：主要为了满足目标市场客户的物流需求。为此，冷链物流园区的功能定位主要应确定两个方面的内容。一是园区在不同规划阶段内应具有的冷链物流服务功能；二是根据确定的冷链物流功能进行空间分配，即划分若干冷链物流功能区域。一般来说，通过对辐射范围内潜在目标客户的调查分析，可了解物流园区的客户物流服务功能需求类型和层次。但是从调查本身分析来看通常存在一定的局限性，主要表现在：一方面，调查样本的广泛代表性受到一定制约，不可能对所有客户进行调查；另一方面，抽样调查以现有的客户为主，对潜在物流客户的调查通常不足。因此，冷链物流园区的功能定位在调查结果分析的基础上，还应结合专家的相关经验与知识，同时还要体现4个原则：①前瞻性原则。即园区的功能定位既应满足现在客户的需求，又要满足未来客户的需求。②综合性原则。即园区的功能定位应综合调查的结果、物流产业的发展趋势、经济结构的调整及外来竞争压力等许多因素综合确定。③阶段性原则。即园区的功能应体现不同规划阶段的特点，能根据不同阶段内的需求变化进行扩展。④层次性原则。即园区的功能应体现出层次性，在发展建设初期应以物流基础性的服务功能为主，而在发展成熟期应逐步拓宽到增值服务层次的功能。

（2）功能区域确定

从目前国内冷链物流园区的规划情况来看，其功能区通常包括冷藏/冻仓储中转区、集散配送区、流通加工区、商务办公区、生产服务区、生活服务区等，但对于一个特定的冷链物流园区究竟需要规划哪些物流服务功能区，应该以其服务辐射的范围内市场需求分析为基础，以周边主要集散农产品的大类而言，比如，寿光农产品冷链物流园区则是以寿光蔬菜产业、蔬菜农产品生产组织、蔬菜产品生产加工企业、蔬菜产品外贸企业等具有鲜明特色与优势的产业集群为依托。所以，以冷链物流园区所在地现有的物流资源和设施的整合和优化为依托，在明确其物流服务对象、服务内容及服务方式的基础上，通过调查所需的物流服务需求功能，结合一定的原则来确定。服务功能区域的确定对冷链物流园区的规划具有决定性意义。一方面，确定功能区域也就大体确定了物流园区的内部总体结构；另一方面，功能区域是冷链物流园区内部布局的基本空间单元。确定功能区域主要有三个方面的内容：一是确定功能区域的数目；二是确定功能区域的类型、承担功能、主要服务对象；三是确定功能区域内部的细部组成和相互关系等。

（3）功能区域系统布置

冷链物流园区的功能区域系统布置就是在体现园区整体运作效率最大化的前提下，将所确定的所有物流功能区域进行系统布局。目前，应用于传统设施布置的方法大致可分为两类：一类是计算机化布置方法，即采用计算机辅助求解的布置方法，如CRAFT（computerized relative allocation of facilities technique，定量布置程序）法、CORELAP（computerized relationship layout planning，计算机化关系布置规划）法、ALDEP（automated layout design procedure，自动布置设计程序）法及MultiPLE（Multi-floor plant layout evaluation，多层仓库定量布置程序）法等；另一类是定性与定量相结合的经典方法，如SLP（systematic layout planning，系统布置设计）法。冷链物流园区内部功能区布局规划涉及较多的定性因素，因此，应用单纯的数学模型求解难以达到理想的效果，而SLP法结合了定性和定量分析，较宜适于园区内部功能区域的系统布置。对上述规划方案，采用系统评价方法，最后选择最优的系统布置方案。

扩展阅读6.2

6.2 冷链物流园区战略制定

6.2.1 冷链物流园区战略规划及过程

1. 冷链物流园区战略制定

冷链物流园区战略，是指对冷链物流园区实施比较全面的长远的发展计划，是对未来整体性、长期性、基本性问题的思考、考量和设计未来整套行动方案。冷链园区战略规划有别于国家与区域物流发展规划，又不同于工业与房地产业园区的规划。物流园区战略规划更偏重于在较大规模的地域范围内，土地布局与功能布局结合的科学性，更偏重于园区建设发展的基础条件规划，更突出物流产业的特点以及相关产业发展的协调等要素规划。

2. 冷链物流园区战略制定过程

（1）战略定位阶段

冷链物流园区的战略定位非常重要园区战略定位包括市场细分、目标市场选择、市场定位，园区的选址、运营模式和规模大小等内容的设计。

（2）园区规划阶段

冷链物流园区规划阶段是将园区战略定位落实到图纸上的过程，此阶段的主要工作应包括园区整体布局分析、园区内道路及停车区域及路线分析、建筑内功能布置及路线分析、建筑形式选择对比方案、节能环保方案，等等。有些冷链物流园区功能较复杂，包括多温区冷库、配送中心、交易大厅、展示厅、产品加工车间、普通库房办公建筑等。要将园区建设成布局合理、功能完备适合运作的设施，需要负责总体规划的人员具备一定的物流经验、冷库建设常识、建筑结构经验和我国特有的批发市场运作理念。

（3）园区建设阶段

冷链园区建设阶段，不但要有建筑施工的工程监理负责工地施工监督，同时也要对关键施工阶段和关键点实施有效监督，包括冷库的保温、管道铺设等环节。冷库在开始使用时出现的跑冷、库板出汗、地面开裂等现象都是在施工阶段没有进行有效控制造成的。

（4）园区运营阶段

冷链物流园区从建设到运营一般会经过试运行、验收、招商等过程。如果投资商没有物流园区或批发市场管理经验，应聘请有经验的团队做初期培训，并逐步建立自己的各种管理流程和规章制度。物流是生产性服务行业，冷链物流园区的经营就应该以服务商户交易，服务物流运作为经营宗旨。

6.2.2 冷链物流园区未来发展趋势

冷链物流园区的发展在我国方兴未艾，正处在快速发展的上升阶段。冷链物流园区由于其附属于流通产业的性质,发展趋势必然受到经济发展阶段和冷产品流通模式变化的影响。具体分析冷链物流园区的发展有以下几方面特点。

(1) 冷链物流园区细分化

随着商品流通的精细化,配套的物流硬件设施也要求定制化设计。生产型、储存型和交易型冷链物流园区对园区的布局和建筑物的选择有较大不同。建在产地的物流园区、流转中枢的物流园区和靠近消费地的物流园区也有区别。运作的产品不同,如蔬菜水果、肉制品或是水产品对冷库的要求有其特殊性。所以,园区建设和冷库的细分化,既可以节约投资成本,又为物流运作提供了方便。

(2) 冷库建设在流通链两端发展

目前,我国冷产品的流通环节太多,从田间地头、海洋池塘到百姓餐桌要经过六七个环节甚至更多。随着商业流通体系的逐步精细化,中间环节会减少。农产品加强前期预冷处理对后续流通过程中的质量影响是非常大的,而我国目前靠近田间地头的蔬菜水果预冷处理设施严重不足。农业产业整合是发展大农业、订单化生产的基础。伴随着农产品生产模式的改变贴近生产种植端的预冷处理和冷库储存设施会有较大需求。

(3) 冷链 B2C 模式快速发展

冷产品的 B2C 模式需要冷链支撑,且对运作要求较高,配送成本比一般货品的配送成本也高出很多。所以京东商城等电商将冷产品宅配放在最后来发展。但随着百姓消费水平提高,冷链宅配将面临很大的需求。现阶段电商靠外包冷链物流,外包产品组配包装的形式将不具有竞争力。

6.2.3 冷链物流园区发展的综合定位

物流园区是物流节点集中组织和管理的场所,其依托规模化的物流设施设备,对物流活动进行综合处理,从而达到降低物流运营成本、提高物流运作效率和水平的基本目的,是具有产业发展性质的经济功能区。物流园区从空间上积聚了产业链上下游企业,从功能上涉及生产、加工、销售、配送等供应链各个环节,通过合理的空间布局、有机的功能组合、优化的资源配置以及信息系统整合发挥其系统整体优势。物流园区的功能主要可以分为两个方面,首先是社会功能;其次是业务功能。社会功能主要包括促进区域经济发展、完善城市功能、整合区域资源及提升产业竞争力等。业务功能主要包括运输、仓储、包装、装卸、搬运、流通加工、配送、信息与咨询服务等。

6.2.4 冷链物流园区竞争力分析、产业组合及产品组合设计

1. 冷链物流园区竞争力分析

(1) 加快冷链物流园区建设是适应农产品大规模流通的客观需要

经过改革开放 40 多年的发展,我国农业结构调整取得显著成效,区域和品种布局日益优化,使农产品流通呈现出了大规模、长距离、反季节的特点,对农产品物流服务规

模和效率提出了更高的要求。一是随着农产品区域生产布局的细化,农业特色产区加快发展,生鲜农产品的区域规模化产出,迫切需要加快发展农产品跨地区保鲜运输;二是农产品反季节销售加快发展,急需进步提高低温储藏保鲜水平。从今后一段时期农业结构加快调整优化的需要来看,加快发展农产品冷链物流也是适应我国生鲜农产品大规模流通的客观需要。

(2) 加快冷链物流园区建设是满足居民消费的必要保证

随着城乡居民消费水平和消费能力的不断提高,我国生鲜农产品的消费规模快速增长,居民对农产品的多样化、新鲜度和营养性等方面提出了更高要求,特别是对食品安全的关注程度不断提高。加快发展农产品冷链物流已经成为提升农产品消费品质、减少营养流失、保证食品安全的必要手段,是满足居民消费需求的必要保证。

(3) 加快冷链物流园区建设是促进农民增收的重要途径

长期以来,我国农产品产后损失严重,果蔬肉类、水产品流通腐损率分别达到 20%~30%、12%、15%,仅果蔬一类每年损失就达到 1 000 亿元以上;同时,受到生鲜农产品集中上市后保鲜储运能力制约,农产品"卖难"和价格季节性波动的矛盾突出,农民增产不增收的情况时有发生。发展农产品冷链物流,既是减少农产品产后损失,间接节约耕地等农业资源,促进农业可持续发展的重要举措,也是带动农产品跨季节均衡销售、促进农民稳定增收的重要途径。

(4) 加快冷链物流园区建设是提高我国农产品国际竞争力的重要举措

我国生鲜农产品生产具有较强的比较优势,但是由于冷链发展滞后,我国蔬菜、水果出口量仅占总产量的 1%~2%,且其中 80% 是初级产品,在国际市场上缺乏竞争力。特别是随着近年来欧盟、日本、美国等不断提高进口农产品准入标准,相关质量、技术和绿色壁垒已经成为制约我国农产品出口的重要障碍。加快发展农产品冷链物流,已经成为提高出口农产品质量、突破贸易壁垒、增强国际竞争力的重要举措。

2. 冷链物流园区产业组合及产品组合设计

一般来说,冷链物流园区的产业组合包括冷链物流的存储、运输、装卸搬运,包装流通加工、分拣以及信息服务产业构成等。同时还包括与之配套的办公、金融、生活油料供给服务、餐饮住宿及其他综合服务等功能。

(1) 冷藏/冻库的存储服务

物流园区的发展要求配备一定的储存设施和设备。由于物流园区中所涉及的很多作业环节如运输、配送等都要与仓储活动相联系,所以存储的职能是必不可少的,它保证了物流活动的开展,具有支撑作用。

(2) 冷链运输与配送服务

(3) 对于城际货物运输,物流园区应能提供多式联运服务以达到最佳运输模式组合最高效率、最短路径、最少时间、最低费用的要求。对于市内货物配送,主要是能满足生产商与销售商之间的配送、生产商或销售商与超市门店之间的配送、供应商与生产企业之间的配送、电子商务环境下的物流配送服务等,物流园区应能提供给客户不同的配送路线和价格服务,以满足不同层次客户各自的需求。

(4) 装卸搬运服务

物流园区应配备专业化的装卸、提升、运送、码垛等装卸搬运机械，提高装卸搬运作业效率，减少作业可能对商品造成的损毁。

(5) 低温包装服务

在物流园区内的包装作业不仅要负责商品的组合、拼装、加固，形成适于物流和配送的组合包装单元，必要时还要根据客户的需要对商品进行商业包装。

(6) 低温流通加工服务

为了方便客户，物流园区应为战略合作伙伴，如制造商和分销商提供必要的流通、加工服务。

(7) 低温配载服务

从提高作业效率和降低成本出发，应改进传统的无序、不安全、高费用和低效率的人工配载，逐步实现计算机优化配载。

(8) 拼箱与拆箱服务

实现集装箱的集零化整，提高集装箱的装载率；实现集装箱的化整为零，货物分拣后进行零担配送。

(9) 低温分拣服务

当供应商的货物以大包装、租包装进库时．根据物流需要，在物流园区进行分拣和小包装加工，优化外包装，提高商品附加值。

6.2.5 冷链园区的发展战略、发展指导思想及发展基本原则

1. 冷链物流园区的发展战略

冷链物流园区的战略定位非常重要，园区应该做什么、不应该做什么，园区的选址、运营模式和规模大小等在此阶段要明晰。园区战略定位不能靠简单的参观考察，靠短期的政策引导。战略定位必须基于当地市场信息，基于行业发展特点，基于国家发展方向和企业的总体战略做出综合分析。

2. 冷链物流园区的发展指导思想

按照加快转变经济发展方式、促进产业结构调整的要求，以市场需求为导向，以促进物流要素聚集、提升物流运行效率和服务水平、节约集约利用土地资源为目标，以物流基础设施的整合和建设为重点，加强统筹规划和管理，加大规范和扶持力度，优化空间布局，完善经营管理体制和服务功能，促进我国物流园区健康有序发展，为经济社会发展提供物流服务保障。

3. 冷链物流园区的发展基本原则

(1) 科学规划，合理布局

根据国家重点产业布局和区域发展战略，立足经济发展水平和实际物流需求，依托区位交通优势，符合城市总体规划和土地利用总体规划，注重与行业规划相衔接，科学规划、合理布局物流园区，避免盲目投资和重复建设。

（2）整合资源，集约发展

优先整合利用现有物流设施资源，充分发挥存量物流设施的功能。按照规模适度、用地节约的原则，制定物流园区规划、建设标准，合理确定物流园区规模，促进物流园区集约发展，吸引企业向园区集聚。

（3）完善功能，提升服务

促进物流园区设施建设配套衔接，完善物流园区的基本服务功能。注重运用现代物流和供应链管理理念，创新运营管理机制，拓展增值服务，提升物流园区的运作和服务水平。

（4）市场运作，政府监管

充分发挥市场机制的作用，坚持投资主体多元化、经营管理企业化、运作方式市场化。积极发挥政府的规划协调作用，规范物流园区建设管理制度，制定和完善支持物流园区发展的各项政策，推动物流园区有序建设、健康发展。

扩展阅读6.3

6.2.6 冷链产业集群的发展战略制定

（1）推动冷链物流园区资源整合

打破地区和行业界限，充分整合现有物流园区及物流基础设施，提高设施、土地等资源利用效率。是整合需求不足和同质化竞争明显的物流园区。引导需求不足的园区转型，对于同质化竞争明显的园区，通过明确功能定位和分工，推动整合升级。二是整合依托交通枢纽建设的物流园区。加强枢纽规划之间的衔接，统筹铁路、公路、水运、民航等多种交通运输枢纽和周边的物流园区建设，大力发展多式联运，形成综合交通枢纽，促进多种运输方式之间的顺畅衔接和高效中转。三是整合分散的物流设施资源。发挥物流园区设施集约和统一管理的优势，引导分散、自用的各类工业和商业仓储配送资源向物流园区集聚，有效整合制造业分离外包的物流设施资源。大力推广共同配送、集中配送等先进配送组织模式，为第三方物流服务企业搭建基础平台。

（2）合理布局冷链物流园区

物流园区布局城市应综合考虑本区域的物流需求规模及增长潜力，并结合现有物流园区布局情况及设施能力，合理规划本地区物流园区。现有设施能力不足的地区，应基于当地产业结构和区位条件及选址要求，布局新建规模适当功能完善的物流园区，充分发挥园区的集聚效应和辐射带动作用，服务当地经济发展和产业转型升级。

（3）加强冷链物流园区基础设施建设

优化物流园区所在地区控制性详细规划，加强物流园区详细规划编制工作，科学指导园区水、电、路、通信等设施建设，强化与城市道路、交通枢纽的衔接。大力推进园区铁水联运、公铁联运、公水联运、空地联运等多式联运设施建设，注重引入铁路专用线，完善物流园区的公路、铁路周边通道。提高仓储、中转设施建设水平，改造装卸搬运、调度指挥等配套设备，统一铁路、公路、水运、民航各种运输方式一体化运输相关基础设施和运输装备的标准。推广甩挂运输方式集装技术和托盘化单元装载技术。推广使用自动识别、电子数据交换、可视化、货物跟踪、智能交通、物联网等先进技术的物流设施和装备。

（4）推动冷链物流园区信息化建设

加强物流园区信息基础设施建设，整合物流园区现有信息资源，提升物流园区信息服务能力。研究制定统一的物流信息平台接口规范，建立物流园区的信息采集、交换和共享机制，促进入驻企业、园区管理和服务机构相关政府部门之间信息互联互通和有序交换，创新园区管理和服务。

（5）完善冷链物流园区服务功能

结合货运枢纽、生产服务、商贸服务、口岸服务和综合服务等不同类型物流园区的特点，有针对性地提升服务功能，为入驻企业提供专业化服务。鼓励园区在具备仓储、运输、配送、转运、货运代理、加工等基本物流服务以及物业、停车、维修、加油等配套服务的基础上，进一步提供工商、税务、报关、报检等政务服务和供应链设计、管理咨询、金融、保险、贸易会展、法律等商务服务功能。

（6）聚集和培育冷链物流企业

充分发挥物流园区的设施优势和集聚效应，引导物流企业向园区集中，实现园区内企业的功能互补和资源共享，提高物流组织效率。优化园区服务环境，培育物流企业，打造以园区物流企业为龙头的产业链，提升冷链物流企业的核心竞争力。支持运输企业向综合物流服务商和全球物流经营人转变。按照提升重点行业物流企业专业配套能力的要求，有针对性地发展专业型的冷链物流园区，诸如水果蔬菜、肉禽蛋、海产品、水产品、保鲜食品等农产品大类的冷链物流集聚发展创造有利条件。

扩展阅读6.4

扫码观看

思 考 题

1. 什么是冷链物流园区？
2. 冷链物流园区的功能定位是什么？
3. 简述冷链物流园区战略制定过程。

即测即练

扫码测练

第7章 冷链运输管理

本章学习目标

1. 了解冷链运输的概念、对象和作用；
2. 熟练运用冷链运输方式的选择；
3. 熟练运用冷藏物流模式；
4. 能够运用冷链运输的温湿度及气体成分条件；
5. 了解温度跟踪与监控设备及方法。

苏宁家乐福与快行天下战略合作 全面启动生鲜仓升级

2021年6月3日，苏宁家乐福宣布与上海快行天下供应链管理有限公司（以下简称"快行天下"）战略合作，并启动全国生鲜仓全面升级，进一步提升生鲜运转效率，提升消费者更鲜体验。同日，家乐福华北区生鲜仓升级仪式在北京市大兴区举行，以此启动的生鲜仓全面升级，将优化全冷链配送，进一步降低物流成本，同时根据多种消费场景需求精细化生鲜仓储管理与运营，为消费者提供更高品质服务和更高性价比商品。

战略合作生鲜仓升级，优化全冷链配送

位于北京大兴区的家乐福华北区生鲜升级仓，作为京津冀协同发展示范区，具有得天独厚的地理优势。通过大兴区配套的交通设施能有效提高大仓的辐射范围，全面覆盖家乐福华北区域8个城市，实现日配蔬果、鱼、肉、干货、蛋品等生鲜农产品的目标。

升级后的生鲜仓包括冷库、保鲜库、冻库等多个区域，同时也会增加蔬菜水果和肉的加工车间，能存储近上万个SKU的产品，仓库订单的处理能力提升至未升级前的3倍，预计年配送金额达10亿元。

生鲜升级仓投入使用后，不同种类生鲜产品的特殊存储要求将被更好满足，全程冷链运输的品质要求将能得到进一步保障，同时，以北京地区为核心新储运体系将全面提升华北地区运营调度能力。面对即将到来的"618"消费高潮，家乐福将具有更高效的服务能力，为用户提供更好的购物体验。

"生鲜仓升级的背后是家乐福加大生鲜集采发展战略的不断落实。通过加大生鲜集采发展战略能有效提升生鲜品质和价格优势，为消费者提供高性价比的优质商品和服务。"家乐福相关负责人表示，"未来，家乐福还将持续优化产品供应链，提高生鲜进仓率，迭代商品结构，从品质、品类、品效等各方面进行产品升级。"

从田间到餐桌 深化直采基地建设

"我们今年的重点工作之一就是深化直采基地建设"，家乐福相关负责人表示，"今年通过产地直采、基地建设、农户帮扶等，我们将不断扩大我们直采基地规模，通过从田间地头直接到卖场的直采模式，为顾客带去最新鲜、最实惠的农产品。"

从全国名、优产地直采湛江白虾、宁德黄鱼、北海金鲳鱼、溱湖簖蟹、舟山梭子蟹、温岭带鱼等农产品，充分发挥了家乐福在采购与供应链整合上的强大优势，为每一个餐桌、每一场鲜掉眉毛的盛宴而努力。

家乐福将进一步广泛建立产地直采基地，持续为消费者"菜篮子""果篮子"提供保障。截至目前，家乐福已完成约30个生鲜直采基地建设，在宁夏、山东、新疆、四川等地建设超过50个直采基地。

与此同时，家乐福还在与战略合作伙伴一起寻求新的服务模式。此前家乐福依托寿光蔬菜直采基地优势，启动一件代发业务，减轻库存压力，消费者也对产品心中有数，吃得安心、买得放心。"6·18"前夕，苏宁家乐福源头直采的自营鲜活海鲜也正式开仓，创新大卖场双线生鲜供应链变革，也为给消费者带来更新鲜的食材和品质生活体验。

据悉，家乐福将与战略合作伙伴快行天下一起，进一步布局生鲜加工中心，为消费者提供更多品质生鲜，通过更丰富的商品品相，满足不同消费者的需求。

（资料来源：http://www.csarw.org/news/1742.cshtml）

7.1　冷链运输概述

冷链运输是冷链物流的一个重要环节，是连接冷链各个环节的纽带。冷链运输成本较高，在冷链运输管理中包含很多的风险和不确定性。

西方发达国家易腐食品的冷藏运输率已超过50%，其中美国、日本和西欧等国家和地区超过80%。中国因丢弃腐烂食品而造成的浪费每年达到700亿元人民币，约占食品生产总值的20%。一些食品在运输过程当中因无法长期保鲜而被丢弃的浪费现象主要是由于缺少"冷链运输"体系而造成的。

7.1.1　冷链运输的介绍

冷链运输（cold-chain transportation）是指在运输全过程中，无论是在装卸搬运环节，还是变更运输方式或变更包装设备等情况，都让货物始终保持一定温度的运输。

冷链运输可以是公路运输、水路运输、铁路运输、航空运输，也可以是多种运输方式组成的综合运输。它涉及铁路冷藏车、冷藏汽车、冷藏船和冷藏集装箱等低温运输工具。在冷藏运输过程中，温度波动是引起货物品质下降的主要原因之一，所以运输工具应具有良好的性能，在保证规定低温时，更要确保温度的稳定，这对于远途运输尤其重要。

7.1.2 冷链运输的对象

冷链运输的对象主要分为以下三大类。

（1）鲜活品

鲜活品是指在一般运输条件下易于死亡或变质腐烂的物品，如蔬菜、水果、肉、禽、蛋，以及水产品、花卉产品。此类货物在运输过程中要保证其鲜活或不变质。

（2）加工食品

加工食品就是将原粮或其他原料经过人为的处理过程，形成一种新形式的可直接食用的产品，或者制成更美味或更有益的产品。包括：速冻食品；禽、肉、水产等包装熟食；冰激凌和奶制品；快餐原料等。

（3）医药品

医药品是指用于预防、治疗、诊断人们的疾病，有目的地调节人的生理机能，并规定有适应证或功能主治、用法和用量的物质，包括中药材、中药饮片、中成药、化学原料药及其制剂、抗生素、生化药品、放射性药品、血清、血液制品和诊断药品，如各类针剂、药剂等。很多医药品和医药器械的流通都需要冷链运输。

7.1.3 冷链运输的作用

1. 冷链运输是冷链物流系统的重要环节

冷链物流系统是以冷冻工艺学为基础，以制冷技术为手段的低温物流系统。它涵盖冷藏、冷链运输、冷链配送与冷藏销售等过程。

冷链运输通过低温减少货物的新陈代谢，抑制微生物的生长，以保持冷链产品的良好外观、新鲜度和营养价值，从而保证货物的商品价值，延长货架期。鲜活易腐货物在运输中的损失，除少部分是因途中照料不周或车辆不适造成外，大多数是因为发生腐烂造成损失。

如同运输是物流系统中的主要干线一样，冷链运输也是冷链物流系统中连接各个冷链节点的重要环节，而且是冷链系统中的难点环节。

2. 冷链运输可以实现冷链产品的时空位移，调节市场需求

冷链产品的生产区域在我国分布十分广泛，运输流向按照不同的自然地理环境划分极为复杂。冷链运输的对象中，很多产品在生产供应上受气候条件等的影响具有强烈的地域限制，如各地特产，但其消费分布在全国甚至世界各地，冷链运输能打破这种地域限制，连接生产与消费。

随着我国经济的快速发展和繁荣昌盛，城市化进程的加速，人民群众消费水平的提高、生活节奏的加快，人们对各种加工食品，如调理食品、冷冻食品和方便食品的要求更高，需求趋向于多品种、小批量、高品质。同时，食品业的各业种和厂家在质量、价格和新产品等方面的竞争日益激化，迫切需要冷链运输发挥改变时空的作用，将冷链产品快速、安全地送到顾客餐桌上，并起到调节品种、适应不同季节变化与稳定物价的作用，加速冷链产品从实物到价值的转换，将冷链变成价值链。

3. 冷链运输可以降低冷链产品在运输过程中的损耗，节约资源

冷链产品在整个供应链的各个环节都可能产生损耗，主要是由于冷链运输环节操作不当，导致产品质量下降、重量损失、数量减少。例如，果蔬在储运过程中的损耗体现在三个方面：微生物活动导致腐烂造成数量上的损失；蒸发失水引起重量的损失；生理活动的自我消耗引起的营养、风味变化造成商品品质上的损失。产品质量和价值的损失造成客户满意度的下降和品牌信誉的下降，整个冷藏供应链上的生产商、运输商都会受到供应链利润减少的影响。

在许多地区，农产品生产是当地的主要经济来源。农产品从农场到餐桌，即从生产者到消费者，不可避免地进行一次或多次集散，由于没有足够的冷链运输能力和科学的冷链运输方法，许多生鲜农产品不得不在常温下流通，流通中的巨大损失势必会使生产受到限制。例如，广东和广西的香蕉就有"香蕉大丰收，运输不畅使人愁"而不得不砍掉香蕉树改种粮食的历史，使得当地的自然优势得不到充分发挥。

7.2 冷链运输方式的选择

7.2.1 公路冷链运输

公路冷链运输是指使用专门的公路冷藏运输装备进行易腐货物运输的方式。公路冷链运输的相关设施设备包括冷藏汽车、保温汽车和保鲜汽车。公路冷链运输以其机动灵活、方便快捷等特点，成为冷链产品运输的重要组成部分。在西方发达国家，公路冷链运输的比例已达到65%～85%。

1. 公路冷链运输的特点

（1）适应性强、机动、灵活

冷藏汽车（图7-1）具有使用灵活、建造投资少和操作管理方便等特点。它是冷链运输中重要的、不可缺少的运输工具。它既可以单独使用于冷链产品的中短途直达运输，也可以配合铁路冷藏车、水路冷藏船和航空运输进行短途接运和换装。公路冷链运输可以减少中转环节及装卸次数，实现"门到门"的运输，在经济运距之内可以深入城乡，直达销地。在无水路运输和铁路运输的偏远城镇或工矿企业，更突显公路运输的优势。公路运输在时间上的机动性也较大，对货物的批量大小有很强的适应性。

图 7-1 冷藏汽车

（2）送达速度快，货损货差小

冷链产品对小批量的订单频率、时效性要求特别高。公路冷链运输灵活方便，不需要中途倒装，中短途运输送达速度快，有利于保持冷链产品的质量，加速流动资金的周转。

（3）技术经济指标好，技术改造容易

为更好地适应社会发展对公路运输的要求，冷链运输车在装货吨位、品种和技术性能等方面正在向多温制冷、低能源消耗方向发展。

（4）能耗高，污染环境

车辆制冷消耗能源多，运行持续性较差，运输成本高昂，尤其是长途运输的单位运输成本比铁路或水运的运输成本高。

（5）其他特点

公路冷链运输因运量有限，适合小批量的运输；受气候、自然灾害和突发事件等不可控因素及城市交通管制等因素制约较大，其及时性和稳定性差；路面不平时，车体振动大，产品易受损伤。

2. 适用范围

从世界范围来看，各国公路运输的适用范围与其技术经济发展水平、经济结构、自然条件及居民消费水平有着密切的联系。由于公路所具有的技术经济特征，冷藏汽车在中短途运输中的效果最突出。冷藏汽车短途运输通常在 50km 以内，短途运输效果好是因为其站场费用低，经济灵活。中途运输在 50～200km，长途运输则在 200km 以上。在长途运输方面，冷藏汽车设备购置成本高昂，途中耗用燃料多、人员费用高、设备折旧率高，因此，并不占优势。

公路冷链运输的主要功能之一是补充和衔接其他冷链运输方式。如在不具备铁路、水路运输设施的区域，担负铁路、水路运输达不到的区域及起点与终点的接力运输。在某些特殊地区，虽有水路运输或铁路运输，但由于受自然地理条件等因素制约，公路冷链运输的合理运距为 100～200km。对于冷链产品，由于其价值较高，而且公路运输速度较快，不必换装，可减少货损，并可直达冷链产品的产区与销售地，因此，采用冷藏汽车直达运输的经济运距可达 1 000km 左右。此外，基于大型突发事件或公共事件的应急需要，也常常采用公路冷链运输方式进行紧急救援。

3. 公路冷藏运输车的工作原理

我国冷藏汽车几乎全部采用机械制冷方式。其原理是利用蒸汽压缩式制冷机组制冷，即利用氟利昂汽化吸热对车内货物进行冷却。考虑到氟利昂对环境的危害，许多机械冷藏车生产厂家已对氟利昂制冷剂进行了替换。因为液氮、二氧化碳需要适时充注制冷剂，但能提供充注服务的营业场所非常少，所以不如机械制冷方式方便，而且蓄冷板制冷装备体积较大，占用较大的空间和装载质量，因此很难在较短时间取代机械制冷。

机械冷藏车车内温度分布均匀，并且可以根据需要调节温度。但是其结构较为复杂，包括制冷装置、温度控制器和热力膨胀阀等，并且这些装置容易出现故障，维修费用也较高。此外，机械冷藏车的价格较高，大容量机械冷藏车的冷却速度较慢且需要及时融霜。

根据压缩机动力来源的方式划分，机械冷藏车可以分为主发动机式和复发动机式。主发动机式是指压缩机和汽车共享一台发动机，在中小型货车短距离运输时较常使用。复发动机式是指压缩机本身具有发动机的机械冷藏车。

机械冷藏车（图7-2）主要采用强制通风装置。空气冷却器（蒸发器）一般安装在车的前段，冷风沿着车的顶部向后流动，从车的四壁下到车底部，再从底部间隙返回车的前端。这种通风方式使货物四周被冷空气包围，外界传入车内的热量直接被冷风吸收。机械冷藏车壁面上的热流量与外界温度、车速、风力及太阳辐射有关。行驶过程中，主要影响因素是空气流动。此外，在同一外部条件下，不同吨位的冷藏车的耗冷量也不尽相同。

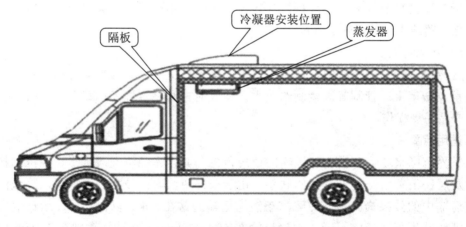

图7-2 机械冷藏车的构造

机械冷藏车除了常用的单一冷藏温度的车型外，还可以运送两种以上不同类型货品的多温区冷藏车（图7-3）。-18℃及以下用于冷冻食品，2℃左右用于冷藏食品，13℃左右用于对冷冻敏感的产品。

不同的温度区间使用分隔门隔开，车身可以设置多个侧门，气密性很高。各个分隔部分可以同时采用不同的蒸发温度，为多种产品提供适宜的冷藏温度。在为多个门店配送批量小、品种多的冷冻冷藏食品时，应采用多温区冷藏车，以满足食品的多种温度需求，还可以提高冷藏车配送的效率，一次出车可以完成多个任务。多温区冷藏车特别符合快餐店和独立的食品杂货商的运输要求。

图 7-3　多温区冷藏车

7.2.2　铁路冷链运输

铁路冷链运输是指运用铁路冷链运输工具在铁路上进行的冷链产品运输。铁路冷链运输工具包括机冷车和铁路冷藏集装箱等。

铁路上的机械保温车（图 7-4）可调设不同温度，低温状况下为机冷车。由于机冷车车组容量大，不适应鲜活易腐货物销售市场向小批量、多批次发展的需求，而且车辆使用年限较长，机组设备老化，车辆自重大，运输付费和运用成本较高。

图 7-4　铁路冷链机车组

1. 特点

（1）适应性强，运输能力大

铁路冷链运输适用于分布在不同生产领域的冷链产品的运输，具有较高的连续性，适用于各类不同重量和体积的冷链产品的双向运输。铁路是大宗、通用的运输方式，铁路运输能力取决于列车重量和每昼夜线路上通过的列车对数。列车载货运输能力比汽车和飞机高许多，目前采用的机械式铁路制冷设备能负担大量冷链产品的运输任务。机械保温车车体隔热、密封性能好，并且安装了机械制冷设备，具有与冷库相同的效应，能创造适宜的储运条件，较好地保证品质、减少损耗。

（2）运送速度较高，运输成本较低

对于常年消费的生产性、季节性较强的大宗冷链产品，托运者十分重视冷链运输的大量性、连续性、运价及运送速度。运输成本中固定资产折旧所占比重较大，而且与运输距离长短、运量大小密切相关。运距越大，运量越大，单位成本就越低。一般而言，铁路的单位运输成本比公路运输和航空运输的运输成本低，甚至比内河航运还低。

（3）安全性高，能耗小，受环境污染程度小

众所周知，在各种现代化运输方式中，以按单位旅客人数和货物吨位计算的事故率来衡量，铁路运输的安全性是很高的。铁路机车车辆单位功率所能牵引的重量约比汽车高10倍，因此铁路单位运量的能耗同样比汽车运输小。在环境污染方面，对空气和地表的污染最为明显的是汽车运输，喷气式飞机、超音式飞机等运输工具可造成更为严重的噪声污染。相比之下，铁路运输对环境和生态平衡的影响程度较小，特别是电气化铁路的影响更小。

（4）运价上缺乏灵活性，内部比价不尽合理

一是冷链产品受季节性、运输质量、时效性影响大，在不同的季节、不同的运输质量和运输期限下，市场价格相差较大。二是铁路运价相对固定，形成旺季不能提价增收、淡季价高赶走货源的局面，不利于拓展易腐货物的运输市场。这是由于铁路运输运价一般都由铁道部门规定，无法随意调整运价

（5）运输工具不适应市场要求

20世纪后期，我国冷链运输一直以加冰冷藏车为主。随着冷链产品运输市场的变化，大宗货物量减少，加冰冷藏车的运用受到制约，车辆使用率大幅下降。同时，受车辆中途加冰的技术限制，货物运抵速度大大降低，无法满足冷链产品的时效性要求，加冰冷藏车目前已被淘汰，而成组的机械冷藏车一次装载量过大，单节机械冷藏车的技术状态不良，导致运量急剧下降，铁路冷藏运输严重亏损。冷链产品的运输不同于普通货物的运输，需要配备精良的冷链运输装备和运输管理机制，如此才能有效地实现货物的质量保障和运输的经济效益。

2. 适用范围

在幅员辽阔的大陆国家，铁路运输是陆地交通运输的主力。即使是在工业发达且面积小的岛国，铁路运输仍然占有一席之地。在我国冷链产品生产区域分布广泛、运输流向复杂的情况下，铁路冷链运输方式适用于中长距离、高频率、稳定的大宗冷链产品运输，以及城际间冷链产品运输。

7.2.3 航空冷链运输

航空冷链运输主要是指利用具有货舱的飞机或全货机，装载与其相兼容的ULD（unit load device，一种航空运输中的集装设备）或制冷集装箱（图7-5），借助冷却媒介、控温运输工具和相关的辅助材料完成空中运输。

图 7-5 航空制冷集装箱

在航空领域较少应用传统的制冷系统，多采用制冷集装箱进行航空运输。制冷集装箱的温控效果好，一般有托盘和密闭集装箱两种形式，但是托盘比较容易使货品遭受损害。

制冷集装箱由于受到飞机机舱形状的严格限制，选择面较小。可采用的材质有铝质、聚碳酸酯聚合物及高冲击成型聚合物，近年来，广泛使用的材料还有纤维板及各种塑料凳。由于集装设备在等待装卸时经常会暴露在太阳底下，还应避免使用吸热材料。为了维持易腐货物的温度，一些制冷集装箱采用简单的隔热层（仅在壁面添加保温材料，以达到减弱温度变化的目的）。隔热层分临时性和永久性两种。永久性隔热层采用较厚的保温材料，具有较好的保温效果，此类集装箱又分为主动式和被动式两种，至于采用主动式还是被动式系统，主要取决于易腐货物的价值。主动式制冷集装箱一般采用干冰作为制冷剂，并采用自动调温控制的换热器。这种换热器可以更加均匀地分配气流，避免内部出现冷或热的集中区域，当环境温度超过产品温度 8℃时，该类系统可以发挥最大功效，特别是对于那些冷冻货品。被动式制冷集装箱只是在内部装上干冰或一般的冰，必须上报给航空公司，因为高浓度的二氧化碳会产生危险，与其相类似，一般的冰融化产生的水也容易引发危险。

航空冷链运输是通过装载冷藏集装箱进行联合运输的。除了使用标准的集装箱外，小尺寸的集装箱和一些专门行业非国际标准的小型冷藏集装箱更适合于航空运输，因为它们既可以减少起重装卸的困难，又可以提高机舱的利用率，对空运的前后衔接都能带来方便。飞机只能运行于机场与机场之间，冷藏货物进出机场需要其他方来配合。因此，航空冷链运输一般是综合性的，采用冷藏集装箱，通过汽车、铁路、船舶等联合运输，不需要开箱倒货，可实现"门到门"快速不间断冷环境下高质量运输。为确保冷链运输的可靠性，最重要的是正确地准备集装箱，严格产品包装及搬运流程。

1. 特点

（1）高速性，机动灵活性

航空冷链运输是所有运输方式中速度最快的一种，不受地形地貌、山川河流的影响，只要配备机场和航路等基本设施，即可开辟航线。倘若使用直升机，其机动性更大，特别是在大型突发事件和灾害事件中，直升机作用更大。目前，航空冷链运输主要运输的鲜活易腐货物有鲜花、植物、水果、新鲜肉类、海鲜和疫苗等。

（2）运量小，运价高，成本高，温控效果较差

由于航空运输对所运物品的种种限制，航空冷链运输的发展缓慢。此外，飞机的动力系统不能向冷藏集装箱提供电源或冷源，空运集装箱的冷却方式采用液氮和干冰。在航程较短、飞行时间较少的情况下，需要对冷链产品进行适当预冷后再进行保冷运输。由于高空温度低、飞行时间短，货物的品质能较好地保持。相反，在航程较远、飞行时间较长的情况下，易腐货物的品质会受到影响。

目前，航空运输主要采用干冰冷却方式，但干冰作为制冷剂具有一定的局限性：控温精度不高，没有加热功能，需要特殊的加冰站等。但是凭借速度快的优点，一些急救药品常选择采取航空冷链运输。随着我国医疗事业的发展，新型疫苗、药品和血液制品的运输将会越来越多地采用航空冷链运输。在进口果蔬、肉类等生鲜食品的需求进一步增大的现代社会，航空冷链运输的重要地位逐渐凸显。

2. 适用范围

航空冷链运输是所有运输方式中速度最快的一种运输方式，适用于冷链产品的长途运输，包括国际、国内运输。随着消费者对冷链产品时效性要求的提高，以及对易腐货物食品的鲜度和风味需求的增加，航空冷链运输的需求越来越大。通常，航空冷链运输用来运输新鲜娇嫩、易受机械损伤而变质、附加值较高、需长距离运输或出口的冷链产品，包括：①名贵花卉、珍稀苗木；②部分生鲜山珍海味，以及特种水产养殖的苗种、观赏鱼；③某些生化制品、药品及特种军需物品等。

7.2.4 水路冷链运输

水路冷链运输是指在水路运输中使用专门的温控冷链装备进行易腐货物运输的方式。按其航行的区域，大体可分为远洋运输、沿海运输和内河运输三种类型。用于水路的运输工具主要分为两大类：一类是冷藏集装箱船；另一类是冷藏船或冷藏舱（图7-6）。冷藏船一般被用来运输大宗冷链货物，而冷藏集装箱船一般运输高附加值的小批量冷链货物。

图7-6　冷藏船

1. 特点

（1）运输能力大，运输距离远

水路运输通常适用于大批量、远距离运输的货物。大型冷库之间，在条件许可的情况下往往采用水路运输。而从大型冷库到分销冷库或消费者之间，往往采用其他运输方式。冷链物流中进出口货物几乎全部都是通过水路完成的。在国内贸易中，南北线路的易腐货物也有一部分是由水路送达目的地港口的。

（2）投资省，运输成本低

海上运输航道的开发几乎不需要支付费用，内河运输需要花费一定费用以疏浚河道，但相比修筑铁路的费用少很多。尽管水运的站场费用很高，但因其运载量大、运程较远，因而总的单位成本较低。此外，由于运载量大、配员少，因而劳动生产率较高。例如，一艘20万吨油船只需配备40名船员，平均每人运送货物5 000吨。

（3）运输工具是传统的冷藏船与冷藏集装箱船并存

冷藏船运输最大的缺点是装船和卸船在常温下进行，容易导致货损，难以保证易腐货物的运输质量。并且易受季节和气候条件的影响，要求港到港运输且要有专业码头装卸。另外，航线双线不平衡，返回空载率高，其灵活性远小于冷藏集装箱船。冷藏船一般运送货物批量大、足期、足航线的货物。

（4）冷藏船运输连续性差，运输速度慢

受地理条件限制和季节影响，冷藏船运输连续性差、运输速度慢，联运中需要中转、装卸，也会增加货损。并且具有较高的"断链"风险，因为货物的装卸会不可避免地暴露于环境温度下。

（5）冷藏集装箱船的优点是可小批量运输，受季节影响较小

与传统的冷藏船相比，冷藏集装箱船可装卸港口、码头多，运输范围可到内陆市场或原产地。到港后，冷藏集装箱船比较容易找到反向的运输货源，返航时的空载率小，在上下游衔接方面比传统的冷藏船具备优势，可直接从集装箱船到集装箱货车上，实现"门到门"运输。

2. 适用范围

水路冷链运输适合于冷链货物的近距离运输、大宗耐储运的易腐货物及其加工制品的长途运输。在水路冷链运输中，易腐食品占主导地位。我国生鲜农产品与食品的进出口贸易中，大部分需要水路冷链运输方式进行运送。

远洋运输不仅是国际贸易的主要运输方式，也是发展国民经济的重要组成部分。某些资源缺乏而工业发达的国家，主要依靠海运来维持其经济的发展。例如，日本的水产品对水路冷链运输方式依赖性很大。沿海运输作为国家综合运输体系的重要组成部分，既是沿海城市之间，以及沿海城市通过海河、海陆联运与内地之间进行冷链货物运输的通路，也是为冷链货物远洋运输提供支线服务的重要环节。

3. 水路冷链运输船的工作原理

冷藏船一般都配置有制冷装置，方便对水产品进行冷却和冻结，而冷藏船的每个舱壁和舱门都是气密结构，隔热材料可以是泡沫塑料、铝板聚合物等。舱体之间互相隔离独立，不同舱体可以装载不同温度要求的水产品。冷藏船多采用氨或氟利昂制冷系统。

冷却方式一般采用冷风冷却，这种冷却方式冷却速度快，温度容易控制，但是货物干耗较大。舱体的温度波动一般控制在 ±0.5℃内。由于冷藏船行驶环境比较复杂，对制冷设备的可靠性、抗压性、抗振动性和抗冲击性要求更为严格，考虑到航海的特殊性，要求设备耐蚀性强并可以在规定范围内的倾斜条件下工作。冷藏船的空间有限，制冷装置设计结构相对紧凑。冷藏船设备制冷量较大，温度调节范围要满足加工运输要求，水产品所需温度越低，制冷系统的制冷量要求越大。

7.2.5 冷藏集装箱运输

严格来说，集装箱只是一种运输工具，是一种标准化的运输工具，可通用于上述各种运输方式。冷藏集装箱具有一定的隔热性能，能保持一定低温（图 7-7）。按制冷方式分类，冷藏集装箱可分为保温集装箱、外置式保温集装箱、内藏式冷藏集装箱、液氮和干冰冷藏集装箱。

图 7-7　冷藏集装箱

1. 冷藏集装箱的特点

（1）适应性强，便于装卸搬运

冷藏集装箱具有足够的强度，可长期反复使用，途中转运时，箱内货物不需要换装。冷藏集装箱适用于一种或多种运输方式运送。冷藏集装箱具有快速装卸和搬运的装置，在使用中可以实现整箱吊装机械化装卸作业。其装卸效率高，在冷链运输的起点和终点便于冷链货物的装卸，装卸转运时间短。

（2）调度灵活，周转速度快

冷藏集装箱能满足批量灵活的运输需求，也适合小批量冷链货物。箱内温度可在一定范围内调节。箱体上还设有换气孔，性能良好的冷藏集装箱的装箱温度误差可以控制在 1℃之内，避免温度波动对质量的影响，实现"门到门"运输，避免"断链"。例如，冷藏集装箱可利用大型拖车直接开到果蔬产地预冷库，产品预冷后直接装入箱内使果蔬处于最佳的储运条件下，保持新鲜状态，直接运往目的地。这种优越性是其他运输工具不能比的。

（3）按市场需要供货，保证市场销售价格稳定

用冷藏集装箱运货，到达目的地后若市场供大于求，可继续制冷，等市场有需求时再卸货上市，可实现高价出售。而其他冷链运输工具就很难实现这种操作。

2. 适用范围

冷藏集装箱适用于各类冷链货物的冷藏储运，可在世界范围内流通使用，是陆海空冷链运输工具中发展最快、应用最多的重要运输工具，并具有冷链运输通用性和国际标准化的特点。

冷藏集装箱适应冷链货物外贸发展，可增加外汇收入。国际食品市场对易腐食品的数量与质量要求相当高，没有先进且具有一定规模的冷链运输工具，食品的运输质量很难保证。例如，新西兰苗圃业不仅出口叶菜、观赏植物，还出口季节性和常绿的苗木，新西兰用海运代替空运，使用 ISO 冷藏集装箱大大降低了运费。可以说，没有冷藏集装箱就没有蓬勃发展的新西兰出口业。

7.3 冷藏物流模式

近年来，政策的引导支持和市场需求令冷藏物流呈现多样化态势，冷藏物流模式大致可分为以生产加工企业为主导的自营冷藏物流模式、以大型连锁经营企业为主导的自营冷藏物流模式、依托大型冷冻批发市场型冷链物流模式、第三方（3PL）冷藏物流模式、国有战略储备型冷库 5 种模式。

7.3.1 以生产加工企业为主导的自营冷藏物流模式

物流公司整合自有物流资源，通过自建或联合多家社区专卖店、便利店以控制销售终端，进而建设物流配送中心，实现冷链物流向原料供应商的延伸，形成"产供销一体化"的自营冷藏物流。代表企业：伊利、光明乳业有限公司。

这种模式物流环节少、信息反馈及时、市场灵敏度高，有利于冷链各环节的有效沟通和信息化对接，可加快物流速度，提高冷藏产品附加值。但这种模式适用范围较窄，物流辐射半径特别是配送半径相对较小。

7.3.2 以大型连锁经营企业为主导的自营冷藏物流模式

大型连锁经营企业向冷链物流上游延伸，与大规模稳定货源和基地的生产商建立长期合作关系，形成了以配送环节为主自营、兼营的冷藏物流模式。通过小批量、多批次、多品种配送，确保生鲜食品的质量安全。代表企业：上海联华超市股份有限公司。

该模式有助于实现产品加工、质量和管理的标准化，有效减少、控制店铺的存货、损耗，在规模、质量方面极具优势，有利于提高生鲜品物流效率，确保生鲜品在整个供应链上

保持低温，有助于企业树立良好的社会形象，给企业带来巨大的社会效益和经济效益。但这并非连锁经营集团的主营业务，仅仅是连锁经营配送中心内众多品类中的一部分。在该业务中物流、销售、采购易形成各自为政、条块分割的局面，供应链节点企业之间时常出现竞争大于合作的情况，造成物流交易费用上升，冷链部分环节脱节等问题。

7.3.3　依托大型冷冻批发市场型冷链物流模式

冷藏食品有限公司通过与大市场连成一体形成产品生产、收购、加工、储运、配送和提供市场信息服务等一体化的物流运作模式。代表企业：武汉白沙洲冷链食品有限公司。

该模式下企业毗邻批发市场而建，区位优势明显，同时能够有效整合产品资源和物流功能企业，提高物流效率。但此物流模式服务目标客户群数量众多，需求各异，业务规模参差不齐，上游采购及下游销售线路分散，物流业务处于零散不稳定状态，难以与市场多方客户达成"合约式仓储、一体化运输"的合作业态，不利于企业整体效能的发挥和潜能的发掘。

7.3.4　第三方（3PL）冷藏物流模式

在整个冷藏产品供应链中，第三方冷藏物流企业是连接生产者、加工企业、批发商、零售商、消费者的桥梁纽带。企业通过全程监控冷藏物流，整合冷藏产品供应链，为冷藏物流需求方提供高效完善的一站式综合冷藏物流服务。代表企业：夏晖物流。

该模式中，核心企业拥有专业物流资源，能够提供优质、高效的冷藏物流专业服务，降低了生鲜品冷链中各企业的物流成本，实现了冷藏物流的专业化与集约化，将逐渐承担起冷藏物流的重任，但可能会增加冷链的不稳定性。

7.3.5　国有战略储备型冷库

因其国有或集体所有性质，及其承载的特殊战略性，较少参与市场竞争。

综合上述，从冷藏物流行业的发展趋势、企业长期发展及市场的需求导向来看，专业的第三方冷藏物流企业是未来冷链物流市场的主要运营模式。

扩展阅读 7.3
扫码观看

7.4　冷藏车辆概述

7.4.1　冷藏车辆的含义及构成

冷藏车辆是用来运输冷冻或保鲜的货物的封闭式箱式运输车，是装有制冷机组的制冷装置和聚氨酯隔热厢的冷藏专用运输汽车，常用于运输冷冻食品（冷冻车）、奶制品（奶品运输车）、蔬菜水果（鲜货运输车）、疫苗药品（疫苗运输车）等。

冷藏车辆由专用汽车底盘的行走部分、隔热保温厢体（一般由聚氨酯材料、玻璃钢组成，彩钢板，不锈钢等）、制冷机组、车厢内温度记录仪等部件组成，对于特殊要求的车辆如肉钩车，可加装肉钩、拦腰、铝合金导轨、通风槽等选装件。冷藏车按底盘承载能力可以分为微型冷藏车、小型冷藏车、中型冷藏车、大型冷藏车；按车厢形式可分为面包式冷藏车、厢式冷藏车、半挂冷藏车。

7.4.2 冷藏车辆的特点

冷藏车辆具有以下几个特点。

（1）密封性。冷藏车的货柜需要保证严格的密封来减少与外界的热量交换，以保证冷藏柜内保持较低温度。

（2）制冷性。加装的制冷设备与货柜连通并提供源源不断的制冷，保证货柜的温度在货物允许的范围内。

（3）轻便性。一般用冷藏车运输的货物都是不能长时间保存的物品，虽然有制冷设备，仍需较快送达目的地。

（4）隔热性。冷藏车的货柜类似集装箱，但由隔热效果较好的材料制成，减少了热量交换。

7.4.3 冷藏车辆的选择

冷藏车辆的选择主要考虑底盘、保温厢体和制冷机组成三部分。

1. 冷藏车底盘的选择

综观货物的吨位、路况等，需考虑底盘的结构和承载能力、节油性、排放标准等。和选择普通货车底盘相比，冷藏车还需要重点考虑一下底盘的稳定性，冷藏车运输的货物一般都是不能长时间存放的物品，即使有制冷设备，仍需较快送达目的地。同时，冷藏货物对运输网的要求更高，如果路上出现故障，导致货物变质，损失将会非常大。

2. 冷藏车厢体的选择

冷藏车的厢体不同于普通的厢式货车，它需要有很好的密封性能和隔热保温效果，这样才能保证冷藏货物在一个稳定的温度环境中。

冷藏车厢设计主要是气密性能和保温性能，通常冷藏车采用三层结构，内外蒙皮采用复合材料，如玻璃钢板、彩钢板、铝合金等材质。内板材质应根据运输货物不同而采取不同材质，最贵的内材板应该是不锈钢板。中间夹层为保温材料，主要采用聚氨酯发泡材料。四侧用高强度胶将玻璃钢板与聚氨酯泡沫材料黏合在一起，形成一种封闭性板块。

除了材料，货厢的厚度也决定了保温效果的好坏，货厢保温层越厚，保温效果越好。不过，货厢内部的空间会减少，货物装载量会减少，用户需根据自己的实际需要选择合适的厚度。

3. 冷藏车冷冻机组的选择

在冷藏车三大组成部分中，冷冻机组是最为重要的一环。因为货厢空间较小，在控制温度上技术要求也更高。

（1）根据冷藏车厢体大小来选择。可选用独立机组或非独立机组。一般而言，6m 以上厢体适于选择独立机组，可根据厢体的长短来确定独立机组的大小；低于 6m 以下的厢体宜选用非独立机组，这里厢温均指能达到 −20℃。

（2）根据冷藏车所运货品温度要求来选择。可选用深冷机组或保鲜机组。就价格而言，深冷机组要贵，保鲜机组相对便宜。但通常便宜的保鲜机组本身不具备除霜功能。

（3）根据冷藏车配送的要求来选择。如冷藏车用于城市逐点配送冰激凌，则应选择蓄冷式的制冷机组或独立机组，只有长途或市内间隔较远的逐点配送，才适合用风机式制冷机组。

7.4.4 冷藏车辆的维护保养

冷藏车的使用年限，与其日常保养、维护密不可分。正确操作和使用冷藏车，是保证温控货物品质的关键，也是保证制冷设备能够正常工作的关键。

（1）正确的操作可以保证货物得以在完好的状态下保存及运送。

只有正确地使用和操作好冷藏车，才能保证货物的完好运送和保存。因为冷藏车是专门用于对温度敏感的产品所使用的，因而温度的保证是冷藏车的关键。如果使用或操作不当，将会导致货物不能在完好的状态下保存或运送。

（2）预防性保养可使维修及营运费用减低。

在正常使用过程中，对车辆及制冷机的保养与维护是分不开的。只有按时对设备进行正确的维护和保养，才能保证设备的正常使用和延长设备的使用寿命。个别品牌的冷冻机组（如美国冷王）为了适应环保的需求，采用合成机油或半合成机油来替代普通机油，从而延长了发动机的保养时间，通常按照 2 000 小时做一次保养，减少了废旧机油的排放。因此，科学的维护和保养，不仅可以保证设备的完好，还可以降低营运成本。

（3）合适的包装对于保护货物至关重要。

在运输过程中，对冷冻货物应使用不通风包装箱，对生鲜货物则使用侧壁通风的包装箱，包装箱必须是抗压的。由于冷冻货物是不允许有风从表面吹过的，因为风吹过冷冻货物表面，会使货物中的水分损失，从而导致货物质量下降。鉴于生鲜物品储运过程中仍然处在呼吸状态，需保证这类货物有很好的通风和换气，以防货物腐坏变质。

（4）将温控器设定在所需温度上，预冷车厢 1.5 小时以内排走滞留在车厢内的热量；装货时将冷冻机组关闭，迅速装货。

在装货时，须先对车厢进行预冷或预热。车辆停放在露天场所，通常车厢温度就是外界环境温度。若所运送的货物温度不是环境温度，货物装进车厢，环境温度会影响运送货物的温度，从而导致运送货物的品质发生变化。因此，装货前必须预冷车厢到所需要的温度。但是，在装货时（卸货一样）必须关闭制冷机组，否则打开车厢门时，由于冷冻机组蒸发器的风扇是在工作，风扇的正面是正压，而其背面是负压，此时冷气从车厢上部吹出，而下部会将外面的热空气快速吸进来，导致车厢内温度快速上升；但关机后再装卸货物，由于风机处于停止工作状态，空气流动停止，车厢内外风压一致，则外部热空气传递进入车厢内的速度相对减缓。

（5）货物必须预冷到所需的温度，装货时检查货物温度；冷冻机组是用来保持货物的温度，而非用以降低货物温度的。

在装货时，必须先测量所装货物的温度。如果制冷机组的设定点温度高于或低于货物温度，车厢内的货物温度都很难达到运输所需要的温度。货物的储存温度与运输温度必须一致，如果货物温度经常变化，水分就会流失，货物就会发生品质变化，从而导致货物的货架期缩短。同时，冷藏车的制冷机组不是降低货物温度的，而是维持货物温度的。当外界的冷（热）源通过辐射、传导、对流到厢体内，被制冷机组吹出的冷气带走，隔绝热源进入货物，以维持货物温度。

（6）即使机组容量超过实际所需，空气流通不足也会是导致物品变质的主要原因；货物周围任何的阻塞都可能导致——"热点"。

一台合格的冷藏车，车厢六面应有较好的通风，确保货物六面没有任何阻塞；良好的空气流通，可以保证货物在合适的温度要求下运输。冷冻机组吹出的冷（热）气体将外界进入车厢的冷（热）源与货物隔绝开来，从而保护了货物。如果某一位置发生阻塞，该部分的冷（热）源就会直接进入物品，导致货物温度发生变化。

（7）货物必须堆放在双面托板上；保鲜货托板上不能包塑料膜，因为塑料膜会阻挡循环冷气流通至货物；不可阻塞货物下的地板。

一般而言，冷藏车地板采用带通风的铝导轨地板，但是部分不带铝导轨的冷藏车采用的则是平的防滑地板。第三方运输企业或用于奶制品的企业运输车多采用平的防滑地板以适合多种产品的运输，便于清洗地面。但装货时必须注意，一定要用双面托板来装货，以保证地面冷空气的流通。严禁将货物直接堆放在平面的地板上。

（8）不要在蒸发器出口前堆放货物，否则会阻碍冷气流；货物上方的阻塞会导致冷气流短路。在货物顶部和车顶之间保持最小 225mm 的距离。

装货时，不要将货物堆得太高，确保装货高度不高于出风口的平面高度。若出风口前面被货物挡住或离货物太近，不但会影响货物的储运温度，还会影响冷冻机组的正常工作。由于出风口被货物堵塞，冷气（热气）不能正常在车厢内循环，因而使货物局部温度升高。另外，由于冷冻机组的除霜设计有些是采用空气感应除霜，当货物与出风口太近，机组蒸发器内的盘管会快速结霜（冰），空气感应开关随即动作，机组会迅速进入除霜状态；当盘管温度回升至 9℃（设计温度）左右，除霜立即结束。于是，机组就会循环往复地出现上述操作，从而导致厢体内温度降不下来。

（9）车厢内部必须保持洁净，地面不应留有包装纸和纸屑，碎屑会阻碍空气流动或被蒸发器吸入。

使用冷藏车时，应该保持车厢地面的洁净。由于蒸发器风扇的作用，空气会在车厢内循环，导致地面的碎屑或脏东西被蒸发器风机吸入。长时间的作用，会使大量的杂质吸入蒸发器盘管内，盘管会被杂质一点点包围，导致盘管的热交换率下降，从而影响制冷机组的制冷效果。因此，冷藏车使用几年后制冷效果大不如前，除本身故障原因外，还可能是盘管太脏所致。因此，保证车厢地面的洁净是保证制冷机组正常工作的关键。

（10）搬运得当，车门打开时应关闭冷冻机，尽可能缩短车门打开的时间，装卸货物时尽可能使用条形门帘。用隔板来分开干货（空栏筐）和易腐物品。

为保证车厢内货物温度，对于市内配送车辆，建议使用条形门帘，以保证快速卸货时（不关闭冷冻机组），车厢内的冷气不会快速散失出去；不同温度的货物严禁存放在同一车厢空间内，应该用隔板分开摆放，因此，混装不同温度的货物会影响物品的温度，导致货品质量受到影响。

7.4.5 冷藏车辆装载及温度跟踪与记录

1. 冷藏车辆装载操作

正确的货物装载操作是保证冷链运输有效的关键，更是保证食品品质的关键。

（1）预冷

装货前，应对冷藏车厢进行预冷，这样可以排出厢体内的热量（包括厢壁和保温材料），更好地保证货物的品质。

（2）遇冷除霜

如果货物的要求温度低于4℃，在预冷车厢时需要进行一次手动化霜，这样可以去除聚集在蒸发器盘管上的水分，有利于机组对货物温度的控制。

（3）货物装载

①装载货物务必在关机状态下进行。如果在制冷机开机状态下装载货物，在舱门打开的情况下，冷热空气的交换会使车厢内壁形成水珠，厢体内温度发生浮动，导致机组制冷效果变差，货物温度变化，从而影响货物品质。

②装货时，货物的前后左右方应与厢体内壁保持足够的空间，以保证车厢内空气流通通畅，冷气能够到达车厢内每一处。

③装货时，货物下方最好垫有托盘，以保证货物不直接接触车厢，宜不影响回风。因为货物周围任何地方的阻碍都会造成热点的出现，从而影响货物品质。

同时，冷藏货物装载时应注意如下事项。

①装货前，冷冻集装箱内使用的垫木和其他衬垫材料要预冷；要选用清洁卫生的衬垫材料，以免污染货物。

②不要使用纸、板等材料做衬垫，以免堵塞通风管和通风口。

③鉴于冷藏货要比普通杂货更容易滑动，也容易破损，因此应对货物加以固定，固定货物时应选用不会影响冷气的循环和流通的网等做衬垫材料。

④严格禁止已降低鲜度或已变质发臭的货物装进箱内，以避免影响其他正常货物。

2. 冷藏车辆的温度跟踪与记录

运输中的温度跟踪与记录是冷链管理的关键环节。为维持冷链的高效完整性，保障生鲜品在冷藏运输环节的质量安全，克服实时性差、监管脱节、取证和责任界定困难的不足，需要在运输全过程中进行温度跟踪与记录。

为避免司机在运输过程中为省油关闭冷藏设备，从而导致货物变质，冷藏车辆中一般会安装基于 GPS 或 RFID 技术的温度监控系统，以实现室内监控，确保运输全程温度数据实时可见，历史数据可查。市场上现有有线温控、半无线温控、纯无线温控、GPRS 温控、云计算温控、物联网控制系统等多种温控系统，如表 7-1 所示。

表 7-1 各种温控系统的优缺点

温控系统	优　点	缺　点
有线温控	线路良好的情况下，信号稳定，效果极佳，是市面上最可靠的温控系统	使用一段时间后会出现线路老化，接头虚、松、氧化、受潮，造成线路某点通信中断等问题。由于大多数线路藏在其中、地下或空中，因此，难以排查故障，需重新购置，重复投资，且监控点不能搬移
半无限温控	美观大方，乱线少，便于施工维护	无线发射系统较弱，无线信号易受干扰，经常出现漂移，通信中断，上传到监控系统的温度值和实际不一致、误报警、乱报警等问题
纯无线温控	ZigBee 技术突破了距离、数量和抗干扰的"瓶颈"；全部无线信号传输，不依赖任何网络、设备，无线发射功率低，对人体无辐射，对周边设备无影响，效果较好	存在受到无线干扰的可能性
GPRS 温控	可远程覆盖全国，适合远程联网和车载运输监控，随着移动网络的覆盖和 5G 技术的发展，效果越来越好	需借助中国移动网络，支付 GPRS 流量费；因长年实时通信偶尔会出现信号漂移、通信中断现象，需选择性能好的 GPRS 芯片
云计算温控	与 GPRS 原理相似，无须监控计算机，随意性更强，可实现任何地方的随时监控	GPRS 芯片的性能决定了通信信号稳定性和抗干扰能力；另外必须上网才能实时监控
物联网控制系统	功能主要在于自动控制而非监控	—

7.4.6　冷藏车辆集装箱运输存在的问题

冷藏车辆集装箱运输存在以下几个问题。

（1）设施不足，运输效率较低。综观国内外形势，冷藏货物运输模式正迅速、稳定地转变为以冷藏集装箱为主的模式，而我国现有冷藏箱设备仅占市场需求量的 20%～30%。近年来，虽然我国冷藏集装箱运输逐年增大，但从总体上来讲，仍远不能满足广阔潜在运输市场的需求。此外，冷藏集装箱在途加油作业、货源不平衡导致的空箱回运、繁杂的运输手续等问题也在延长冷藏集装箱周转时间的原因。

（2）货源不稳定，运量波动大。冷藏货物主要是一些季节性的农产品、加工食品和生物医药类产品，其中比重最大的农产品销地分散，每年的产需量都会有所变化，运量也随季节变化而时多时少。货源的不稳定给冷藏车辆集装箱运输计划的安排以及运输组织工作造成了一定难度。

（3）衔接不顺畅，效益难发挥。冷藏集装箱运输最重要的优势之一就是便于组织多式联运。但由于铁路等存在的设施、体制以及海关政策方面的问题，现有的冷藏集装箱多式联运基本沿袭传统的港口、铁路、公路运输组织方式，运输组织比较粗放，铁路冷藏集装箱运输与公路冷藏集装箱运输等难以协同，易造成运输延误和集装箱滞港，增加了成本，削弱了冷藏集装箱多式联运的先天优势。

7.5 温度跟踪与监控

温度监视和跟踪让用户知道产品在冷链中流通时所处的条件和位置。监控设备能够监视冷藏/冷冻设备（比如冷藏卡车、配送仓库）的运行性能，以及产品运输过程中在不同环境中的空气温度。监视跟踪产品的优点是能够获得产品的全部温度历史记录，包括在产品中转的时候。而监视冷藏/冷冻设备的一个附加好处是能够及时发现冷藏/冷冻设备的运行问题（例如，储存空间温度偏离设定值）并及时解决。

7.5.1 产品监视设备

1. 手持温度检测器/传感器

手持温度检测器/传感器是在冷链中应用最多的基本设备。它们具有各种各样的形式，包括使用热电偶的无线探测器和一些新型电子温度计。它们需要手工操作来获得数据，包括将探头插入产品中或者手工打开电子温度计。这些设备具有准确、易用、相对便宜、购买方便等特点。

2. 圆图记录仪

圆图记录仪是在100多年前发明的，通常被称为帕罗特图。设备记录在图纸上显示数据曲线并定期存档。这是采集和存储数据的简单方法，因为圆图记录仪可以被设计到各种各样的设备里面。这种方法的缺点是经常需要人手动更换笔纸，设备记录需妥善保存，自动化程度不高，有时会出现机械故障并导致记录不准确。

3. 温度记录器

温度记录器有多种类型，包括单个构造和具有硬接线的探头设备。一些设备可以利用机械、模拟或者电子手段与控制系统连接。大多数设备利用可以感应温度的热电偶，然后用各种各样的方式进行存储和显示。有一些记录器可直接在本地设备上显示温度，而另外一些则将数据传送到远程显示设备。不过这些设备通常也会存储数据，并提供计算机程序的数据读取接口。如果必要的话，这些设备可以包含打印设备或者与打印设备相连来打印温度记录。

和其他冷链监视技术一样，温度监视设备也具有各种各样的形式。例如，它们可以是固定设备，并安装在各种冷藏设备上面，比如冷藏库、冷藏运输车或者冷藏零售柜，也可以是移动式设备，主要用来跟踪一些易腐烂的产品，从供应链的发货地到接收地全程监视。不管是固定式还是移动式监视设备,都可以重复使用。

4. 产品温度记录器

在冷链中使用最广泛的是产品温度记录器。这些记录器很小,由电池提供能量,可以跟随产品记录温度。它们具有多种存储容量,根据具体需求进行选择,可实现记录频率和警报数据界限的更改。用户在产品装载出发的时候,将温度记录器装在运输空间或者和产品包装在一起。在运输过程中超出温度设置时,警报器会发出警报。

温度记录器的时间/温度数据可以通过数据接口和桌面软件下载到计算机中。还可以用一些网络软件对数据进行处理以适应于多种站点的应用。温度记录器的准确度较高:冷藏时误差为 ±0.6℃;冷冻时误差为 ±1.1℃。大多数设备使用的不是一次性电池。电池寿命取决于具体使用情况(例如记录和下载频率),一般在1年左右。一些制造商销售一些一次性产品,这些产品的电池是不可更换的,通常具有更好的精度和电池寿命,能够适应于一些要求较高的货物,比如药品。这种一次性温度记录器使用完毕后,由厂家提供回收。

5. 产品温度记录的射频识别标志(RFID)

(1)被动射频识别标志

射频识别标志和条形码比较相似。它由连接在微处理器上的天线构成,里面包含了唯一的产品识别码。当用户激活标志的感应天线时,标志将返回一个识别码。和条形码不同的是,射频识别可以容纳更多的数据,不需要可见的瞄准线(line-of-sight visibility)即可读取数据,并允许写入数据。使用射频识别标志的最大问题是成本,每个射频识别标志大概需要5美分(折合人民币约0.40元)。也有一些新的制造技术,例如美国意联科技(Alien Technology)公司的FSA(液体自动分布式)封装工艺,能够在很大程度上降低成本。射频识别技术还面临频波,导致数据不可识别。2.4GHz 波段的射频识别标志不适合在水分较多的环境里使用,因为水分子在2.4GHz的时候发生共振,并且吸收能量,导致信号减弱。

大多数射频识别标志是简单的被动标志,这些标志的天线检测阅读器的能量传送到微处理芯片中,然后向阅读器传送数据。因为射频识别标志的主要目的是产品管理和跟踪所以,标志并不需要能量去操作温度传感器或者进行远程通信。不过,EPC Global 标准定义了半被动和主动标志,称为 Class Ⅱ 和 ClassⅣ,各自具有不同的功能。

(2)半被动温度感应射频识别标志

半被动标志保持休眠状态,被阅读器激发后会向阅读器发送数据。和主动式标志不一样,半自动识别标志具有较长的电池寿命,并不会有太多的射频频率干扰。另外,数据传输有更大的范围,对半被动标志来说可以达到 10~30m,而被动标志则只有 1~3m。

(3)主动温度感应射频识别标志

主动识别标志同样有电池,不过跟半被动识别标志不一样,它们主动地发送信号,并监听从阅读器传来的响应。一些主动识别标志能够更改程序转变成半被动标志。

6. 利用射频识别技术的冷链监视

主动式温度感应射频识别标志能够用来提供更为自动化的冷链监视程序。它可以贴在托盘上或者产品的包装箱上(使用何种方式由成本决定),保存的温度记录在经过阅读器时被下载。阅读器可以放置在冷链运输的开始、结尾，以及中间的一些交接站。主动式温度感应射频识别标志为冷链温度监视提供了能够100%保存数据的解决方案。

7.5.2 冷藏设备监控网络与设备

1. 卡车控制系统和数据记录

现代的卡车或者拖车的冷冻/冷藏单元装载的计算机控制系统，不但能够优化卡车和冷冻/冷藏单元的燃料消耗，还能根据产品和消费者的需求进行冷冻/冷藏单元的温度控制。美国冷王公司（Thermo King）开发和销售的控制系统称为OptisetTM和FreshSetTM。OptisetTM控制系统可以根据运输者的需求在运输过程中进行产品的温度管理。运输者可预设易腐食品的10种运输条件，从而确保货物在运输者或者客户要求的环境下运输。FreshSetTM是另一种可选的控制系统，它能够在运输过程对新鲜产品进行质量优化管理。这两种系统都可以与一个高性能的数据采集系统（DAS）一起使用，记录运输过程中的参数，包括温度、设定点、运行模式和外在事件。

卡车上的数据记录器也可以用来记录温度。在欧洲，运输过程需要满足EC37/2005标准和EN12830标准，这些标准要求提供运输过程满足温度控制的证据，并且需要持续记录一年。

欧盟标准EC37/2005对所有速冻食品设置了规定，要求必须符合EN12830标准。EN12830标准要求冷藏卡车上必须有单独的数据记录器来记录速冻食品的数据。这个数据记录器必须是独立的，不能是运输车上面的某个控制设备。速冻要求冷冻温度低于18℃。这个标准在2006年1月1日生效，所有设备都必须在2009年12月31日前达到这个标准。

2. 车载信息服务

车载信息服务（telematics）又叫定位互动服务，是基于车载GPS并使用车载电话与远程呼叫中心连通提供实时交流互动服务。在冷链中应用的车载信息服务包括冷冻车和拖车的远程通信设备。冷藏车的车载信息服务系统为监控冷藏卡车中的货物提供了一个完整的解决方案，比传统的卡车数据记录器或移动数据记录器具有更多优点。

3. 全球定位系统

许多车载信息服务设备使用全球定位系统，即GPS来计算位置、速度和行动方向。GPS是美国国防部管辖的24个卫星组成的导航系统。GPS接收器和卫星中的几个模块通信并用信息传输时间差来计算距离，进行三角定位。一般来说，GPS的精确度是15m，但是使用了广域增强系统WAAS（Wide Area Augmentation System）后，精确度达到了3m。民用GPS使用UHF频带中的1575.42MHz的L1频率。GPS需要晴朗的天空。接收天线可以通过玻璃、塑料和云层接收信号，金属、建筑和厚的植被会阻挡信号。

7.5.3 冷链温度监控

1. 满足冷链要求

为了维持一个高效的冷链，需要在储藏、处理和运输全过程中进行温度控制。为了保证一个完整无缝的冷链，低温存储设施和加工配送中心都需要安装温度监视系统。在监视之外，这些系统需要提供数据采集和警报等功能，确保产品能够一直处在合适的温度环境中。

2. 系统类型

（1）手工型

①笔和纸：这是一种最简单的设备监视方式，即让员工定时记录设备的数据显示，例如数字温度计等。这个方法最简单，但是需要人工实现并且很难保证持续性与高精准性。

②图表记录：设备的运行数据自动图表记录，需要定期存档。因为数据记录功能通常整合在设备里，所以这种方法的数据存储比较简单。这种办法需要大量人工操作，记录的准确性不够高。

（2）自动型

①中央监视系统

该系统在这种设备上装有远程感应器，组成一个网络并与输入设备连接。定制系统通常要满足特定的监视和记录功能需要；它们可以和远程监视、警报和报告系统整合在一起。

②网络数据记录系统

这种类型的系统具有更高的分布式程度。多个数据记录器与各个设备相关联，每个记录器都有自己的感应器、存储器、时钟和电池。它们独立地记录各个设备的数据，并与计算机网络相连。这些网络系统的规模和配置都非常灵活，能让操作员简单地添加记录器或者将一个记录器从一个位置移动到另外一个位置。这个网络同时实现中央监视、报警和数据采集功能。

③监视和数据采集

实时数据采集的能力（容量和速度），反映了一个监控系统的监控能力和对故障反应的及时性。一些标准和认证也对数据的采集容量和速度进行了规定。同时，管理设备的职员也需要能够实时地获取这些信息，以确保冷链的完整性，并在故障发生时迅速进行维护。许多先进的系统和硬件能够同时允许本地监视和远程监视，本地监视通常通过简单地与 PC 连接而实现，远程监视则常常利用有线或者无线网络。

④温度控制规程

温度监控系统需要一个合适的规程来进行温度控制。这些系统都需要利用一个温度读取设备来读取冷藏或冷冻区域的温度。除了这些温度的监视和记录设备本身以外，还需要按照规程整合所有的温度记录。这些规程规定温度监控不仅要包含产品的温度记录，同时也要记录运输工具（包括拖车、货车、容器以及有轨车等）的温度。规程还要求记录产品从一个处理环节转换到另一个处理环节的时间，例如从运输车到零售商或者其他物流中心的时间。这些步骤对保证冷链的完整性非常重要，一旦出现问题，能够迅速找到问题发生的时间和地点。规程还规定，操作员需要定时对温度计或者其他设备进行校准，并对这些校准操作进行记录。校准记录包括所有的设备情况与每次的校准时间。通常使用冰水混合物对温度计进行校准，这个时候计数应该是 0℃。

⑤温度与湿度测量布置

合理的温度与湿度测量（mapping）采样布置能够准确地反映产品以外的环境或者冷藏设备所处的工作状态。

当设计这个布置的时候，操作人员需要首先查明关键的布置区域。在很大的开放式冷冻/冷藏区域中，有几个区域温度特别容易波动。比如，距离天花板或者外墙很近的空间容易受到外界温度的影响。当冷仓门打开时，外界温度会对门附近的区域造成很大影响。棚架、支架或者集装架区域，因为阻挡了空气循环，可能会有较高的温度点。上述重要区域需要使用设备进行监视。同时，为了进行对比，在冷冻/冷藏区域的出口区域、外部区域和冷冻/冷藏区域的不同高度区域都需要使用设备进行测量监视。许多设备的设计者还建议在蒸发器的回风处放置温度计，这样能够比较准确地反映室内空气的平均温度。在出口设置温度计的计数，通常比回风口低 2～3.5℃。

在冷藏库中，一般推荐操作人员每隔 900～1 500m 的直线距离放置一个监控设备。当冷库由小的冷冻/冷藏室单元组成的时候，应该在每个里面都放置监控设备。一旦安装后，温度监视设备应该尽可能快地取样，以避免剧烈的温度变化。但是这种取样也不能过于频繁，以免带来大量多余的数据。一般来说，每 15 分钟进行一次采样是比较合理的。

⑥冷链信息管理系统

冷链信息管理系统是基于上述介绍的监视设备和网络服务的软件管理系统，能对冷链所监测的数据进行存储、查询和实时显示等，对协助冷链管理，提高冷链运营质量有极大地帮助。这里介绍一些冷链信息系统。

Procuro 公司的 PIMM 服务专门监控冷链的各个环节是否断链。它可以与不同的硬件对接，接收温度、GPS、能量消耗等数据警报。这项服务不仅仅测量温度，同时引入了 Temperature-Minutes 的概念，根据不同产品在不同情况下评估所受到的温度损害，不同的企业根据其权限共享数据，提高了整个冷链的可视性。

比利时的 Rmoni 公司建立了自己的数据中心为其客户服务，这套系统的名称叫作 Sensor2Web。客户不需要建立自己的服务器就可以集中查看下辖所有冷库、配送中心甚至车队的温度，同时可以看到温度监控设备是否有故障。如温度超出许可范围可立即通过电子邮件、SMS 发出警报。同时客户可以通过各种手提终端察看温度和接受系统警报。它可以在浏览器上生成 PDF 格式的各种管理报表。由于 Rmoni 能通过 GPRS、LAN 等渠道主动将监控的信息发送到数据中心，使用 Rmoni 服务的企业不需要投资昂贵的防火墙设备。

总部位于德国的 EUroScan 公司的 EuroBase 系统也是较为先进的冷链信息管理系统。客户可选择自置服务器并安装 EuroBase 系统，对旗下车队进行全面监查。采集数据方式有手动上载、回到基地后通过蓝牙或 Wi-Fi 上载和 GPRS 实时上载。客户可通过浏览器或 EuroBase 特有的软件查看管理报表，更可通过 EuroTrace 插件实时查看车队位置和状态，同时客户可自己定义规则，根据不同的情况生成警报。

NOVATEK 有一个非常全面的环境监控软件，可以帮助客户满足最严格的国际环境及安全验证标准。它不仅监查温度，同时可以集中所有环境数据，根据其趋势预测任何可能发生意外的情况并发出警报。其全面的报表可以满足国际标准的认证要求。

有一些源代码开放的中央监控软件也可以实现冷链监控，例如 MRTG（Multi-Router Traffic Grapher）。这些软件可以采集硬件的数据，并绘图显示。通常它们会被用来监控数据中心的数据数量，可以利用它们的功能进行温度监控的实时显示，能够起到很好的效果。

7.5.4 温度监控及货物兼容性

1. 温度监控

温度监控（记录）仪，用于记录整个运输过程中的厢内温度，需安装在回风区域，避免直接置于蒸发器的排风口。通常建议安装在距离蒸发器约 1/22 或 2/3 厢体长度位置处另外，新的带有微处理器的制冷机组往往带有集成的温度记录仪。记录仪的正确使用可使得运输者能够实时监控并对其冷链做出相应的调整，并为"断链"等问题的解决提供依据。另外，对于空运来说，航空公司一般不会安装温度记录仪，因此，运输者应自行安装温度记录仪。

2. 货物兼容性

不管采用何种运输手段，运输者在运输混合货物时，都必须保证所运送货物的存储要求大致相同，即各种货物具有相近的温度及湿度要求，避免货物之间因要求不同带来的损失。会产生乙烯的货物不要与乙烯敏感的货物混合，释放气味的货物不要与容易吸收气味的货物混合。另外，需要评估化学清洁方法对货物的影响。如果采用气调方法，则需要更多考虑。

扩展阅读 7.4

扫 码 观 看

7.5.5 集装设备（Unit Load Devices，ULD）

国际标准化组织集装箱，该运输装置包括基座、多个可移动的与所述基座耦联的可动国际标准化组织角块以及多个调节机构。每个调节机构适于将相应的角块与基座耦联，并选择性地使角块相对于基座在航空运输位置和水陆运输位置之间移动，其中在位于航空运输位置时，角块的底面不伸出基座的底面，而在位于水陆运输位置时，角块的底面低于基座的底面。基座包括多个滚筒板，其构成基座的底面，并适于与航空货物装卸系统的滚筒配合。该运输装置还包括连接到基座上的可拆卸的定位横档。该定位横档包括与航空货物装卸系统配合的突出部分和定位槽，将运输装置在飞机内固定就位。

思 考 题

1. 简述冷链运输的作用。
2. 冷链运输方式有哪些，各有什么特点？
3. 简述冷藏物流模式。
4. 简述冷藏车辆选择策略。

案 例 分 析

蒙牛打造快速物流系统

物流运输是乳品企业重大挑战之一。蒙牛的触角已经伸向全国各个角落，甚至还出口东南亚。另外，一个重要的问题是，巴氏奶和酸奶的货架期非常短，巴氏奶仅10天，酸奶也不过21天左右，而且对冷链的要求最高。从牛奶挤出运送到车间加工，直到运到市场销售，全过程巴氏奶都必须保持在0～4℃，酸奶则必须保持在2～6℃储存。这对运输的时间控制和温度控制提出了更高的要求。为了能在最短的时间内、有效的存储条件下，以最低的成本将牛奶送到超市的货架上，蒙牛采取了以下措施。

（1）缩短运输半径

对于酸奶这样的低温产品，由于其保质期较短，加上消费者对新鲜度的要求很高，一般产品超过生产日期3天以后送达超市，超市就会拒绝该批产品。因此，对于这样的低温产品，蒙牛要保证在2～3天内送到销售终端。

为了保证产品及时送达，蒙牛尽量缩短运输半径。在成立初期，蒙牛主打常温液态奶，因此，奶源基地和工厂基本上都集中在内蒙古，以发挥内蒙古草原的天然优势。当蒙牛的产品线扩张到酸奶后，蒙牛的生产布局也逐渐向黄河沿线以及长江沿线伸展，使牛奶产地尽量接近市场，以保证低温产品快速送达卖场、超市。

（2）合理选择运输方式

蒙牛的产品的运输方式主要有两种：汽车和火车集装箱。蒙牛在保证产品质量的原则下，尽量选择费用较低的运输方式。

对于路途较远的低温产品运输，为了保证产品能够快速地送达消费者手中，保证产品的质量，蒙牛往往采用成本较为高昂的汽车运输。例如，北京销往广州等地的低温产品，全部走汽运，虽然成本较铁运高出很多，但在时间上能有保证。

为了更好地了解汽车运行的状况，蒙牛还在一些运输车上装上了GPS系统，GPS系统可以跟踪了解车辆的情况，比如是否正常行驶、所处位置、车速、车厢内温度等。蒙牛管理人员在网站上可以查看所有安装此系统的车辆信息。GPS的安装，给物流以及相关人员包括客户带来了方便，避免了有些司机在途中长时间停车而使货物未及时送达或者产品途中变质等情况的发生。

而像利乐包、利乐砖这样保质期比较长的产品,则尽量依靠内蒙古的工厂供应,因为这里有最好的奶源。产品远离市场的长途运输问题就依靠火车集装箱来解决。与公路运输相比,这样更能节省费用。

在火车集装箱运输方面,蒙牛与中铁集装箱运输公司开创了牛奶集装箱"五定"班列这一铁路运输的新模式。"五定"即"定点、定线、定时间、定价格、定编组"。"五定"班列定时、定点,一站直达,有效地保证了牛奶运输的及时、准确和安全。

由呼和浩特至广州的牛奶集装箱"五定"班列开出,将来自内蒙古的优质牛奶运送到祖国大江南北,打通了蒙牛的运输"瓶颈"。蒙牛销往华东和华南的牛奶80%依靠铁路运到上海、广州,然后再向其他周边城市分拨。现在,通过"五定"列车,上海消费者在70个小时内就能喝上草原鲜奶。

(3) 全程冷链保障

低温奶产品必须全过程都保持在2~6℃,这样才能保证产品的质量。蒙牛牛奶在"奶牛—奶站—奶罐车—工厂"这一运行序列中,采用低温、封闭式的运输。无论在茫茫草原的哪个角落,蒙牛的冷藏运输系统都能保证将刚挤下来的原奶在6小时内送到生产车间,确保牛奶新鲜的口味和丰富的营养。出厂后,在运输过程中,则采用冷藏车保障低温运输。在零售终端,蒙牛在其每个小店、零售店、批发店等零售终端投放冰柜,以保证其低温产品的质量。

(4) 使每一笔单子做大

物流成本控制是乳品企业成本控制中一个非常重要的环节。蒙牛减少物流费用的方法是尽量使每一笔单子变大,形成规模后,在运输的各个环节上就都能得到优惠。比如,利乐包产品走的铁路,每年运送货物达到一定量后,在配箱等方面可以得到很好的折扣;而利乐枕产品走的汽运,走5吨的车和走3吨的车,成本要相差很多。

此外,蒙牛的每一次运输活动都经过了严密的计划和安排,运输车辆每次往返都会将运进来的外包装箱、利乐包装等原材料和运出去的产成品做一个基本结合,使车辆的使用率提高了很多。

1. 蒙牛公司是怎样合理选择运输方式的?全程冷链是怎样保障整个企业有效运行的?
2. 请结合本案例,分析乳品企业的物流有何特殊要求?蒙牛公司如何应对这些要求?
3. GPS技术的应用具有哪些实用的价值?

第 8 章
冷链配送管理

本章学习目标

1. 掌握冷链配送的定义和特点；
2. 了解冷链配送系统的构成要素；
3. 了解冷链配送的流程；
4. 能够运用冷链配送中心选址方法；
5. 熟练运用冷链配送的典型模式及其选择。

案例导入▶▶

> 夏晖物流是典型的冷链物流企业，拥有从美国进口的制冷设备及 5～10 吨温度控制车辆，全程温度控制，自动化管理。夏晖冷链，无论在软件管理还是硬件设施方面，都能利用现有物资资源优势，与跨行业大户开展业务，拓展市场定位，服务对象不单包括餐饮业，还向零售业（麦德龙）、加工业等延伸。
>
> 为打造适当的冷链物流，保证麦当劳所用食品的质量和安全，夏晖将自己的企业建在麦当劳食品供应商的附近。这样，麦当劳面包供应商就可以将新鲜出炉的面包准时搬上货架，通过密封通道直接进入夏晖的库房，然后再由与冷藏平台对接的冷藏车运到麦当劳的各个连锁店。对于运货数量和次数，夏晖都是经过精心计算的，除非出现紧急情况，才会临时补货。
>
> 夏晖近一万平方米的仓库分为冷冻、冷藏干货等不同的子库。一排排的货柜几乎接触到屋顶。每个区域内都设有专业测温仪，放置在不同的位置，随时监测室内的温度。与国内一些物流仓库相比，夏晖的仓库可以见到的人员非常少，只有几台带显示器的分拣车在游走，人海战术早就被先进的信息管理系统取代。
>
> 夏晖还非常注重细节，甚至派人到每一条配送线路踩点，以获取更多的配送线路备用方案。比如，对于一些道路容易发生拥堵的线路，夏晖便在这条路线上设置几个关键节点，一旦在某个节点遇到堵车情况，就会按照备用方案绕道行驶。
>
> 资料来源：www.cclcn.com/shtmlnewsfiles/ecomnews/467/2013/201332902031440521.shtml. 有删改.

8.1 冷链配送概述

冷链是由在低温环境中加工、运输与配送、储存、销售 4 个主要作业环节组成的，相比西方发达国家冷链配送的成熟运作，我国冷链配送起步较晚，鲜活农产品冷链配送在近几年才得到重视和发展。

配送是冷链物流中一个极其重要的环节，生鲜易腐食品从生产者到最终消费者的过程中，有 80% 以上的时间在配送上，冷链配送是处于非冷库环境中需要温度控制时间较长的一个环节。由于生鲜食品易腐变质的特性，其必须在流通的全过程中持续保持适宜的温度，并迅速周转，因此冷链物流必须使加工、运输、仓储和销售等所有环节紧密衔接，并配以合适的设备，统一管理，方能确保生鲜产品的质量。提高冷链配送的效率，意味着降低冷链产品在此过程中变质的风险，因此，冷链配送问题就成为冷链物流研究中的关键。

从当前的实践看，冷链配送是冷链物流系统中最为薄弱的一环，其集约化程度低、接货标准不一等一系列问题都在考验着冷链物流企业的生存与发展。

8.1.1 冷链配送的定义

冷链配送是指在经济合理范围内，根据客户要求，在低温环境中对保鲜、冷冻等冷链产品进行拣选、加工、包装、分割和组配等作业，并按时送达指定地点的物流活动。

从配送活动的实施过程上看，冷链配送包括两个方面的活动。

（1）"配"是对货物进行集中、分拣和组配。

（2）"送"是以各种不同的方式将货物送至指定地点或客户手中。

可以对冷链配送归纳出以下几个特点。

第一，冷链配送不是一般概念的送货，也不是生产企业推销产品时直接从事的销售性送货，而是从物流节点至客户的一种特殊送货形式。

第二，冷链配送不是供应和供给，它不是广义概念的组织资源、订货、签约、进货、结算及对物资处理分配的供应，而是以供应者送货到客户的形式进行供应。

第三，冷链配送不是消极的送货、发货，而是在全面配货的基础上，充分按照客户的要求进行服务，它是将"配"和"送"有机地结合起来，完全按照客户要求的数量、种类、时间等进行分货、配货、配装等工作。

第四，冷链配送是一项有计划的活动。配送需要根据客户的需要，以及从事配送的企业的能力，有计划地开展送货活动，以满足客户的需要。

配送通常包含短距离、小批量、高频率的运输。如果单从运输的角度看，它是对干线运输的一种补充和完善，属于末端运输、支线运输。它以服务为目标，以尽可能满足客户要求为优先。从日本配送运输的实践来看，配送的有效距离最好在 50km 半径以内，国内的配送中心，其配送经济里程大约在 30km 以内。冷链配送由于配送对象的易腐性和时效性，配送经济里程的体现更加明显。

配送是以现代送货形式实现资源最终配置的经济活动。从这个角度看，概括了四点。

第一，配送是资源配置的一部分，根据经济学家的理论，因而是经济体制的一种形式。

第二，配送的资源配置作用是"最终配置"，因而是接近客户的配置。接近客户是经营战略至关重要的内容。

第三，配送的主要经济活动是送货，即以现代生产力、劳动手段支撑的，依靠科技进步的，实现"配"和"送"的有机结合。

第四，配送在社会再生产过程中的位置，是处于接近客户的那一段流通领域，因而有其局限性。配送是一种重要的方式，有其战略价值，但是它并不能解决流通领域的所有问题。

8.1.2 冷链配送的特点

冷链物流是一项复杂的系统工程，整个过程中的节点多、技术要求高，为达到以较低成本满足较高服务水平，进而促进销售的目的，需要冷链各环节之间紧密结合，高度协调，优化资源管理等。由于不同冷链产品具有不同的特性要求，冷链物流要针对不同的冷链产品提供与之相对应的物流配送，合理的配送服务在冷链供应中起着决定性的作用。冷链物流配送货物与普通物流相比较具有以下特征。

（1）冷链产品的易腐性

冷链物流配送的货物通常比较容易腐坏，在运送的过程中由于各种原因导致冷链产品品质逐渐下降，其中"温度"是影响其品质最重要的因素。生鲜食品从生产到消费的全过程中，每个环节都有不同的温度要求。通过将食品品质的保鲜最长时间与温度的关系进行量化，以此指导实际运作非常有意义。冷链发展较为成熟的美国针对多种食品，调查保存温度和所经过的时间对食品品质所造成的影响，即"时间－温度变化下的品质耐性"（Time-Temperature Tolerance，T.T.T.）公式。在现实运作中，可按照该公式估算生鲜食品的品质随时间和温度的改变而下降的情形。

（2）冷链产品的时效性

确保在客户指定的时间内交货是客户最重视的因素，也是配送运输服务的充分体现。冷冻、冷藏食品可保存的时间比较短暂，在运输过程中，运输距离越远、时间越长就越难以保证食品的新鲜度。对于生命周期短的生鲜食品，运送时间增加，产品新鲜度降低，从而导致食品销售量的下降，造成一定的经济损失，这些损失应该由物流商承担。因此，生鲜食品销售商为了达到较高的服务水准，在货物到达销售端时，往往会有时间窗的限制，限制运送者必须在事先约定的时段送达。因此，事先规划配送路线，考虑时间窗的限制，不仅可降低运输企业的营运成本，还可以提高销售商的服务水准，满足客户的需求，实现双赢。

（3）冷链配送的沟通性

配送属于直面客户的末端服务，它通过送货上门服务直接与客户接触，是与客户沟通最直接的桥梁，代表着公司的形象和信誉，在沟通中起着非常重要的作用，所以，必须充分利用配送运输活动中与客户沟通的机会，巩固和发展公司的信誉，为客户提供更优质的服务。

8.1.3 冷链配送系统的构成要素

冷链配送系统的构成要素主要包括配送对象、冷库、配送车辆和路径。

（1）配送对象

配送对象主要是指适合应用冷链配送的商品，常见的如食品和药品等。

第一大类为食品，具体可分为以下几种：

冷藏食品，如生鲜蔬菜（叶菜类、截切生鲜蔬菜）、果汁、牛乳、乳饮料；日配品（豆腐、乳制品）、加工肉品（香肠、火腿）等适于在 0～7℃ 保存的食品。

冰温食品，如畜肉品（牛肉、猪肉、羊肉）、禽肉品（鸡肉、鸭肉）、水产品（鲜鱼、贝类）等适于在 -2～2℃ 保存的食品。

冷冻食品、冰品，如冷冻蔬果、冷冻调理食品（水饺、包子、比萨）、冰激凌等适于在 -18℃ 以下保存的食品。

超冷链食品，如生鱼片等适于在 -50℃ 以下保存的食品。

第二类为药品，通常是对储存和运输配送有一定温控要求的药品，如疫苗。

（2）冷库

冷库作为保持稳定低温并用来储藏冷冻食品的仓库，在冷链配送系统中是重要的物流据点。现代冷库功能变革后，并不仅限于进行货物储存，还可以进行温度控制下的配送加工，是配送系统中不可或缺的重要构成要素。

（3）低温配送车辆

目前采用的低温配送车辆主要是指采用自带压缩机组的冷藏车。冷藏车制冷的优点是能保持较长时间的低温，冷藏车车厢容积多为 1 500L 以上。这对于疫苗、样品与低温食品等多次少量配送的货物存在很大的制约性。这种低温物流制冷方式主要应用于大批量低温货物的长途配送。

（4）路径

这是指冷链运输工具经行的道路，例如，城市道路。

8.2 冷链配送的基本要素及流程

8.2.1 冷链配送的基本要素

冷链配送是根据客户的订货要求，在冷库或配送中心等物流节点进行货物的集结与组配，在恰当的温度控制下将货物送达客户的全过程。冷链配送包括以下环节。

（1）集货

将各个客户所需的各种物品按品种、规格和数量从冷库中拣选出来并集中，以便进行运输、配送作业。集货是配送的准备工作或基础工作，它通常包括制订进货计划、组织货源和储存保管等基本业务。

（2）分拣

将集货形成的物品按配送路线车辆分开，分别堆放到指定的装卸点。它是将货物按品名、规格和温控等要求进行分门别类的作业。分拣是配送不同于一般形式的送货及其他物流形式的重要的功能要素，也是决定配送成败的一项重要的支持性工作。

（3）配货

这是指按客户需要的品种规格、货品温度控制要求及车辆的装载容量组配起来，以便装载和配送运输。

（4）配装

配装可以大大提高送货水平，降低送货成本，同时能缓解交通流量过大造成的交通堵塞，减少运次，降低空气污染。在车辆载重及容量允许的前提下，应尽量把温度控制需求相同的、多客户的货物装在同一辆冷链运输车辆中依次送货。

（5）配送运输

配送运输属于运输中的末端运输、支线运输。它和一般运输形态的主要区别在于：配送运输是较短距离、较小规模、较高频度的运输形式，一般使用汽车作为运输工具。

（6）送达服务

要圆满地实现运到货的移交，并有效地、方便地处理相关手续并完成结算，还应当注意卸货地点和卸货方式等。同时提供一些冷链产品相关的冷藏、冷冻咨询服务，也使冷链配送独具特色。

（7）配送加工

配送加工是流通加工的一种，是按照客户的要求所进行的流通加工。

8.2.2 冷链配送的流程

（1）划分基本配送区域

为使整个配送有一个可遵循的基本依据，应首先将客户所在地的具体位置做一系统统计，并将其做区域上的整体划分，将每一客户囊括在不同的基本配送区域之中，以作为下一步决策的基本参考。例如，按行政区域或依交通条件划分不同的配送区域，在这一区域划分的基础上再做弹性调整来安排配送。

（2）车辆配载

由于配送货物品种的特性各异，为提高配送效率、确保货物质量，必须首先对温度要求差异大的商品进行分类。在接到订单后，将货物依特性进行分类，以分别采取不同的配送方式和选用不同的运输工具，如按冷冻食品、恒温食品和冷藏食品划分；其次，配送货物也有轻重缓急之分，必须初步确定哪些货物可配于同一辆车上，哪些货物不能配于同一辆车上，以做好车辆的初步配装工作。

（3）暂定配送先后顺序

在考虑其他影响因素、做出最终的配送方案前，应先根据客户订单要求的送货时间将配送的先后作业次序做一概括的预计，为后面车辆积载做好准备工作。计划工作的目的是保证达到既定的目标，所以，预先确定基本配送顺序既可以有效地保证送货时间，又可以尽可能地提高运作效率。

(4) 车辆安排

车辆安排要解决的问题是安排什么类型、吨位的配送车辆进行最后的送货。一般企业拥有的车型有限，车辆数量也有限，当本公司车辆无法满足要求时，可使用外雇车辆。

(5) 选择配送线路

知道了每辆车负责配送的具体客户后，如何以最快的速度完成对这些货物的配送，即如何选择配送距离短、配送时间短、配送成本低的线路，就需根据客户的具体位置、沿途的交通情况等做出优先选择和判断。除此之外，还必须考虑有些客户或其所在地点环境对送货时间和车型等方面的特殊要求，如有些客户不在中午或晚上收货，有些道路在某高峰期实行特别的交通管制等。

(6) 确定最终的配送顺序

做好车辆安排及选择好最佳的配送线路后，依据各车负责配送的具体客户的先后，即可将客户的最终配送顺序加以确定。

(7) 完成车辆积载

明确了客户的配送顺序后，接下来就是如何将货物装车，以什么次序上车的问题，即车辆的积载问题。原则上，知道了客户的配送顺序后，只要将货物依"后送先装"的顺序装车即可。但有时为了有效利用空间，可能还要考虑货物的性质（怕震、怕压、怕撞、怕湿、形状、体积及质量等）做出弹性调整。此外，对于货物的装卸方法也必须依照货物的性质等来做具体决定。

8.3　冷链配送中心选址

8.3.1　冷链配送中心的概念

冷链配送中心是从供应者手中接受多种大量的冷链货物，在低温状态下进行倒装、分类、保管、流通加工等作业以及进行信息处理，然后按照众多需要者的订货要求备齐货物，以令人满意的服务水平进行冷链配送的设施。

8.3.2　冷链配送中心的选址

随着现代商业的发展，商品流通越来越表现出快速、准确、小批量的特点。原有的以商品储存为目的的冷库已经完全不能满足现代流通的需求。因此，需建立以满足顾客需求和多品种配送为目的的低温物流配送中心。物流冷库也将由传统的"低温仓储型"

向"流通型""冷链物流配送型"转变。一般而言,冷链物流配送中心的选址可以采用以下两种方法。

1. 模糊分析法

(1) 配送中心选址因素分析

冷链物流配送中心的选址是一个涉及诸多因素的综合决策问题,在选址的过程中各因素都有不同程度的影响,只有将各个因素综合考虑并运用定性定量的分析方法,才能使配选中心的选址决策更合适,更合理,更具科学性。选址的主要影响因素如表8-1所示。

表8-1 配送中心选址方案评价指标

一级指标	二级指标	三级指标
配送中心选址方案 f	配送中心的运输合理化 f_1	交通配送费用 f_{11}
		交通运输条件 f_{12}
		物流服务水平 f_{13}
	配送中心的建设费用 f_2	投资成本 f_{21}
		地价因素 f_{22}
		设备费用 f_{23}
	配送中心的适应条件 f_3	与城市功能形态适应性 f_{31}
		能否带动区域经济发展 f_{32}
		顾客需求分布 f_{33}
	配送中心建设的自然条件 f_4	所需面积大小 f_{41}
		地质条件 f_{42}
		地貌条件 f_{43}

(2) 各因素所占权重计算

运用模糊分析法计算各因素所占比重,构建层次结构模型。将具体问题分解为若干因素,按属性将因素分解为若干组,再划分成递阶的目标层、准则层、方案层,建立模糊判断矩阵。采用如表8-2所示0.1~0.9标度的含义。

表8-2 0.1~0.9标度含义

标 度	定 义	说 明
0.5	同等重要	两元素作用相同
0.6	稍微重要	一元素比另一元素稍强
0.7	明显重要	一元素明显强于另一元素
0.8	重要得多	一元素比另一元素强得多
0.9	极端重要	一元素比另一元素强得非常多
0.1,0.2,0.3,0.4	反比较	若 i 与 j 比价得到 r_{ij},则 j 与 i 相较得到 $1-r_{ij}$

(3) 求模糊判断矩阵

配送中心选址的各个因素影响程度不同,我们要充分考虑到每一个方面的影响,结合对每一个影响因素的具体分析，查阅物流配送中心选址案例的相关文章，根据表 8-2 所示标度进行打分，得出模糊判断矩阵。

（4）将模糊判断矩阵改造成模糊一致矩阵

记 $r_i = \sum_{k=1}^{n} r_{ik}$（$i=1, 2, \cdots, n$），做变换 $r_{ij} = (r_i - r_j)/2n + 0.5$，将模糊判断矩阵改造成模糊一致矩阵。模糊一致矩阵满足一致性条件，无须再进行一致性检验。

（5）求各影响因素权重

根据 $y_i = \frac{1}{n} - \frac{1}{2a} + \frac{1}{na}\sum_{j=1}^{n} r_{ij}$（$i=1, 2, \cdots, n$），$a \geqslant (n-1)/2$，（以下均取 $a=(n-1)/2$），推导出各因素权重值。

2. 聚类分析法

如果某区域的顾客群体广，需求量大，而冷链物流配送中心只有一个，那么，配送的压力就会非常大。在这种情况下，建成具有竞争力的冷链配送网络会是个不错的选择。可以采取冷链区域配送中心物流模式，设立冷链区域配送中心，由该配送中心形成辐射圈，缓解整体配送压力，满足该区域服务需求。在合理设立冷链区域配送中心后，冷链配送业务流程将 细化到终端配送，不仅能形成自己的竞争优势，更能大幅度提高服务水平，满足顾客的个性化要求，吸引更多顾客，同时也能大幅度降低运输成本，提高配送的空间及时间效率。

首先用聚类法对整个冷链配送区域进行划分，将"在一个区域内建多个配送中心的选址问题"转化为"多个区域内分别进行单一配送中心选址的问题"，然后求解出各区域配送中心位置。

聚类法的步骤是：

第一步，选取各区域地理方位和现有客户的需要量作为特征，建立模糊相似关系，然后利用 SPSS 工具进行聚类。

第二步，根据聚类的结果将各个冷链物流配送中心所服务的客户所在地区分为几个区域。

第三步，对不同区域的方案进行比较。如果单区域内客户需求量太大，则配送中心压力太大，因此，可考虑缩小配送中心辐射范围，以减轻配送压力，提高服务质量。但是，区域太多会导致配送中心建设成本过高，因此要综合两者，选择包含区域数量、单个大区域内数量合理的方案作为最终的区域划分方案。

8.4 冷链配送的典型模式及其选择

8.4.1 冷链配送的典型模式

1. 自营配送

自营物流配送模式是指资金实力雄厚的生产或流通企业为了提高配送质量，自行组建冷链物流配送系统,将产品从供应地送达消费者手中。例如,顺丰优选就属于自营物流配送的典型。自营物流配送系统是真正推进生鲜电商行业发展的关键。但是在这种模式下,冷链配送的成本增加很多,这个成本需要通过到原产地直接进货等途径来降低。

(1) 自营配送的优势

①企业对供应链各个环节有较强的控制能力,易于与生产和其他业务环节密切配合,全力服务于本企业的经营管理,确保企业能够获得长期稳定的利润。对于竞争激烈的产业,企业自营物流配送模式有利于企业对供应和分销渠道的控制。

②可以合理地规划管理流程,提高物流作业效率,减少流通费用。对于规模较大、产品单一的企业而言,自营物流配送可以使物流与资金流、信息流、商流结合更加紧密,从而大大提高物流作业乃至全方位工作的效率。

③可以使原料采购、配送及生产加工等从战略上一体化,实现准时采购、增加批次、减少批量、调控库存、减少资金占用、成本降低,从而实现零库存、零距离和零营运资本。

④反应快速、灵活。企业自营物流配送模式由于整个物流体系属于企业内部的一个组成部分,与企业经营部门关系密切,以服务于本企业的生产经营为主要目标,能够更好地满足企业在物流业务上的时间、空间要求,特别是要求频繁配送的企业,自建物流能更快速、灵活地满足企业要求。

(2) 自营配送的不足之处

①投资大、成本高。自营物流对供应链各环节有较强的控制权,但由于牵涉运输、包装和仓储等环节,创建物流配送系统需要的资金较多,投资较大,对中小企业而言,要想创建物流配送系统是比较困难的。企业自营物流普遍只为自己办事,根据企业自己的物流量的大小创建,如果企业自身的物流量小,就难以形成规模经济,从而导致物流成本较高。该模式比较适合连锁经营企业。连锁零售业完成常温物流中心的建设后,纷纷将企业内物流的重心转向低温物流中心及生鲜食品加工中心,如北京京客隆、上海联华、上海农工商和华润万家等。

②管理困难。生产或流通企业要想创建自己的物流配送体系并经营好它,是个很大的挑战。企业的商业领域涉及什么,物流服务就要涉及什么,基本的物流设施设备和经营团队都要齐全,业务范围越大,物流管理压力越大。另外,物流人员很多,管理起来非常难。

③与第三方物流供应商的关系难以处理。自营物流与第三方物流供应商的竞争关系远大于合作关系,所以如何合理地分配市场、定位市场,让大家能公平竞争、和谐发展,是比较困难的。一旦处理不当,使双方关系破裂,就有可能导致恶性竞争,甚至造成物流市场的混乱。

2. 共同配送

共同配送模式是指多个冷链产品经营企业,在配送网络与服务存在优势互补的情况下,各方在基于互相信任、风险共担、利益共享的长期战略合作伙伴关系下,通过协作性信息平台,将各方的生鲜加工配送中心、冷链运输部门等相关物流服务部门连接成为"虚拟联盟",通过配送要素之间的双向或多向流动、信息共享及一系列决策支持技术来实现各方之间的配送业务的统一调度和管理；或者多个客户联合起来共同由一个第三方物流服务公司来提供配送服务。共同配送针对冷链商品的配送品种多样化、温度需求多层化、流通渠道多元化的特点，按照不同的温度需求进行冷链配送。共同配送将成为城市冷链配送的主导力量。

（1）共同配送的优势

①集约化程度的提高，使人工、设备和设施费用分摊到了很多共享的客户身上，各自成本得以降低。共同配送使得物流的规模效益得以发挥，从而节约成本，提高服务水平。同一地区的几家冷链配送公司联合，各自负责一定区域的所有签约终端店的冷链配送服务，避免了冷链物流特有的"网大点散"的状况，实现了成本降低。

②有利于满足客户要求。有很多客户的需求量并不大，但是所需商品种类多，对时间又有较高的要求，只有进行共同配送，才能整合多客户资源，满足不同客户的要求。

③有利于优化资源配置。共同配送整合了所有参与客户的商品资源，整合了客户和第三方物流的车辆和仓库资源，同时整合了所有参与客户的配送线路资源。例如在连锁超市行业，目前由于交通堵塞和超市收货排队的原因，车辆的装载率专注在一个较小的片区服务，而自己公司的其他任务由其他离客户更近的公司代劳，有利于满足客户对冷链产品的特殊时效需要。

④有利于提高运输效率。共同配送整合了大量客户，使冷藏车辆的载重和载货空间得到了有效利用，避免了车辆不满载导致的浪费，冷链物流设备昂贵，让中小物流企业负责较小的区域，增加其在该区域的业务量，不仅可以更充分地利用冷藏车等设备，也提高了运输效率。

⑤有利于提高配送科技含量。实施共同配送，有利于配送服务企业提高配送的科技含量。多家企业参与共同配送，不仅有助于共建信息系统与网络，实现信息共享与快速响应，同时也有利于在配送过程中，利用射频技术、GPS和传感技术等，对配送过程进行全面监控，为客户提供更多的增值服务。

⑥有利于提高社会效益。实施共同配送，大大减少了在途配送车辆，缓解了交通压力，降低了碳排放量，对环境的污染也随之减少。

共同配送实际上是同一地区或不同地区之间诸多企业在物流活动中相互配合、联合运作，共同进行理货、送货等活动的特殊组织形式。

（2）共同配送的模式

共同配送模式从合作主体间的关系角度来看，可以分为横向共同配送、纵向共同配送和共同集配。横向共同配送是指采取共同配送的合作者处于供应链的相同层次。纵向共同配送是指供应链上游和下游成员建立的合作配送体系，此体系可更加高效地完成配送任务。

①横向共同配送

横向共同配送按合作主体的产业归属，可以分为同产业间的共同配送和异产业间的共同配送。同产业间的共同配送是指相同产业的生产或经营企业为了提高物流配送效率，通过配送中心或物流中心集中配送产品的一种方式。同产业间共同配送节省了各参与企业对物流设施、设备、人员的巨大投资，而且让企业能够集中精力发展自己的核心业务。

并且这种配送模式有利于实现专业化,配送水平相对较高,提高了运输效率。

异产业间的共同配送是指将从事不同行业的企业生产经营的商品集中起来,通过物流中心或配送中心对客户进行配送的一种形式。与同产业共同配送相比,其商品配送范围更加广泛,涉及的部门更加多样化。

②纵向共同配送

纵向共同配送常见有三种形式:第一种形式是原料供应商与制造商之间的共同配送;第二种形式是零售商与批发商之间的共同配送,即大型零售业主导的共同配送;第三种形式是产、批组合型异产业共同配送,这种形式主要是由生产商和批发企业共同出资、参加建立的共同配送企业,以对便利店等零售企业多频率度、小批次、统一的配送活动。这种共同配送使产、供、销实现了更紧密的合作,更好地满足了消费者需求。

③共同集配

共同集配是将共同配送策略引入到城市冷链物流中来后的进一步深化和发展,它是指以大型运输企业或第三方物流企业为主导的合作型共同配送,包括集货和送货两个部分,即由大型运输企业或第三方物流企业统一集中货物,合作参与企业将商品让渡给指定运输企业,再由各运输企业或第三方物流企业分别向各个地区配送。这种形式既可以依托下游的零售商业企业,成为众多零售店铺的配送、加工中心,又可以依托上游的生产企业,成为生产企业,特别是中小型生产制造企业的物流代理。

3. 第三方配送

第三方冷链物流(Third-Party Cold Chain Logistics,3PCCL)是指冷冻冷藏生产经营企业为集中精力于核心业务和节约成本,与专业的冷链物流公司签订合同,在一定期限将部分(配送)或全部冷链物流活动(仓储、配送、流通加工等)委托给专业冷链物流公司来完成,同时通过信息系统与冷链物流企业保持密切联系,以达到对冷链物流全程管理控制的一种冷链物流运作与管理方式。

冷链产品生产企业通过把物流业务外包给专业的第三方物流公司,然后专注于打造其核心竞争力,利用第三方物流公司的规模效益来降低自己的物流成本,是"双赢"的事情。例如,大众交通股份有限公司、锦江集团旗下的上海食品公司与日本三井物产株式会社合资成立了国内第一家专门从事低温食品物流的企业——上海新天天大众低温物流有限公司。他们通过调查发现,上海每天有 6 700 万吨生鲜易腐食品上市,而且冷链食品的年消费增长率在 8% 以上。在超市等大卖场中,冷链食品所占比例达到 20% 以上,有非常广阔的发展前景。

扩展阅读 8.3

扫码观看

8.4.2 冷链配送模式的选择

1. 矩阵图决策法

矩阵图决策法主要依据矩阵图来判断采用哪种配送方式,如图 8-1 所示。

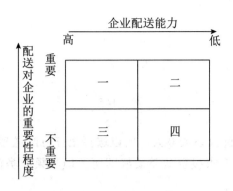

图 8-1 矩阵图决策法

一区：配送对企业重要，配送能力也强，可以自营配送业务。

二区：配送对企业重要，但企业配送能力低，不应该自营，应寻求与其他企业合作建设配送体系或寻求第三方提供配送服务。

三区：配送能力强，与企业需求相比，配送能力可能过剩，可以为其他企业提供配送服务，消化过剩的能力。

四区：配送对企业不太重要，企业本身的配送能力也不强，不考虑自营，如果有一定的配送需求，可以寻求第三方提供服务。

2. 比较选择法

这是指通过比较成本与收益确定选择哪种配送模式。

（1）确定型决策

这种类型的决策问题中，一个配送模式只有一种确定的结果，只要比较结果，就可以确定方案。

例1：某企业市场份额扩大，拟完善配送系统，现有三种方案可选，各方案配送模式的成本收益见表 8-3。

表 8-3 各方案配送模式的成本收益

配 送 模 式	成本费用 / 万元	销售额预计数 / 万元
自营配送模式	8	160
共用配送模式	7	150
第三方配送模式	5	145

解：

运用价值分析解此类问题：

$$V = \frac{F}{C}$$

式中，V——价值系数；

F——功能价值（销售额预计数）；

C——成本费用。

自营配送模式：

$$V = \frac{F}{C} = \frac{160}{8} = 20$$

共同配送模式：

$$V = \frac{F}{C} = \frac{150}{7} \approx 21.4$$

第三方配送模式：

$$V = \frac{F}{C} = \frac{145}{5} = 29$$

因为第三方配送模式价值系数最大，所以选择第三方配送模式。

一个单目标决策，只追求投资效益最好即可，但如果此类问题要达到的目标是一个目标集，则为多目标决策。

例2：某企业在选择配送模式时，有四个要考虑的目标，见表8-4。该选择哪种模式呢？

表8-4　各方案配送模式的考虑目标配送模式

配送模式	成本费用/万元	销售预计数/万元	利润总额/万元	客户满意度/%
	0.1	0.3	0.4	0.2
自营配送模式	10	220	25	98
共同配送模式	8	180	17	97
第三方配送模式	5	140	15	99

解：
价值系数计算公式：

$$V = \sum M_i F_i$$

式中，M_i——本项目值/最大值；
　　　F_i——重要性系数。

各配送模式的综合价值系数有以下三种。

自营配送模式：

$$V = \sum M_i F_i = \frac{10}{10} \times 0.1 + \frac{220}{220} \times 0.3 + \frac{25}{25} \times 0.4 + \frac{98}{99} \times 0.2 \approx 1.00$$

共同配送模式：

$$V = \sum M_i F_i = \frac{8}{10} \times 0.1 + \frac{180}{220} \times 0.3 + \frac{17}{25} \times 0.4 + \frac{97}{99} \times 0.2 \approx 0.79$$

第三方配送模式：

$$V = \sum M_i F_i = \frac{5}{10} \times 0.1 + \frac{140}{220} \times 0.3 + \frac{15}{25} \times 0.4 + \frac{99}{99} \times 0.2 \approx 0.68$$

综上，由于自营配送模式价值系数最大，所以选择自营配送。

（2）非确定型决策

所谓非确定型决策，是指每种自然状态下的结果不是确定的，而且我们也不知道每种结果发生的概率，也就是说每种配送模式可能出现哪种结果是无法确定的。

例 3：某企业计划通过革新配送系统来提高客户的满意度，从而稳定现有客户，开发潜在客户，可供选择的配送模式有三种，企业对客户的满意度无法做出准确的预测，只能大体估计出三种情况及相关的成本费用（见表 8-5），请问该问题应如何决策？

表 8-5　各方案配送模式不同满意度对应的成本费用

满意度	不同配送模式的成本费用 / 万元		
	自营配送模式	共同配送模式	第三方配送模式
满意度高	100	80	75
满意度一般	70	50	60
满意度低	30	20	30

解法一：

依乐观准则，自营配送模式中成本最小为 30 万元，共同配送模式中成本最小为 20 万元，第三方配送模式中成本最小为 30 万元，比较这三种模式中的最小成本，共同配送模式为最小，所以选择共同配送模式。

解法二：

依悲观准则，自营配送模式成本最大为 100 万元，共同配送模式中成本最大为 80 万元，第三方配送模式中成本最大为 75 万元，比较这三种模式中的最小成本，第三方配送模式为最小，所以选择第三方配送模式。

解法三：

采用后悔值法来判断。各方案的后悔值见表 8-6。

表 8-6　各方案的后悔值

满意度	配送模式		
	自营配送模式	共同配送模式	第三方配送模式
满意度高	25	5	0
满意度一般	20	0	10
满意度低	10	0	10

自营配送模式最大后悔值为 25，共同配送模式最大后悔值为 5，第三方配送模式最大后悔值为 10，所以共同配送是可选模式。

（3）风险型决策

可以根据预测得到不同自然状态下的结果及出现的概率进行决策。

例 4：某企业通过加强配送效率，提高客户满意度来扩大产品的销售量。现有三种配送模式可供企业选择，应选择哪种模式？配送模式选择表见表 8-7。

表 8-7　配送模式选择表

市场需求规模	概率	销售量 / 件		
		自营配送模式	共同配送模式	第三方配送模式
大	0.5	1 000	1 200	1 500
一般	0.3	800	700	1 000
小	0.2	500	400	300

解：

自营配送模式期望值：

$$E_1 = 0.5 \times 1\,000 \text{ 件} + 0.3 \times 800 \text{ 件} + 0.2 \times 500 \text{ 件} = 840 \text{ 件}。$$

共同配送模式期望值：

$$E_2 = 0.5 \times 1\,200 \text{ 件} + 0.3 \times 700 \text{ 件} + 0.2 \times 400 \text{ 件} = 890 \text{ 件}。$$

第三方配送模式期望值：

$$E_3 = 0.5 \times 1\,500 \text{ 件} + 0.3 \times 1\,000 \text{ 件} + 0.2 \times 300 \text{ 件} = 1\,110 \text{ 件}。$$

因为第三方配送模式的期望产出最大，所以选择第三方配送模式。

思 考 题

1. 冷链配送的特点是什么？
2. 冷链配送系统的构成要素有哪些？
3. 冷链配送的流程是什么？
4. 冷链配送的典型模式有哪些？

案 例 分 析

"互联网+"优秀案例：解决生鲜冷链物流难点　打造社区智能微菜场

一、基本情况

苏州食行生鲜电子商务有限公司总部位于苏州高新区，公司利用现代互联网信息技术自行研发建设运营"食行生鲜"电商平台，积极打造"社区智能微菜场"，实现居民网上订菜和社区智能直投站全程冷链配送，创建生鲜农产品O2O新型流通模式，打通生鲜业C2B2F（Customer to Business to Farm/Factory）的完整产业链条。

食行生鲜社区智能微菜场的目标产品是每个家庭、每天消费的生鲜农副产品。目前，销售产品涵盖蔬菜豆菇、新鲜水果、鲜肉蛋禽、水产海鲜、速食冻品、牛奶面点、粮油副食、零食酒水等居民日常生活所需食材。依托"互联网+"平台的社区"智能微菜场"，通过在社区设立农产品直投智能冷藏柜，直接连通农产品生产基地与社区居民，将传统线下菜场零售与现代电子商务相融合，可为市民提供24小时买菜服务。

食行生鲜目前已经在苏州、上海、北京和无锡3 000多个中高档社区建立了社区智能微菜场，为超过330万户家庭提供生鲜配送服务。食行生鲜通过预定制消费模式，一手牵农民，另一手牵市民，减少中间环节，以销定采，为市民打造"家门口的菜市场"。

二、主要做法

国务院办公厅发布的《关于推进农村一二三产业融合发展的指导意见》中指出"健

全农产品产地营销体系，推广农超、农企等形式的产销对接，鼓励在城市社区设立鲜活农产品直销网点""大力发展农产品电子商务，完善配送及综合服务网络"。食行生鲜响应政府号召，以市场需求为导向，形成农业产业新业态和商业模式。

事实上，菜场已经存在了几百年，超市大卖场存在了10多年，而生鲜电商只是新生事物。尽管电商平台占比还不到百分之一，但该数据的存在就意味着它得到了认可，也意味着生鲜电商渠道变革正在开始，其成为品类的机会出现了。

"80后""90后"是网络培养起来的一代，目前已经成长为家庭消费的主力军，网购对于他们和一些有知识的老年人来说，并不是难以接受的新鲜事物。食行生鲜首先将现场填单预定这个过程通过线上 App 得以实现，配送则采用了全程冷链加独立冷柜。这些做法避免了"落地电商"在物流配送方面存在的弊端，如，食材都混杂放在一个冰箱，居民取菜时，义工需要耗费时间和精力去查找核对；如果用户忘记前来取菜，义工还需要电话通知，耗费了大量的人力物力，也不能保证新鲜食材第一时间准确到达用户的手中。

在物流方面，公司自建冷链配送中心，完成农产品的储存、自动化分拣、包装，严格控制时效。食行生鲜实行订单制配送，每天晚上12点之前截止收单，前一天的订单会根据客户的需求，在次日的上午9点半或下午4点这两个时段送至小区，并承诺延期赔款、有问题轻松退。

目前的生鲜电商一般更愿意做进口水果、牛排、三文鱼等高附加值的商品，再通过满百包邮等方式做大客单价。食行生鲜却主打大众生鲜食材，即蔬菜、肉禽蛋等日常高频品类，由基地直采，冷链配送到冷柜，使部分品类为"零库存"。通过规模化的生产和采购降低损耗，抢占传统线下的市场。农贸市场和商超看似效率高，其实是繁忙给人的虚假印象。流通非常碎片化，损耗达到20%～30%。和传统线下渠道比，食行生鲜在便捷、安全、新鲜、价格4个方面都产生了不对称的竞争力。

"便捷"容易理解，"新鲜"是因为全程冷链到社区冷鲜柜的模式，"价格"则是因为预定制消费加基地大规模直采减少了损耗。关于食品"安全"问题，损耗同样也是食品安全的原罪，中间环节很多的安全问题都是商贩为了减少损耗带来的，比如，他们会用甲醛浸泡娃娃菜根部，用硫黄熏制冬笋，加孔雀石绿来让鱼活得更久一些。但是最终这个菜到底新鲜不新鲜，消费者一吃就能评判。

传统生鲜电商难做，根本在于运输保存过程中的损耗，加上昂贵的冷链建设成本等，反映为"订单履约成本（平均每个订单所投入的人员、物流及其他运营成本和值，含优惠券及促销成本等）"过高，造成只卖高附加商品，日常刚需品类稀少、价格昂贵、时效差，以及脱冷、不新鲜等种种问题，让消费者失去信任，最终又抬高履约成本，造成死循环。

"最后一公里"的配送也是生鲜电商的另一个老大难问题。除快递上门配送外，不少平台选择与便利店合作，由便利店老板上门配送。而食行生鲜的解决方案是"生鲜柜"。食行生鲜在超市储物柜的基础上，加上了制冷功能，并且给柜子连网。这样果蔬何时入柜，入柜后温度是多少，有无故障等均可网络管理，从而达到了对果蔬挑选、系统分发、物流等多方面的掌控，解决了生鲜对全程冷链物流的需求难点。同时，通过柜子模式，还可以达到对成本的控制，首先节省了配送的人工成本，再者选择公众场所、公共区域设置保鲜柜，还省下了店面的商业租金。

三、经验效果

1. 建立"市场+基地+农户"的新模式

食行生鲜可以利用 C2B2F 模式的优势，建立"市场+基地+农户"的新模式，通过大数据指导农产品生产基地根据客户的需求，及时调整种植结构，避免农产品产销不对路。食行生鲜订单式农业的试点已经开始，计划三年后培植 4 000～5 000 家食行专项的订单式农业基地。订单式农业的实现不仅可以帮助农民解决产销信息不对称，对平台来说，将实现食品安全全链条溯源，为消费者找到食品安全感，也为中国农产品安全流通建立一个市场化的样板。

2. 缩短流通供应链，解决市民买菜贵难题

农产品在传统模式下从产地到消费者的手中经历多个批发环节，这些繁多的流通环节使得农产品价格在流通过程中逐步被抬升，再加上少量流通商囤积居奇，市民买菜贵成为大难题。食行生鲜甄选优质农产品生产基地、供应商，如常熟董浜蔬菜基地、中粮肉品等，利用专业冷链车配送生鲜食材至直投站点智能冷藏柜，从基地到冷藏柜，直至用户取走产品前，食行生鲜都确保全程冷链覆盖，最大程度上保证食材的新鲜程度，解决了生鲜物流"最后一公里"难题。

3. 建立安全管控体系，保障食品安全

食行生鲜建立了一整套安全管控体系，在体系内每盒生鲜食材均可见、可控、可追溯。食行生鲜还联合有关职能部门，加强对"智能微菜场"食品安全的监督和指导，每天对农产品进行抽样检测，并将检测报告在公司微信公众平台公示。食行生鲜从源头保障食品安全，并要求所有产品全程在低温保鲜的配送中心进行收货、检测、包装、打码、分拣、预冷，再通过专业冷链车将用户的订单配送至生鲜直投站点智能冷藏柜，确保食材最佳品质。

4. "基地直供+预定"模式，降低损耗

食行公司采用的先用户预定后基地采购的模式，大幅降低了农产品在流通环节的损耗。用户首先通过线上提交订单，然后食行认证的农业基地及供应商根据用户预订量，按量配送至食行生鲜配送中心。

食行生鲜形成从产品采购、物流运输、订单处理、在线支付、冷链配送和售后服务的完整闭环，并掌控每个环节，带给用户一体化体验。食行以生鲜直投为主要特色，避开了与传统大卖场的直接竞争，同时食行具有自主研发的系统软件、终端设备，使得食行直投站具备更强的生存能力和较短的建站培育期，模式新颖，可复制性强，成长性高，便于推广实施。

（案例来源：中华人民共和国农业农村部：http://www.moa.gov.cn/ztzl/scdh/sbal/201609/t20160902_5262578.htm）

第 9 章
冷链信息化

本章学习目标

1. 了解地理信息系统（GIS）；
2. 了解全球定位系统（GPS）；
3. 了解追溯技术；
4. 掌握冷链物流信息管理系统；
5. 熟练运用冷链温度监控；
6. 熟练运用物联网与冷链物流信息技术。

案例导入▶▶

> 虽然冷链物流越来越受到各个行业的重视，但许多进入冷链物流的商家面对投入门槛高、运营成本贵、回报周期长等特点的冷链物流一筹莫展。苏宁准确地认识到冷链物流发展中存在的信息化程度低的问题，着力打造苏宁物流的冷链优势，不断通过集团自身在物联网、大数据平台、云计算与人工智能等新兴技术上的优势，对冷链物流进行技术集成化、信息系统化、装备智能化、运作集约化的转型与升级，打造出一条接近国际先进水平的冷链网络。
>
> 目前，苏宁物流在全国布局的冷链仓已覆盖上百座城市，在全国多个城市自建现代化多层次的温区冷库，实现恒温、冷藏、冷冻、深冷多温区分。通过专业冷链运输网络、全链路专业化的温控管理技术及分钟级的末端配送服务，搭建服务于多领域合作伙伴的基础网络。苏宁物流要加快推进冷链物流建设，还需要加强冷链物流体系信息化转型，运用专业的物流管理信息系统来建立物品全生命周期档案，科学地整合生产、分销、仓储运输、配送等供应链上下游的信息，提高整体效率，实现冷链运输管理的透明化、一体化。

9.1 冷链物流信息化概述

9.1.1 地理信息系统（GIS）

GIS 是在计算机硬、软件系统支持下，对整个或部分地球表层（包括大气层）空间中的有关地理分布数据进行采集、储存、管理、运算、分析、显示和描述的技术系统。GIS 应用于物流分析，主要是指利用 GIS 强大的地理数据功能来完善物流分析技术。在物流分析决策中，80% 以上的决策信息与空间地理有关，并发挥着重要作用。

9.1.2　全球定位系统（GPS）

　　GPS 具有实时、全天候、连续、快速、高精度的特点，将 GPS 技术运用到冷链物流运输行业，能够大大提高冷链物流运输的质量、有效地保证冷链物流运输时间，从而确保冷链产品的质量和及时送达。GPS 技术可以帮助人们随时查询冷链物流运输货物车辆的位置，不但能加强车辆监控，而且能避免绕行，帮助选择最优路径，减少车辆损耗和运输时间，降低冷链物流运输成本，从而取得明显的经济效益。

　　从我国冷冻冷藏经营产业链条的现状看，从终端的消费信息采集、分析、加工，到生鲜食品开发及推广，再到新产品运销到市场的整个流程中信息传递不畅，反应迟钝。冷链食品的服务网络和信息技术应用都不够完善，大大影响了食品物流的在途质量、准确性和及时性，冷链的成本和商品损耗很高。所以，应该利用先进的信息技术及时了解食品的生产、加工、存储信息；掌握供应链中冷冻冷藏产品的数量、位置及温度，如安装全球卫星定位系统，进行及时提货和补货，同时也要对冷藏车的运输进行全面动态监控，从而提高冷链物流的作业效率与管理水平。

9.1.3　追溯技术

　　当今客户越来越希望知道产品原料的来源、储存温度、生产和销售日期。有些食品加工企业已经建立了"全流程追溯体系"，如每一头猪都配备唯一的"检验检疫及胴体追溯"条形码，真正做到"来源可追溯、去向可查询、责任可追究"，所有产品百分之百合格方能出厂。

　　在冷链过程中需要跟踪和追溯一个或一组产品，可追溯技术关键之一是可追溯信息链源头信息的载体技术，由此产生和发展起来一门重要技术——标识技术。在饲养场、屠宰加工厂经常使用 RFID 技术，在蔬菜等种植业产品上，主要运用条形码技术。

1. 条形码技术

　　条形码技术属于自动识别技术范畴，它提供了快速、准确地进行数据采集输入的有效手段。条形码是由一组宽度不同、反射率不同的条和空按规定的编码规则组合起来，用以表示一组数据和符号，包括：一维条形码，如 EAN、UPC、39 码、交插 25 码和 EAN128 码等，其共同的缺点是信息容量小、需要与数据库相连，防伪性和纠错能力较差；二维码，是由矩阵代码和点代码组成，其数据是以二维空间的形态编码，在一维条码无法满足实际应用需求的前提下产生。由于受信息容量的限制，一维条形码通常是对物品的标识，而不是对物品的描述。

　　条形码功能强大，具有成本低、使用简单等特点，在商品库存管理方面得到广泛应用，如大型超市或购物中心、配送中心、库存管理、国际贸易等。

2. RFID 技术

RFID 是 Radio Frequency Identification 的缩写，即射频识别，是一种非接触式的自动识别技术，由它通过射频信号自动识别目标对象并获取相关数据，识别工作无须人工干预，可工作于各种恶劣环境，如潮湿、污染、低温等环境，具有寿命长、读取数据可加密、储存能量大和存储数据可以更换等重要优点，在多个领域具有广泛的应用前景。RFID 技术可识别高速运动物体并可同时识别多个标签，操作快捷方便。在冷链物流系统中，可以把 RFID 温度传感标签放到需要监控温度的物品内部检测温度，比如，可以通过系统的读取装置实现每小时，甚至每分钟检测货物温度一次，并记录到计算机管理系统中。

（1）RFID 工作原理

电子标签进入工作区后，接收读写器发出射频信号并获得能量进而发送存储在芯片中的有用信息，或主动发送某一频率的信号，读写器读取信息解码后，传至后端的信息系统进行数据处理。工作原理如图 9-1 所示。

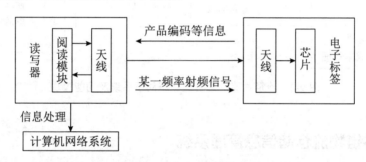

图 9-1　RFID 工作原理

（2）RFID 标签的构成及分类

RFID 标签由电子标签、读写器、天线和后台系统 4 部分组成。RFID 标签按可读性来分，可以分为可读写、一次写入和只读标签；按能量来分，可分为有源标签和无源标签。有源标签本身带有电池供电，读写距离远，体积较大，成本较高，也称为主动标签，不足之处在于电池寿命有限，需更换电池；无源标签在收到读写器发出的微波信号后，将部分微波能量转换为直流电供自身工作，免维护、成本较低、使用寿命长、体积较小且轻、读写距离较近，也称为被动标签。

9.2　冷链物流信息管理系统

物流信息系统也称物流管理信息系统。《物流术语》（GB/T18354—2021）中将物流管理信息系统（logistics management information system）定义为通过对物流相关信息的收集、存储、加工、处理以便实现物流的有效控制和管理，并提供决策支持的人机系统。从狭义上说，物流信息系统就是管理信息系统在某一涉及物流的企业中的应用。

物流信息系统是整个物流系统的心脏，是现代物流企业的主要特征。对于物流企业来说，拥有先进高效的物流信息系统在某种意义上比拥有车队、仓库更为重要。物流信息系统在物流运作中非常关键，并且自始至终发挥着不可替代的中枢作用。

冷链物流信息系统适用于冷链中承担不同功能的仓储企业、运输企业的冷链物流管理，包括第三方物流的信息管理系统。目前，冷链物流信息系统主要由业务管理模块和企业管理模块两部分组成。图 9-2 所示的是冷链物流信息管理系统的子系统及功能模块。

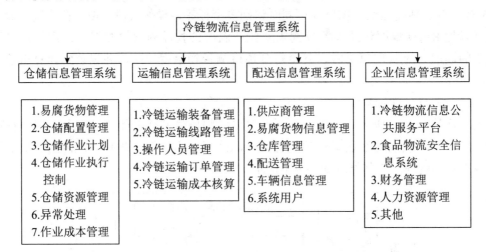

图 9-2　冷链物流信息管理系统的子系统及功能模块

9.2.1　冷链物流仓储信息管理系统

仓储管理系统是通过入库业务、出库业务、仓库调拨、库存调拨、质检管理、虚仓管理等功能，综合批次管理、物料对应、库存盘点、质检管理、虚仓管理和即时库存管理等功能综合运用的管理系统，有效控制并跟踪执行库存操作，与其他系统的单据和凭证结合使用，可提供更为完整的全面的企业流程和管理信息。

仓库管理系统［warehouse management system，WMS，《物流术语》（GB/T 18354—2021）］，是对物品入库、出库盘点及其他相关仓库作业、仓储设施与设备、库区库位等实施全面管理的计算机信息系统。随着客户对易腐货物需求的种类和数量增加，易腐货物的产品结构越来越复杂，整个市场对易腐货物的个性化要求也越来越高。加之易腐货物本身的特性，如何存储这些易腐货物，并实现可追溯，确定合理库存，最大限度地利用库房容积，以及如何安排冷库与冷库以及产地与销售点之间衔接过程中的装卸作业，以保证冷链"不断链"，变得越来越重要。另外，WMS 系统还要支持仓库内所有的自动化设备。

先进的冷链仓储信息系统针对现场作业状态，实时调整作业计划。生成计划主要考虑的因素有冷库作业面积、储位及储位分配情况、易腐货物特性、设备运行状况、作业时间限制，以及客户等待时间、操作人员数量及操作人员的训练程度等。另外，某些

WMS 系统采用了 Rulebase 或 Knowledgebase 技术，将人们在实际仓储作业中的优秀经验进行整合，使系统能够充分整合现有的仓储资源，从而达到最佳的冷链操作效率。冷链物流仓储信息管理系统包括以下几点。

（1）易腐货物管理

易腐货物管理根据冷链物流的仓储业务特点，其存储区域管理包括存储地区、低温仓库、低温仓库内的存储区域以及货架储位的管理。易腐货物的存储信息管理包括存储库存和在途库存管理。

（2）仓储配置管理

易腐货物的存储条件需要进行配置。先进的仓储管理能够对仓储实体进行参数配置，实现对仓储资源的识别和管理。需要配置的信息主要有仓储编号、仓储面积、储位编号、储位面积以及储位存储规则等。通过仓储配置，可以根据实际作业需求制订优化的仓储作业计划，实现对仓储环境的高效利用，使有限的人力、物力、仓储面积得到充分利用。

（3）仓储作业计划

仓储作业计划是通过采集易腐货物订单以及根据系统中的仓储配置数据，结合系统中已经设定的作业规则，规定的时间内完成仓储计划，包括易腐货物的收货上架、拣货、补货、月台或码头装载等。同时，冷链系统要求及时配送、顺畅流动以及全程质量管理。为实现这一要求，需要连续补货计划、供应商管理库存等现代物流管理技术。

连续补货计划［continuous replenishment program，CRP，《物流术语》（GB/T 18354—2021）］是利用及时准确的销售信息确定已销售的商品或已消耗的库存数量，根据下游客户的库存信息和预先规定的库存补充程序确定发货补充数量和配送时间的计划方法。CRP 以小批量、多频率方式进行易腐货物的连续配送，可提高库存周转率。

供应商管理库存［vendor managed inventory，VMI，《物流术语》（GB/T 18354—2021）］是按照双方达成的协议，由供应链的上游企业根据下游企业的需求计划、销售信息和库存量，主动对下游企业的库存进行管理和控制的库存管理方式。利用 VMI，可以提高冷库用利用率，降低冷链成本。供应商进行 VMI 管理很重要的前提就是供应商能实时查看用户销售信息和当前库存，能够对市场需求进行预测从而决定是否补货，补货量是多少。供应商管理库存大多采用 VMI 集中模式，就是在供应商和用户企业之间增加节点库存，对供应商货物进行管理。这个节点仓库交由第三方物流企业进行管理。供应商、第三方物流企业、用户企业组成一个虚拟企业。第三方物流企业负责协调存货、运输、补货、产品检验等工作，并负责接受用户企业的销售、库存等信息。预测系统为用户企业进行需求预测和制订补货计划等。图 9-3 所示的为基于第三方物流的 VMI 集中管理模型。

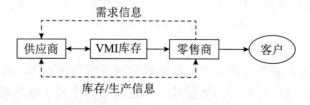

图 9-3　VMI 集中管理模型

（4）仓储作业执行控制

仓储作业执行控制是对易腐货物冷链作业计划生成以后执行情况的管理。在作业执行方面，很多 WMS 系统都有比较先进的解决方案和相应的产品，如 EXE 的 Exceed、ES/LAWM 等系统，其中 ES/LAWM 还提供了基于打印工作指令的执行管理系统以适应自动化水平较低的仓储作业环境。

（5）仓储资源管理

仓储资源除了易腐货物之外，还包括仓储结构、设备以及作业人员等。主要功能体现在：仓储结构合理配置，提高场地利用率；合理组织仓储作业人员，合理安排工序，使作业效率最大化；合理调配仓储设备，通过设备检修计划提高设备完好率。

（6）异常处理

在实际操作过程中，由于易腐货物的特性和客户小批量、多品种的需求，冷链物流的仓储管理非常复杂。在仓储管理中，存在各种突发事件以及异常交易作业，因此需要设计一个完善的系统来处理这些异常情况。

（7）作业成本管理

易腐货物的冷链物流仓储管理系统的主要目标是优化仓储作业管理，实现低成本化、效率最大化。WMS 系统的主要管理对象是易腐货物，主要通过关注仓储作业活动实现作业成本的可控和优化。而一般企业采用的 ERP 系统（Enterprise Resource Planning），是以物料成本为中心展开的成本控制管理活动，两者的实现手段不一样。随着第三方冷链专业物流服务形式的出现，专业、先进的系统将提供更加全面的基于作业的成本管理功能，以便更好地进行优化管理，控制成本，提高效率。

9.2.2 冷链物流运输信息管理系统

运输管理是冷链物流中的一个主要子系统，运输管理的主要管理对象是运输工具管理（车、船、飞机等）、运输环境管理（运输线路、站点和地图）、人员管理（驾驶员、装载人员及管理人员等）、运单管理（运单、运输线路计划流程等）、运输成本核算（人员成本、运输资源成本、能源消耗核算控制等）、优化管理（路径优化、运输能力优化及服务优化等）、客户管理（客户订单服务、查询）、跟踪管理（包括采用 GPS 和 SMS 等系统实现的运输跟踪管理）等。冷链物流运输信息管理系统包括以下内容。

（1）冷链运输装备管理

冷链运输装备主要包括铁路、公路、航空及水路冷链运输工具。其中要管理的元素有运输能力（包括装载体积、重量）、运输速度、能源消耗计量等。运输业务包括外包服务，因此冷链运输管理还要包括冷链运输服务提供商的管理。

（2）冷链运输线路管理

冷链运输线路管理主要目的是建立冷链运输服务区域数据库，通过对这些数据库的引用并采用一定的算法设计合理的运输线程和运输站点序列。根据运输企业以及运输服务特性不同，冷链运输线路管理可分为区域型、线路型和混合型运输线路管理。运输线路的属性主要包括运输目的地的坐标、经过站点之间的距离、通畅能力值等。其中通畅能力是未来进行优化处理的基础。一般来说,通畅能力值由以下几个元素构成:站点之间的路径流量(通过 GIS 系统获得)、高峰流量、站点之间发生事故的概率等。此外,通畅能力还与运输工具有关,因此,以上元素必须根据不同的运输工具分别设定。

(3) 操作人员管理

在运输管理系统中,人员管理也十分重要,其中包括驾驶员和随车送货员管理。对于运输作业来说,尽管系统给定了优化的运输路线,但在易腐货物的在途运输中,会遇到各种各样的意外情况,而有经验的驾驶员和没有经验的驾驶员在处理这些意外情况时的表现会不一样,得到的效果也就不一样。有经验的驾驶员的人力成本相对较高,如何进行合理的作业人员定岗和任务分配将直接影响到冷链运输作业的完成质量。驾驶人员的属性主要由以下几个元素决定。

①人员的基本属性(姓名、性别、年龄、教育程度、住址、联系方法等)。
②人员的技能属性(驾龄、驾驶证级别、作业区域、历史事故等信息)。
③人员的成本属性(工资、津贴、奖励等)。

(4) 冷链运输订单管理

冷链运输管理系统根据用户的不同需求产生不同的运输订单,提供合理、成本最低的运输方案。根据运输订单运行运输的组合作业,可以提高运输效率。由此制订的运输计划安排的结果是要最大限度地保证时效性、经济性及安全性。

(5) 冷链运输成本核算

在运输管理中,成本核算主要针对的项目为运输成本,而运输成本中比较难控制的是可变成本,可变成本中主要是能源消耗,影响能源消耗的因素很多,有路径长度、道路通畅能力、驾驶人员的操作技术、气候原因等因素。目前,大多数运输管理主要依据路径长度来控制运输可变成本,而精确的成本核算则应综合考虑上述所有因素对能源消耗的影响。

(6) 客户管理

冷链运输管理的需求主要来自物流公司的运输需要、厂家送货需求及客户提货需求。冷链物流公司主要是指第三方物流公司,包括货代企业。因此,冷链运输管理系统主要针对不同的用户需求分别提供不同的运输服务。

(7) 作业跟踪

在实际的冷链运输作业中,计划安排的对象并不是一个静止的,而是处在不断变化之中的,必须设计作业跟踪来对这些变化加以记录和跟踪,因此,跟踪是运输管理系统中比较重要且有特色的功能之一。

目前的运输管理系统对作业的跟踪分为静态跟踪和动态跟踪两种形式。静态跟踪主要通过运输订单的回单收集来实现,而动态跟踪则通过手机短信、GPS 等设备进行作业跟踪。静态跟踪是事后行为,它只能为下一次计划安排提供改进依据,但无法对正在发生的问题加以纠正或改进。而动态跟踪则不同,动态跟踪可以使计划安排更合理,减少空车营运,提高异常事件的处理应对能力。

9.2.3 冷链物流配送信息管理系统

（1）供应商管理

供应商管理主要实现对供应商的管理，包括供应商的添加、删除、查询和更新操作，以及根据供应商提供的货物品类，从数据库中查询该货物的供应商，使企业便于对货物和供应商进行管理。

（2）易腐货物的信息管理

易腐货物的信息管理主要是对采购或承运易腐货物的管理，包括易腐货物相关信息的添加、删除、信息查询和更新等操作，查询易腐货物库存货位或者配送车辆、发往客户所在地信息等。

（3）仓库管理

仓库管理主要是低温仓库温度的设置与调节、库存控制、易腐货物盘点和货架管理，以及根据配送安排，将易腐货物调度出库发往客户所在地。

（4）配送管理

配送管理主要是易腐货物的管理，包括配送易腐货物的查询、添加、更新、检验和打印等，实现对易腐货物的装车、运输情况，发往目的地等信息的管理，实现对业务中涉及的凭单进行查询验证、更改、删除和打印等操作。

（5）车辆信息管理

车辆信息管理主要是对冷链运输装备进行管理，主要包括车辆的数量添加、删除等操作以及根据冷链物流配送路线优化方案进行统筹调度，安排合适的车辆为客户快速、经济、安全地提供所需的易腐货物，实现车辆配送的智能化与科学调度。

（6）系统用户管理

系统用户管理主要实现对使用冷链物流配送信息管理系统的用户进行管理，主要包括用户的登录、密码修改、用户的添加、权限修改和删除等基本功能。

9.2.4 其他信息系统

（1）冷链物流信息公共服务平台

冷链物流信息公共服务平台是配合冷链配送业务，将所有冷链应用相关的信息公布到平台上对社会开放。该平台可以应用于冷链工程设计开发，整合冷链配送业务，与农产品电子商务于一体，解决冷链装备调控和回程缺货的问题，有利于合并运输、共同配送，提高农产品的冷链物流效率。例如，农产品冷链物流信息平台是一个开放的系统，相关的企业和个人凭借一定的商品信息就可以查询到该商品的全段冷链温度控制信息。

首先，农产品冷链物流信息平台应可以对信息进行整合，提供政府监管的入口、行业协会查询信息入口、生产企业和零售企业的查询入口和消费者查询入口，并且不同类型的查询应具有不同的权限。

其次，通过 EDI 技术，农产品冷链物流信息平台可以实现与国家机关和供应链企业的数据交换和处理，相关的数据可以方便导入和导出。该平台综合 GIS、GPS 等先进的物联网技术，共同实现信息的实时传递和共享。

政府的相关监管部门与农产品加工企业之间实现信息同享，政府就可以实时地监管农产品的加工生产等环节，不用到企业实地考察就可以通过反馈信息，发现问题所在，可以为政府出台相关的农产品冷链物流政策提供依据，从而对农产品冷链质量问题进行良好的监管控制。同时，冷链上的其他企业之间也可以通过信息平台实现信息的共享，提高企业和企业之间的协作水平。

消费者利用信息平台，可以即时查询购买商品的冷链全过程控制信息。一旦发现商品有任何的温度失控，进而导致商品品质的变化时，消费者可以依据此消息进行索赔。通过信息平台，可以让消费者放心地购买冷链农产品，减少信息不对称所导致的损失。

（2）食品物流安全信息系统

食品物流安全信息系统可实现食品信息的可追溯性，保证食品从原料采购到达消费者手中的全过程信息（如原料产地、加工配料、包装、储运温度及有关作业信息）可追溯、透明化，包括相关的知识库、辅助决策支持系统及食品物流安全事故应急预案。例如，农产品冷链物流信息系统要求针对具体的信息实现可追溯。通常的物流信息平台中，信息的流向都是从生产地流向销售地，但是农产品冷链物流系统却有所不同。有时候，信息会有回溯的过程。在冷冻冷藏农产品售出之后，如果消费者在食用后引起不适，那么针对农产品品质的追溯就可能随时开始，主要是对冷冻冷藏农产品储存、加工和运输温度的追溯，信息逆流而上，通过研究不同环节的温度变化来确认问题所在。尤其是确认温度变化的原因及责任人，就需要在每一个环节都有相关的温度、责任人员记录。可见，该系统的信息量非常庞大，需要从生产、包装、预冷、加工、冷藏、运输等各个环节进行信息的记录才能实现可回溯。同时，该系统应该有自动预警功能，也就是说，如果某种商品的温度与预设的保存温度发生了较大的出入，那么系统应该可以自动报警，提示相关人员注意产品的品质变化。

（3）财务管理

对冷链物流企业来说，由于业务峰值的因素，所有业务如果都要通过凭证进入财务系统的话，将造成系统数据的急剧爆炸，浪费数据存储资源。因此，为适应冷链物流管理系统的需要，财务管理系统在数据的采集上必须直接对应作业原始单据，如订单数据等。

（4）人力资源管理

与 ERP 的人力资源管理不同，冷链物流系统所赋予的人力资源管理主要内容是针对作业人员的管理。它包括人员属性记录、工作经验记录以及岗位经验记录和奖惩记录。在我国冷链物流企业中，除了管理人员以外，大多数作业人员来源于劳务市场和外来务工人员，这些人员流动性较大，且目前劳务市场对这些人员的管理水平较低，因此，冷链物流系统必须是基于冷链物流运作需求的人力资源管理，要建立人力资源数据库。

9.3 物联网与冷链物流信息技术的应用

扩展阅读 9.1
扫码观看

9.3.1 物联网在冷链产业中的应用

物联网在冷链产业中的运用将促进运输的智能化、物流可视化及信息透明化，使冷链创造更多的价值。冷链产业中的生产商、物流商、销售商、消费者，通过可接入互联网的各种终端，随时随地获知易腐货物状况，享受物联网技术带来的安全性和及时性等方面的变革。

物联网技术接口丰富，如无线终端、电子闸口、电子地磅、条码应用、电子标签和 EDI 接口等，可以进行实时监控。

物联网技术可以对冷链运输车辆进行自动识别，提高关口通过速度，减少集疏作业的拥堵现象，也可以对易腐货物进行跟踪。

在作业指导方面，物联网技术可以进行智能预警，通过对重要或异常数据的预警，提高管理的效率，规避风险。消息通知可对实效性要求高的信息进行即时提醒，加快作业效率，也可以进行柔性智能控制，统一指挥作业。

物联网技术的应用可以减少冷链中的冷库和分销点因劳动力雇用所带来的人力成本，同时节约了大量的冷库和分销点监控成本。物联网技术的应用是提高运作效率、降低供应链成本的重要因素。

9.3.2 地理信息系统（GIS）在冷链物流中的应用

GIS 在冷链物流中的应用，主要包括运输路线的选择、仓库位置的选择、仓库容量的设置、合理装卸策略、运输车辆调度、投递路线选择等方面的决策。

车辆路线模型用于解决一个起始点、多个终点的货物运输中如何降低物流费用，并保证服务质量的问题，包括决定使用多少车辆、每辆车的路线等。

网络物流模型用于解决寻求最有效的分配货物路径问题，也就是物流网点布局问题。如将货物从 N 个低温仓库运往 M 个商店，每个商店都有固定的需求量，因此，需要确定由哪个低温仓库提货送给哪个商店，所耗的运输代价最小。

分配集合模型可以根据各个要素的相似点，把同一层上的所有或部分要素分为几组，用以解决确定服务范围和销售市场范围等问题。如某一公司要设立 x 个分销点，要求这些分销点覆盖某一地区，而且要使每个分销点的顾客数目大致相等。

设施定位模型用于确定一个或多个设施的位置。在物流系统中，低温仓库和运输线共同组成了物流网络，低温仓库处于网络的节点上，节点决定着线路，如何根据供求的实际需要并结合经济效益等原则，在既定区域内设立多少个低温仓库、每个低温仓库的位置、每个低温仓库规模，以及低温仓库之间的物流关系等问题，运用此模型均能很容易地得到解决。

9.3.3 全球定位系统在冷链物流中的应用

1. 冷链物流 GPS 技术的应用

由于冷链产品必须低温存储和运输，在运输中一旦发生车辆抛锚、冷冻系统瘫痪等事故，就会大大影响冷链产品的质量。将 GPS 定位技术应用到冷链物流中，通过网络实现资源共享，可以对货物运输过程中的车辆的运行路线、车货的实时运行位置、人员的安全情况、车辆的运行情况及车厢内的温度进行监控，实时准确地掌握，便于车辆的指挥调度，发生突发事故后迅速做出决策。

在冷链物流运输环节，GPS 应用包括以下方面。

（1）车辆跟踪

GPS 技术能实现对选定车辆的实时跟踪显示，并以地理信息系统来表现定位的结果，直观地反映车辆位置、道路情况、离最近冷库的距离及车辆运行线路的距离值。可通过车辆跟踪管理系统针对运输车辆的安全信息、事故信息、运行线路信息和车辆运行速度信息进行相关的控制。可以通过集成 GPS 技术和 GIS 技术，为运输途中的车辆提供即时定位服务、导航支持，以及运输线路规划和优化等相关的路线选择。信息中心可以根据相关的货运单，派出较为合适的车辆和司机进行作业。

（2）运行监控

车辆在运行的过程中，通过传感器采集相关的运行数据，如货物的温度信息、车辆行驶的速度信息、车载冷机运转信息等，通过车辆的终端可以显示在司机面前，同时这些信息也可以通过 GPS 技术传递给冷链信息监控中心。监控中心可实现多窗口、多屏幕同时监控多车辆运行，能准确掌握车辆的位置（包括地点、时间）及运行状况（包括发动机、温度、速度），能对指定时间内车辆的行驶里程、超速等运行信息进行分析统计，了解货物在途中是否安全，能否快速有效地到达。也可以通过 GPS 技术给车辆以一定的指示，方便驾驶员和中心联系，一旦遇到危险的情况，该系统可以自动向监控中心发出报警信号，可将发生事故车辆的位置和状况等信息及时准确地报告给监控中心，以供迅速做出决策，使事故损失降到最低。同时如果车辆偏离了预定的运行路线，或出现不正常的停滞与超速等异常现象，在信息监控中心也会有相应的报警，并可迅速查询纠正，避免危及人员、车辆和货物安全的情况发生。

（3）信息查询

可实时地从 GIS 上直观地了解运输车辆所处的地理位置，还可查询行车的路线、时间和里程等信息。系统可自动将车辆发送的数据与预设的数据进行比较，对发生较大偏差的情况进行报告，显示屏能立即显示报警目标，规划出最优援助方案，避免危及人、车、货安全。

（4）指挥调度

车载 GPS 终端实时计算出车辆所在位置的坐标后，通过数据交换技术（如 GPRS、

WCDMA、CDMA）等将坐标实时地发送给物流监控中心。监控中心通过解析这个坐标并将其对应到电子地图上，可以获得车辆目前所处的位置，结合车辆的运行状况，实现对系统内的所有冷链物流车辆的高效动态调度管理。实施车辆调度可提高车辆的实载率，有效地减少车辆的空驶率，降低运输成本，提高运输效率。

（5）路线规划

车载数据记录设备或者物流监控中心的数据服务器可以记录下每一辆车每一次的运行路线。根据货物的种类、运送地和运输时间的不同，利用 GPS 技术，通过统计和分析可以设计最佳行驶路线，包括最快的路线、最简单的路线、通过高速公路路段次数最少的路线等。路线规划好之后，利用 GPS 的三维导航功能，通过显示器显示设计路线及车辆运行路线和运行方法，可以使得冷链物流的运行路线更合理、更高效。

GPS 解决了信息沟通不畅而导致的车辆空驶严重、货物运输安全无保障、车辆资质可靠性差和车辆调度难等突出问题，通过信息化手段最大限度地整合了现有资源，使企业获得良好的经济效益。

2. 基于 GPS 技术的冷链运输信息系统架构设计

（1）系统发布平台

通过 Web Service 应用平台可以实现信息的对外快速发布。Web Service 可以执行从简单的请求到复杂商务处理的任何功能。一旦部署以后，其他应用程序可以发现并调用它部署的服务。因此，Web Service 是构造开发分布式系统的基础模块。

Web Service 提供了一种新的面向服务的构造方法，即应用实时集成。在这种条件下应用的设计只是描述网络服务功能和如何将这些服务协调组合。应用的执行只是将协作请求转化成发现、定位其他能够提供需要的服务协作者，并将调用消息返回以供调用。

（2）系统集成平台

冷链物流信息系统由数据库服务器、无线移动通信传输服务器、GPS 通信服务器、Web 服务器、GPS/GIS 监控台、温度控制监控台、调度中心和决策中心等部分构成。系统具有整合多种通信平台的能力，使监控、管理、调度、报警和定位信息能方便地在监控网络内共享。

传输服务器负责实时传输多种通信平台的数据，为各监控座席提供数据交换服务，并且协调各监控台的登录、注销和交互。通信服务器可支持客户监控终端通过各种网络接口访问监控中心。

监控中心是整个冷链运输监控系统的重要组成部分。监控中心的配置包括各类功能服务器（静态与动态数据服务器、电子地图服务器、Web 服务器等）、中心数据处理主机、监控中心大屏幕、应用终端和软件、报警装置和数据库等。该系统利用 GPS 的定位技术 RFID 的信息识别与发送技术、无线移动通信技术并结合电子信息系统，实现对在途运输过程中的冷链产品和车辆进行动态监控、调度管理、应急处理和报警求救等功能。

车辆运输监控系统是整个冷链物流信息系统的核心技术，是集全球卫星定位系统、移动通信技术、地理信息系统和计算机网络技术为一体的综合性高科技应用系统。它的主要技术就是利用 GPS 的定位数据，通过移动通信技术，利用 GIS 技术动态显示并进行实时监控，能够对运输车辆和车上的货物实现实时、动态的监控、跟踪、调度及实时温度状态管理等功能。它使用 GPS 系统来确定车辆的位置，利用移动通信技术，监控中心能够确定车辆和货物的状态、位置信息，并通过 GIS 显示车辆的准确位置或回放车辆的行驶路线轨迹。

（3）数据结构设计

数据结构设计主要包括两部分：RFID 数据设计和数据库设计。RFID 标签中主要存储的是货物相关信息；数据库中存储的是在运输货物时相关的信息。RFID 标签存储的数据包括货运编号、货主姓名、货主身份证号码、货物位置、货物类型、货物目的地、卖方货主姓名、卖方货主身份证号码、卖方货主地址、到达目的地的时间限制、提货人的名称、提货人身份证号码、货物规格（重量和体积）、货物存储温度、货物保质期、所在仓库、入库时间、出库时间、入库/出库承办人和货物所属货运单。

数据库存储的信息包括车辆车牌、车型号、车辆颜色、运输车辆数量、运输车辆发车时间、运输车辆装货时间、到达目的地的时间、车辆费用信息（路桥、装卸、车险、养路费等）、车辆维修信息（维修计划、车辆事故等）、驾驶员信息（姓名、生日、考驾驶证的时间、住址、联系电话等）、车辆位置信息（位置编号、位置经度、位置纬度、位置时间等）、仓库信息（仓库编号、仓库位置、仓库体积等）。

（4）基于 GPS 技术的冷链物流信息系统架构

基于 GPS 技术的冷链物流信息系统架构的设计着重解决冷链物流的信息技术和服务网络薄弱的问题。服务网络与信息技术对冷链物流的发展起着至关重要的作用。服务网络和信息技术不够健全，将会大大影响食品物流的在途质量、准确性和及时性，同时食品冷链的成本和商品损耗会很高。因此，通过信息技术建立冷链物流温度监控系统，对各种货物进行跟踪、对冷藏车的使用进行动态监控，同时将全国的需求信息和遍布各地区的连锁经营网络连接起来，可以确保物流信息快速可靠的传递和温度的精确控制。

9.3.4 RFID技术在冷链物流中的应用

伴随着 RFID 技术和应用的迅速发展，冷链物流业在原有的优势基础上逐渐开发出在 RFID 技术中加入温度传感系统。这种方法是通过温度传感器实时获取温度数据，然后传给与之连接的 RFID 标签储存，RFID 获得的数据就能在进入阅读器阅读范围时被读出，以供利用。通过这种方法，可以实现对运输/配送过程中温度发生改变时的预警，或是对物流活动中的温度变化进行记录，从而帮助辨识可能由温度变化引发的质量变化，以便采取相应的应急措施。

基于 RFID 的冷链物流信息管理针对产品质量保证的需要，冷链物流应遵循"3T 原则"：产品最终质量取决于在冷链储藏与流通的时间、温度和产品耐藏性。其中，冷链物流温度监控尤其重要。因此，应用 RFID 温度传感标签管理系统进行温度监控是保证产品质量的有效方法。RFID 的冷链温度方案解决系统，如图 9-4 所示。

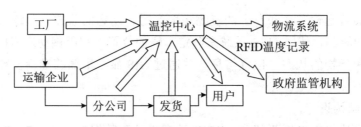

图 9-4　RFID 的冷链温度方案解决系统

食品加工企业、物流公司、储运企业、超市等，在冷链物流的生产、加工、运输、储存、配送和销售环节，应用 RFID 技术对货物进行管理和监控（主要是温度监控和位置监控），利用当前供应链中核心企业的 ERP 系统，或云计算技术作为信息平台，构建起 RFID 为基础的冷链物流信息系统平台（见图 9-5），可以有效加强对产品在各环节中温度变化的实时监控，从而有效降低因温度变化造成的产品腐损率，确保产品质量。

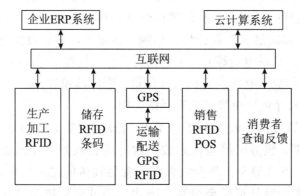

图 9-5　基于 RFID 的冷链物流信息管理流程

RFID 技术应用在冷链物流过程中包括以下几个方面：采购环节、存储环节、运输环节（货物跟踪）、配送环节、销售环节。

1. 采购环节

针对冷链产品保质期短、需要保鲜的特点，在冷链产品的供应上，要从产地开始进行跟踪管理，以保证产品的基本品质和营养价值。首先将采购的产品分类装箱并在每一箱货物上加上一个带有温度传感器的 RFID 标签，并将每箱货物的信息输入带有温度传感器的 RFID 标签中，内容包括货物编码、货物数量、生产地、品种、规格、包装时间、保质时间、储藏温度、湿度、价格和变更时间等信息。这些数据被采购控制系统采集和记录，并进一步纳入企业采购管理系统。对于冷链物流来说，温度是其核心，带有温度传感器的 RFID 标签能实时收集到货物的温度信息，企业能够监控到货物的实时温度。不同产品的货物和相同品种、品质不同的货物，都必须要有对应的产品温度指标。低温食品的物流应实现温度标准化，这样在后续存储、运输、配送和销售环节才可以保证货物的质量。

2. 存储环节

在存储环节，RFID 读写器在货物通过时自动采集电子标签信息，自动完成货物的盘点并将货物信息存储到系统数据库中，实现对货物入库、保管、出库的管理，同时继续读取货物的温度信息。

（1）入库

产品进入冷库时，可通过 RFID 读写器读取电子标签上的信息并录入信息系统，同时读写器将事先安排好的这个产品的入库位置（包括货架号、货位号等）写入电子标签，此时电子标签的信息实现更新。根据仓库划分的不同存放区域进行自动入库。在货物传输过程中，读写器自动读取货物包装上的电子标签信息，将货物种类的编码与数据库中的仓库分区编码相核对，如果编码一致，系统将控制传送带将货物送到相应的库位，以实现自动化货物地点分类操作。还可以利用读写器对货物的存放状态进行监控。

（2）在库

此后电子标签上的温度传感器会定时将该产品的温度信息通过网络传输给信息系统，仓库保管员可以坐在计算机前就能准确了解仓库中各个货物的温度情况，一旦发现异常就可及时排查隐患解决问题，最大限度地降低损失。

（3）出库

当产品进行出库作业时，出库信息通过系统传送到相应库位的电子标签上，显示出该库位存放货物需出库的数量，指示工作人员完成从货架到传输带的操作。货物通过仓库出口的 RFID 阅读器，系统自动完成验收操作。电子标签上关于产品的在库信息又会再次发送至读写器并传输至信息系统，此时信息系统可以及时更新仓库的货位空出信息，电子标签同时记录下商品的出库和运输时间。

仓库管理人员能够实时掌握商品的库存信息，从中了解每种商品的需求模式，及时进行补货，从而提高库存管理能力，降低库存水平。将整个收货计划、取货计划、装运计划等与 RFID 技术相结合，能够高效地完成各种业务操作。这样既增强了作业的准确性和快捷性，提高了服务质量，降低了成本，节省了劳动力和库存空间，同时又减少了工作失误造成的错送、损害、存放变质等损耗。

3. 运输环节

产品由冷库出库之后便进入运输环节，利用冷藏车运输是冷链物流中最容易发生质量问题的环节，因此对温度的监控尤为重要。在货物运输过程中，通过带有温度传感器的 RFID 标签，管理人员可以实时了解目前有多少货物处于转运途中，各自的始发地和目的地、预期到达时间及其他相关信息（货物的生产地、保质期、温度等），方便对在途货物进行管理。对于冷链产品，必须对温度进行实时监测，因为在运输过程中各种可能的外在因素和冷冻设备的故障，都会导致货物的温度有所变化，如果温度变化超出预设的范围，可以通过 RFID 标签实时传递的信息，很容易地追溯到问题的根源，迅速做出决策。产品身上带着丰富信息的电子标签在运输环节的主要功能是温度传感器对实时温度的侦测，按照系统中设定的合理的温度采集时间，电子标签上的温度传感器会定时测量冷藏车的温度，甚至可以根据产品在冷藏车内的不同位置感知温度的差异，之后通过安装在冷藏车驾驶室内的读写器定时将采集到的信息传回信息系统后台并更新电子标签内的存储信息，这样，在产品运输的全过程实现了实时的温度监控。

4. 配送环节

在配送环节，当货物进入配送中心时，配送中心入口处的 RFID 阅读器可以读取托盘上所有货物标签中所包含的内容，将这些信息与相应的采购单进行核对，可以检测是否发生错误。若货物出现变质和丢失等情况，则退货给供应商，确保对货物的精确控制。出库时，仓库出口处的 RFID 阅读器自动记录出库货物。通过 RFID 技术，配送中心能够大大加快配送的速度，提高拣选与分发过程的效率与准确率，从而增加配送中心每天的货物吞吐量，为配送中心带来了更大的经济效益。

5. 销售环节

货物送到时，零售商通过 RFID 阅读器记录下每一箱货物的信息，可以根据 RFID 标签中存储的信息，实时了解货物的状态（如温度、有效期等），保证在到达消费者手中时都处于保鲜、保质状态。零售商也可以通过收集到的信息，准确地了解库存状态，实现适时补货。

上述整个过程完成后，经过数次的信息录入和更新，产品的电子标签和信息系统数据库中都存储了与该产品冷链物流过程相关的所有信息，彻底解决了冷链物流中物流信息更新慢、信息滞后而导致的商品质量问题及损失，实现了从产品源头到销售末端的整体质量控制。

将 RFID 技术应用到冷链物流系统中，除了简化产品出入库的人工操作过程，减少产品在库的作业量，对运输及配送过程的温度控制进行全程监测等，还对产品的流向、产品的防伪等有重大意义。从生产制造、仓储物流到商品零售，大规模地采用 RFID 技术，可以实现商品从原料、半成品、成品、运输、仓储、配送到销售，甚至退货处理等所有环节的实时监控，不仅能极大地提高自动化程度，而且可以大幅降低差错率，显著提高供应链的透明度和管理效率。

扩展阅读 9.2

扫码观看

9.3.5 冷链监测技术

除条形码技术及 RFID 技术以外，冷链监测技术还包括：

1. 简单的采集技术

在传统运输中，厢内环境数据的获取只是测产品到达目的地时冷藏车厢内的温度和产品的即时温度，然后手工输入计算机中。

图表记录仪的出现能将监测到的历史数据随着时间的推移打印到纸上，但是对于冷链运输过程来说，图表记录仪并不适用，因为监测数据被记录到纸上，数据量较大，无法及时查看、反馈，或者只是在开关门、装卸货时才对温度进行监测，整个运输途中发生的异常情况不能及时得到解决。

2. 电子温湿度记录仪

电子温湿度记录仪能测量温湿度参数，并按照预定的时间间隔将其储存在自带的存储器中，完成监测功能后将其连接到计算机上，可以对记录的数据进行分析、下载，监测运输过程中是否有异常情况的发生。但电子温湿度记录仪不能实现实时远程监控，监控中心数据获得具有滞后性。

目前的数据采集主要是采集温度和湿度这两类数据，均是利用电子温湿度记录仪的传感器将温度和湿度这两个实际的物理量转换成计算机可以识别的数字量进行存储和运算。转换、运算、存储的过程一般都是通过微控制器，即单片机来实现的。

（1）微控制器数据采集的原理

温度记录仪主要采用如下两种方式采集温度。

①用嵌入式微型控制器控制温度采集芯片，控制器通过相应协议读取温度采集芯片内部存储器的数据，再通过相应的算法转化，将存储的数据转化为相应的温度，最终获得冷库/冷藏车的内部温度。

②利用嵌入式微型控制器读取本身自带的存储器或读取独立的转换芯片控制相应的模拟采集装置，来采集相应冷库/冷藏车内相应的温度信息。

湿度记录仪是将湿度这个物理量转化为微控制器可以采集的电信号，这个微控制器通过处理这个电信号就可以获得当前湿度传感器所处环境的湿度值。

（2）传感器

温湿度采集技术主要是通过温湿度传感器来实现的。冷链物流中对传感器的应用主要有两种：温湿度传感器和门传感器。对温度的测量一般用摄氏度（℃）表示，0℃为结冰点。对湿度的测量一般用相对湿度（RH%）表示，它代表一单位气体中所含水蒸气与饱和水蒸气量的百分比。

在冷链物流中，需要特别注意对湿度的控制。因为当空气的湿度过高时，温度的下降会导致空气中的水蒸气凝结成水珠，即发生凝结现象。对需要长时间低温干燥运输的物品来说，需要对湿度进行监测，防止凝结现象的发生。

温度传感器按其类型可以分为热电偶、热电阻、数字温度传感器和红外温度传感器。而湿度测量相对于温度测量来讲要复杂很多，最简单的湿度传感器是湿敏元件。湿敏元件主要有电阻式和电容式两大类。

冷链物流需要保持冷库、冷藏车、低温加工车间的温度稳定。开门的时候，外界较热的空气会进入低温的空间中影响内部温度。所以冷链企业在冷库、冷藏车、低温加工车间的门上加装门传感器防止出现门长时间打开忘记关闭的现象。门传感器的工作原理为：在门框和门上分别安装传感器甲和传感器乙。当甲、乙传感器的相对距离在一定范围以内时，表示门为关闭状态；当甲、乙传感器的相对距离超出一定的范围时，表示门为开启状态。当门长时间处于开启状态时，传感器将信号传递到报警器，报警器发出警报提醒工作人员及时关闭仓门。

3. 无线传感器网络

伴随着无线传感器网络技术的迅猛发展，欧美等发达国家逐步认识到无线温度传感网络系统在冷链物流中的重要作用。无线传感器网络（Wireless Sensor Network，WSN）是由大量的静止或移动的传感器以自组织和多跳的方式构成的无线网络，以协作地感知、采集、处理和传输网络覆盖地理区域内被感知对象的信息，并最终把这些信息发送给观察者。无线传感器网络作为一种全新的信息获取技术,凭借其低功耗、低成本、高可靠性等特点,已广泛应用于冷冻储藏、冷藏运输等领域。

由于无线传感器网络采用微型传感器节点组成的传感器网络,且采用对等式节点拓扑布置传感器网络,在较集中的监测区域内布置传感器网络,然后通过网关与控制中心进行通信,是一个以数据为中心的传感器网络,网关节点融合的数据相当于来自一个分布式的数据库。

冷藏运输时,无线传感器网络能够为用户提供实时的冷藏车厢内的环境信息,如温度、湿度、气体浓度等,帮助用户及时发现问题,调整管理策略,真正实现冷链监控的自动化、智能化与网络化。采用无线传感器网络构建冷链运输监控系统,有部署方便、成本低廉等优势,可以有效实现冷链运输监测的数据采集和传输。

4. 时间-温度指示器

时间-温度指示器(Time-Temperature Indicator,TTI)是一种新型的温度智能感知标识,能够通过颜色变化记录与跟踪被监测产品的时间温度变化历程。TTI 近些年发展迅速,在水产品、果蔬、畜禽等领域被广泛应用。

综合上述冷链监测技术的发展,表 9-1 对不同监测技术进行对比。

表 9-1 冷链监测技术对比表

监测技术	条形码技术	温湿度记录仪	RFID	WSN	TTI
功能	识别	识别	识别	识别/感知	感知
远程传输	否	否	是	是	否
信息量	小	较大	较大	海量	一般
监测距离	几 cm	约 1m	约 10m	30～100m	接触
能耗	小	电池约 5 年	电池约 2 年	电池约 1 年	很小
周期性	一次性	循环	循环	循环	一次性
耐用性	易损	耐用	耐用	耐用	易损
设备价格	条码纸:几分/张 扫码枪:几十至几百元	普通型:几百元 智能报警型:几千元	标签:约 2 元 读写器:几千元	2 万元～3 万元	0.4～1 元/枚

9.3.6 冷链温度监控的应用

冷链物流温度监控是指产品从产地采收(或屠宰、捕捞)后在生产、储藏、运输、销售等消费前的各个环节始终处于适宜的低温控制环境下,最大限度地保证产品品质和质量安全、减少损耗的一项系统工程。温控技术中温度条件的控制和实现与特定目标的自然环境关联:对于特定时空目标下的物流过程,或需要通过人工(机械)制冷维持低温环境,或只需采用保温的方式实现产品所需的低温,或兼用这两种方式实现(维持)低温物流。

(1)温控结合 RFID 技术在药品冷链中的应用

受技术限制,目前一些物流公司采用人工确认温度的方式进行温度管理,但这种方式只限于出货和进货时的测定,缺少运输环节的连续性温控数据。如何实现全程实时温度监测与控制，是药品经营企业进行冷链管理时突出的重点和难点之一。

近年来，疫苗、血液、生物药剂等冷链医药产品市场不断扩大，对医药品冷链物流的要求也逐步提高，医药冷链物流质量管理面临着前所未有的机遇与挑战。全程冷链是疫苗等冷藏药品质量安全的重要保证，生产、出厂、运输、储存、终端都需要冷链保障。不能"断链"，是疫苗冷链物流最基本的原则，否则可能导致疫苗失效，影响群众生命安全。

为了解决这些问题，目前行业中比较流行的做法是采用 RFID（radio frequency identification）（电子标签）技术对冷链进行温度管理。RFID 技术多应用于食品、药品等高附加值物流系统的管理中。通过药品出库时在冷藏箱中放置带有温度传感器的 RFID 标签，把货物信息包括药品温度实时地储存在 RFID 芯片中。一批冷链周转箱出库时，读写器能一次性读取到该批次各冷链保温箱内的所有 RFID 温度标签的信息。这实现了冷链周转箱出入库信息录入的自动化，缩短时间的同时也确保了出入库信息的准确性。当货物量很大时，出入库自动读取信息能够解决物流操作环节的瓶颈问题。货物到达后通过手持型读写器批量读取货物及温度信息，可以实现全程的温度信息瞬间获取，降低人工成本及出错率。推广冷链物流的信息化技术，可以实现货物在途信息查询、实时温度监控和地理位置跟踪的自动化操作。

RFID 技术实现了全程冷链监控。在低温药品的生命周期管理中，冷链的连续数据很重要。为达到冷链商品在库、配送过程的无缝冷链监控目的，就要对冷链商品在库、出库、运输、交货、回库环节进行温度监控。在整个低温冷藏药品冷链管理过程中，应用 RFID 无须人工操作，可全程自动记录药品温度变化情况，并实现不开箱读取温度数据。无论是一个产品还是多个产品，无论是同一地点还是多个地点，RFID 都会将记录实时准确地上传至系统的数据中心，实现药品从仓储、运输到终端的全程冷链管理，便于药厂、药批企业、医院随时掌握药品的仓储、运输、终端信息。RFID 技术与冷藏箱的结合还实现了多批次、小批量低温冷藏药品单品级别实时温度管理，填补了行业空白。技术的补充与企业系统的升级完善相结合，解放了人力，降低了出错率，实现了真正意义上的全程冷链管理。

（2）温控技术在乳制品冷链中的应用

乳制品在从奶牛到消费者的过程中，对冷链物流的要求十分高，因此温控技术在乳制品冷链运输过程中起着重要的作用。但目前在国内，几乎没有一种乳制品能够在完全不脱离冷链的条件下走到供应链的末端，而且在冷链的后半段，"断链"的情况更为普遍。

在挤奶设备挤完奶后，应立即通过保温管路将鲜奶传到急速预冷容器中进行急速降温，在最短时间内将鲜奶温度降至 4℃左右，同时在最短时间内将已降温的鲜奶通过保温管路传到专业冷藏奶车的储奶罐中。

专业冷藏奶车的储奶罐在整个运输过程中应始终保持在 0~4℃，直至送达工厂，并将鲜奶通过保温管路传到工厂冷藏储奶罐。

乳制品加工厂在乳制品生产过程中，应始终保持鲜奶在有冷链控制的环境中，即使在有人员作业的场所，工作环境的温度也不应过高，一般保持在 12℃以下。鲜奶则在低温容器中进行加工，产成品依据不同的温度需要进入冷藏（0~4℃）或冷冻（-18℃以下）存储。存储区域的码头与外界冷藏冷冻车厢的衔接需要是气密的及低温的,并在此环境中进行商品传递。

(3) 温控技术在海上果蔬冷藏保鲜中的应用

我国研发的果蔬长期冷藏共储保鲜技术在海上船舶果蔬运输中得到广泛应用,实现了多种果蔬在特定温度下和谐共储。根据船舶上果蔬冷库少、装载种类多、要求保鲜时间长的实际情况,根据各种果蔬保鲜储藏特性,结合船舶冷库条件,科学确定共储果蔬的种类和共储温度,合理入库。通过果蔬来源质量的控制、上船前的冷链保鲜处理、保鲜包装和储藏期间的条件调控,充分发挥各种果蔬的保鲜储藏潜力,延长了保鲜期。应用该技术,船舶出航一次可以携带 30 多种果蔬,保鲜期比以前提升了 3 倍。

(4) 温控结合 GPS 技术在生鲜物流中的应用

随着社会经济的发展和人们生活水平的提高,人们对食品安全、营养和风味的关注度越来越高,冷鲜肉及低温肉制品将成为主流产品。目前,我国一些大城市中,冷鲜肉的销售已占生鲜肉市场份额的 25% 左右。冷鲜肉的品质保障与冷链物流是密切相关的,而冷链物流中温度的控制很重要。冷藏运输是肉类冷链的一个重要环节。冷藏运输环节的核心是连续、精确、可靠的温度控制,这对冷藏车的性能及实时监控提出了非常高的要求。GPS 能够将车厢内温度及时地传给车主、司机、货主,并且可设定超速报警、区域报警、开关车门报警。货主关心车厢内的温度,以保障货物的品质;车主关心车厢内的温度,以便于更经济地维持合同里约定的货物温度范围,降低经营风险。因此,及时地把车厢内温度传给车主、司机和货主很有必要。GPS 使冷藏运输更可控、更规范、更安全。

(5) 无线温湿度传感器在仓储温控方面的应用

仓储对环境的要求比较高。从古代开始,人们便通过挖地窖、使用冰块等办法存储运输些比较容易变质的果蔬等。如今科技发展迅速,与此同时,人们对于仓储和物流的要求也越来越高。很多时候,一些温湿度方面的原因会影响到存储和运输的物品。

比如,大型粮仓的粮食会缓缓释放热量,处于里层的粮食会持续发热、提升温度,若不能及时降温,便会受损严重。除此之外,一些药品、精密仪器、生鲜蔬果的存储也易受温湿度的影响,稍有不慎,就有可能造成严重的损失。

对于粮仓来说,普通的温湿度测量仪并不能满足要求,毕竟大型粮仓的容量极大,一般的温湿度传感器只能感应到外层的温湿度。若要测量内层的温湿度,往往需要布很多线,容易出现很多问题,而且操作使用都非常不便。采用无线温湿度传感器则可以省去这些麻烦,可以节约大量人力,也不必时时检查。将其与通风设施相连,在无线温湿度传感器感应到温湿度参数超出阀值的时候,相应的通风设施便自动启动,进行降温除湿。对于大规模的仓库来说,只需要很少的人手,就可以随时检查到仓库各个位置的温湿度情况。

无线温度湿度传感器精度高、适应性强而且操作简单、能耗低,对冷链温度控制具有极为重要的意义。

扩展阅读 9.3

扫码观看

思考题

1. 简述冷链物流信息化技术有哪些？
2. 说明冷链物流信息管理系统包含哪些子系统？各子系统的功能是什么？
3. 在冷链物流运输环节，GPS 应用主要包括哪些方面？
4. RFID 技术可以应用在冷链物流过程中的哪些环节？
5. 冷链温度监控主要在哪些方面应用？

案 例 分 析

冷链物流企业信息化解决方案

一、企业简况

波隆冷链物流有限公司创建于 2006 年，致力于冷冻冷藏运输、生物制药、食品与连锁餐饮企业的冷链物流解决方案与服务，目前在全国拥有 9 家子公司北京、天津、上海、广州、武汉、南京、苏州、杭州、宁波，为国内广大食品、乳品、水产、果蔬企业提供低、恒温产品运输，为低温食品企业提供系统的全程温度安全保障，全程 GPS 实时温度控制，为更多的食品生产、贸易、零售企业低成本开拓全国市场做物流后勤保障，彻底克服国内大部分地区低温食品企业配送难的问题，同时解决餐饮连锁企业偏远开店困难。

上海波隆冷链物流有限公司合作的品牌客户有：统一、星巴克、必胜客、KFC、中粮、芭比馒头、DHL、吉祥馄饨、东航美心、俏江南、一茶一坐、味知香、上海创造、亚太蔬菜。为食品与餐饮企业提供绿色农产品及运输配送服务，同时为餐饮连锁食品企业提供一对一配送，目前已为江、浙、沪、皖、北京、广州等 170 多家知名餐饮食品企业提供服务，目前波隆冷链全国日配送达 2 800 多家门店。

二、信息化实施之前存在的问题

1. 冷链物流对运输要求高，车辆成本也高，纸质人为的派送安排对调度经验依赖度非常高，无法避免不出错及漏单。
2. 冷藏货物要求对车辆温湿度实时监控，没有运输系统就无法将这些数据实时回传至系统，实现信息即时共享。
3. 内部"信息孤岛"严重，空运、陆运、供应链项目独立运作无法统一控制，货物异常率高，客服人员被动式查货，导致企业负担大量赔偿款项。
4. 客服被动查货，无法第一时间收到运输信息及需维护货量较大，无法避免能将所有货物详细跟踪。
5. 多仓分配模式，需要将货物、库存及车辆信息共享，实现真正的多仓网络化管理。
6. 司机提或派送过程中缺少工具将签收回单信息第一时间反馈，电话沟通成本较高效率低。

7. 财务收支明细不精细，对财务月底对账、核算成本提供不了完整的费用信息。

8. 签收单及回单管理混乱，丢失破损、返回不及时，整理耗时耗力，影响结算周期。

9. 客户个性化需求众多，无有效工具进行管理，导致工作开展困难，增加物流成本。

10. 总部与各分公司账务管理混乱，实际资金收支与账目不符，资金支付由于没有完善的内部控制流程而出现资金损失，影响企业的正常经营。

三、信息化解决方案

1. 系统无纸化管理，各环节使用标准单据，操作记录查询。
2. 对接车辆温度监控设备，关联运输单据，记录温度轨迹并作预警。
3. 客服可进行货物全程监控，对各阶段异常随时控制。
4. 可视化地图派送安排，根据区域勾选安排车辆任务并显示看板。
5. 微信 App 查询货物信息、运输轨迹，提升客户体验。
6. 完整的司机考核，对车辆时效、配载、及时率、货损率进行有效评估。
7. 冷链货物运输中需容器包装，管控容器在途及回收。
8. 货物精确到单件管理，可以根据各环节的扫描确认货物的到达及遗漏情况。
9. 一站式货物查询，异常信息自动推送，减少货物异常及客户投诉。

四、信息化实施步骤

实施模式采用项目经理负责制，由专业咨询队伍组成，并要求客户方成立相应的项目组织，共同组成项目实施小组，以保证项目的顺利进行。实施控制包括项目实施计划控制、问题跟踪与报告机制、沟通机制、变动控制机制和项目实施档案管理，保证了项目的质量和风险的控制，实现了项目的预期效益。提供上门/现场服务、电话/传真服务、信件/电子邮件服务以及在线服务等服务途径，即时响应客户的服务需求，快速、及时解决客户的问题。项目实施流程见图1所示。

图1 项目实施流程

五、系统功能介绍

冷链物流的关键是要实现全程温度控制，确保降低货品的损耗，最大限度地保证品质，以满足消费者需求。乘风运输管理系统运输管理解决方案提供运输过程实施跟踪监控功能，对接GPS后系统还可以显示车辆位置及运行轨迹，减少与司机间的沟通成本，避免被动式跟踪，提高服务质量与客户体验。图2为波隆物流业务流程。

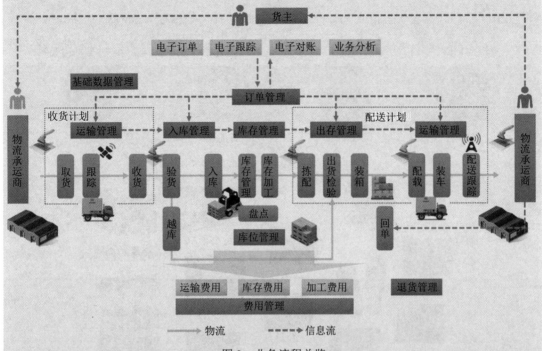

图2 业务流程总览

1. 权限管理

实现对访问权限的控制，功能包括：用户管理、角色管理、功能管理、模块管理；权限的精细划分可针对项目组、客服人员管理单据、费用、核算等信息，保证各司其职及信息安全保密性。

2. 基础管理

公司资料：公司基本信息、Logo、域名、网站等信息管理。

发货人档案：管理客户相关发货信息、结算信息及联系信息。

收货人档案：管理收货客户收货信息。

供应商档案：承运商选择、运输类型划分、运力维护等。

派送区域维护：区域名称、车辆、地址关键字等信息。

3. 业务逻辑

运单录入，运单导入，简易录单，运单对接，终端现场开单，前端订单的预处理，转运单等，对冷链运输各关键环节进行管控。图3为冷链物流管控环节。

4. 设备集成

可与运输环节中多种终端设备集成数据，采集各环节跟踪状态，见图4。

支持发货人、收货人、司机等个角色通过手机App、微信实现下单、跟踪、签收、回单操作，见图5。

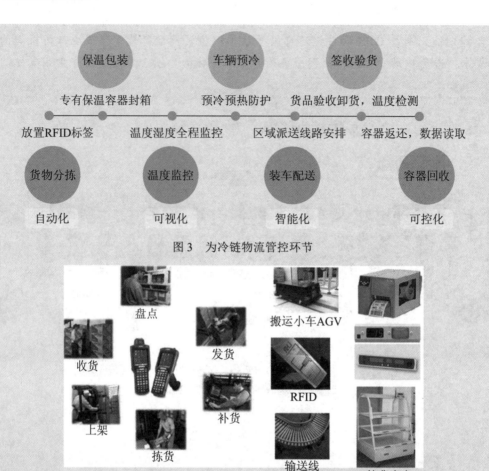

图 3 　为冷链物流管控环节

图 4 　多终端设备集成

图 5 　手机 App、微信应用

图 5 （续）

5. 调线管理

调线后，可给对应司机发送短信，也可以在手持终端接受该调线任务，并通过终端开始派送任务及签收回单，全程记录时间及位置信息并回传系统，对运输全程做温度监控，见图 6。

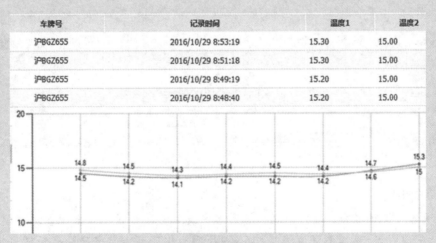

图 6 运输全程温度监控

6. 提货派送管理

多地图标注及司机 App 应用让车辆调度清晰灵活即时，司机实时反馈车辆信息，货物签收回单及跟踪，节省沟通成本，调度无须"活地图"便可合理调配车辆资源。

7. 单据流转

实现单据的查询、打印功能，包括运单管理、提货单管理、运输单管理、派送单管理等，图 7 为线路分拣单示例。

线路分拣单

产品编码	产品名称	单位	温层	1号线	2号线	3号线	4号线	5号线	6号线	杭州线	虹桥线	昆山线	南京线	南通线	宁波线	苏州1线	苏州2线	无锡线	7号线	8号线	9号线	苏州3线	合计
1002	海空调和油	箱	常温	0	0	0	0	0	0	0	0	0	0	0	0	0	0	0	0	0	0	0	3
1007	油酥	袋	常温	0	0	0	0	0	0	0	0	0	0	0	0	0	0	0	0	0	0	0	0
2019	福神渍	袋	常温	0	0	0	0	0	0	0	0	0	0	0	0	0	0	0	0	0	0	0	3
2021	辣椒碎（轮切）	袋	常温	0	0	0	0	0	0	0	0	0	0	0	0	0	0	0	0	0	0	0	0
2026	碎若布	袋	常温	0	0	0	0	0	0	0	0	0	0	0	0	0	0	0	0	0	0	0	1
2203	汤料包	袋	常温																				
2208	柚子茶	袋	常温																				
2301	炒白芝麻	袋	常温	0	0	0	0	0	0	0	0	0	0	0	0	0	0	0	0	0	0	0	0

图 7　线路分拣单示例

8. 策略管理

对各种出路由安排策略进行管理，针对固定线路预先配置执行日期，运单明细，路由信息，系统会根据规则定时自动执行生成线路，见图8。

名称	模板列	周一	周二	周三	周四	周五	周六	周日	执行日	复制运单运费	复制主单运费	复制订单	复制路由
肯德基-1号线	B00324050								1,3,5,8,12,13,15,17,19,20,22,24,26,27,29,31	是	是	是	是
肯德基-2号线	B00324220					是				是	是	是	是
肯德基-3号线	B00324270								2,7,9,11,12,14,16,18,19,21,23,25,26,28,30	是	是	是	是
肯德基-4号线	B00324430								1,3,5,6,8,10,13,15,17,19,20,22,24,26,27,29,31	是	是	是	是
肯德基-5号线	B00324610								2,4,5,7,9,11,12,14,18,19,21,23,25,26,28,30	是	是	是	是
肯德基-6号线	B00324780								1,3,6,8,10,12,13,15,17,19,20,22,24,26,27,29,31	是	是	是	是

图 8　固定线路配置

9. 统计报表

实现各种统计报表，功能包括：各种客户发货量统计报表、出货量统计报表、收入报表、支出报表、运单利润报表等，如图9所示为供应商准点率分析及客户利润分析。

10. 跟踪追溯

包括条码跟踪、作业跟踪、货物跟踪、防窜货跟踪、装箱跟踪，实现运输全程可视化跟踪。

11. 软硬件环境

乘风运输管理系统生产管理解决方案网络设备包含数据库服务器、应用服务器和Web服务器。图10为系统软件架构图。

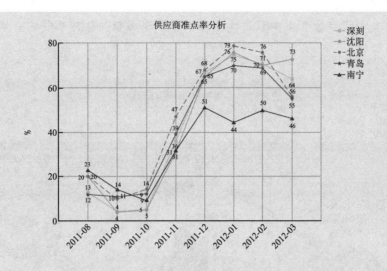

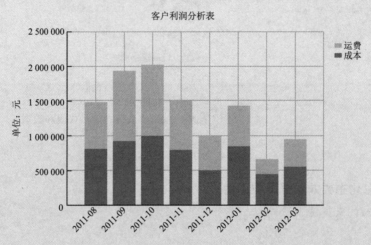

图 9　供应商准点率分析及客户利润分析

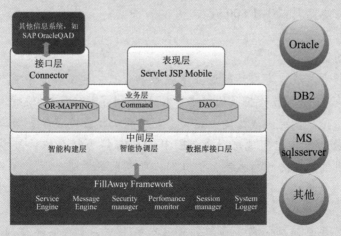

图 10　为软件架构图

通过安装中间件独立服务器链接运营平台和洗头膏,保证系统安全性,图11为系统安全性架构图。

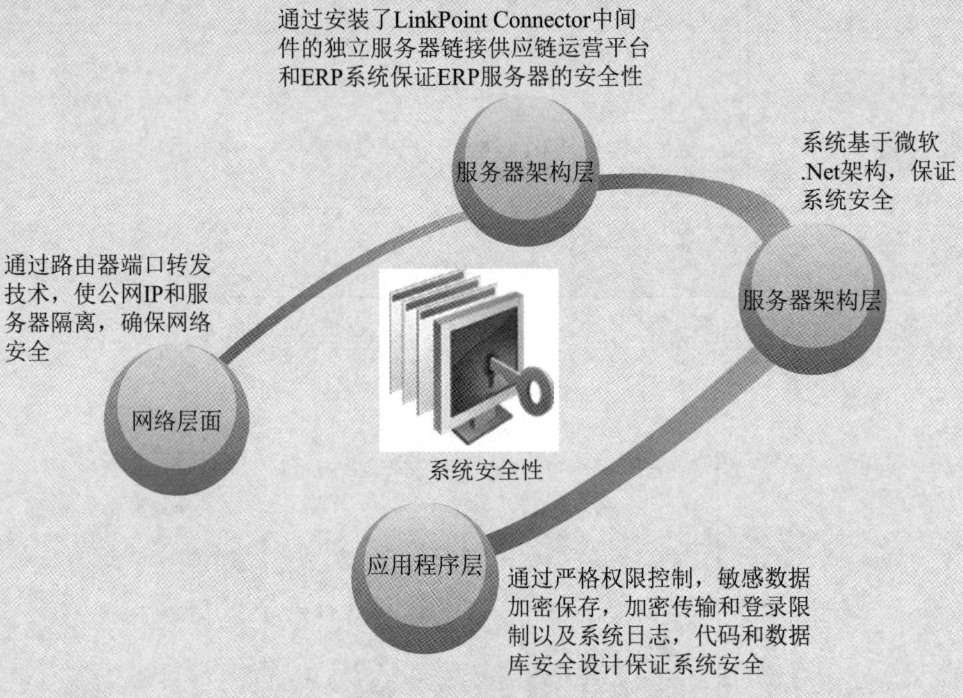

通过安装了LinkPoint Connector中间件的独立服务器链接供应链运营平台和ERP系统保证ERP服务器的安全性

系统基于微软.Net架构,保证系统安全

通过路由器端口转发技术,使公网IP和服务器隔离,确保网络安全

服务器架构层

服务器架构层

网络层面

系统安全性

应用程序层

通过严格权限控制,敏感数据加密保存,加密传输和登录限制以及系统日志,代码和数据库安全设计保证系统安全

图11 系统安全性架构

六、信息化主要效益分析与评估

1. 直接人员成本降低30%。
2. 货损及遗失率降低70%。
3. 客户投诉率降低100%。
4. 准点率提高20%。
5. 客户查货电话月减少1 800人次。
6. 增加药品运输项目。

七、项目价值

乘风运输管理解决方案以运输业务流程为中心,支持多种复杂业态,提供灵活性业务流程建模工具;全过程支持条码技术和RFID技术,能够高效,快捷的对提货,派送,签收等业务进行处理,避免人为输入错误,同时极大地提高了执行效率,降低了人力成本;提供开放的接口,实现与财务、ERP、OMS等外部系统的接口。管理整个供应链网络上提供细粒度的货物控制,提升客户服务水平。

在业务上,使得冷链物流在满足客户即时变动的需求过程中,更准确、更快、更优质地相应;在管理上,使得冷链运输更具可见性,自我调整性;在信息传递上,更准确、更实时、更具深度,最大地便利冷链运输上下游实现跨企业的运作。图12为信息化价值体现。

图12　信息化价值体现

通过运输系统帮助物流企业实现对货物流转全过程、各冷链运输环节的信息无缝监控、跟踪、查询及资源调度工作。协助冷链物流企业进行物流供应链的IT系统规划及管控设计、业务流程重组、需求分析、行业解决方案设计、信息化应用咨询、信息化招投标等，提升冷链物流企业竞争力及标准化操作。

（案例来源：中国物流与采购网：http://www.chinawuliu.com.cn/xsyj/qyal/）

第10章
冷链标准化

本章学习目标

1. 掌握冷链物流标准化的含义、分类、标准化体系的基本内容；
2. 了解冷链运输标准化；
3. 了解冷库与仓储标准化；
4. 了解冷链加工与包装的标准化；
5. 了解冷链配送的标准化；
6. 能够运用标准化建设的现状及问题；
7. 能够运用冷链物流行业及组织的标准化管理。

天天果园：让水果标准化

"我们判定一个水果好不好吃，不是在果园吃的时候好吃，而是送到消费者手上后好不好吃。"这便要求天天果园必须"两手抓"，一是抓从原产地到国内的运输；二是抓从国内仓到消费者的配送。

"对于不同品类的水果习性特征，经过5年的发展，我们累积了不少经验。"运输过程中的亏损不可避免，但充分了解水果的习性，在赵国璋看来，是规避风险的有效"捷径"。

（1）抑制水果"呼吸"

把产品运输进国内后，保鲜又是一个烦琐的问题。

通常水果进口后会被储存在天天果园自建的冷库中。目前，天天果园在北京、上海、杭州、深圳、成都为完善直供配送均建了冷库。

水果在被采摘后仍会自主产生呼吸，通过呼吸后氧化，并释放乙烯，一旦其中一个水果释放了乙烯，就会唤醒其他水果一起呼吸，整个仓库就会充满乙烯，水果会迅速成熟并腐烂，所以，保鲜的最大挑战就是让水果不要呼吸。

天天果园利用温度的控制让水果保持在一个平静的状态不再呼吸。例如，苹果需要0～4℃，橙子需要1～2℃，榴莲桂圆需要7～12℃，芒果就要12℃以上。但对温度要求相同的水果在摆放上也有讲究，如苹果和奇异果不能放在一起，因为苹果会加速奇异果成熟。所以，每一种水果都必须严格地区分摆放。

如今，天天果园自建的 5 个分仓基本覆盖华东地区，全国 200 多个城市可以享受到天天果园的直供服务。

（2）"三步走"的理想化构思

天天果园通过时间的妥善安排和保鲜库的科学运用，让在运输和储存的过程中水果腐烂的风险降到最低，使得成本得到更好的控制，对外销售的市场价格自然下降。"在这一点上，我们得罪了很多传统经销商。"以往，进口樱桃的市场售价是 200 元 1 斤，相同品质的樱桃在天天果园的售价是 200 元 4 斤。这种近乎破坏市场游戏规则的玩法，让整个进口水果市场的利润空间被迅速挤压到一个合理的毛利范围。

直观地看天天果园的做法，就像一杆价格杠杆，撬动了虚高的进口水果市场价格，同时让出了利润空间给消费者，从而拉拢更多进口水果的消费人群。

在赵国璋看来，天天果园在创立之初，便将目光精准地放在进口水果上，并设定了"三步走"的理想化构思。

首先，寻找一些水果培育和销售上可以量化的标准。天天果园来源地集中在美国、新西兰、澳大利亚等一些农业发达国家。天天果园侧重的是在品质上差异化明显的高端水果，无论从消费者认知的角度，还是产品直观上的口感、甜度等，美国、新西兰、澳大利亚这类农业发达的国家更符合天天果园希望用品质说话的预期。

其次，天天果园希望利用如日本、新西兰等培育水果的技术，在国际间做技术的搬运工。

最后，天天果园希望利用国外的标准化生产方式，建设一个符合国内环境的标准化体系。

（资料来源：天天果园：让水果标准化. 中国林果网. http://www.linguo.com.cn/lgzx/nongyeying xiao/2014/1029/727554.html.）

10.1 冷链物流标准化管理概述

10.1.1 冷链标准化的含义

冷链标准化是指将冷链看作一个综合性的系统，制定系统内部设施装备、专用工具等的技术标准，把运输、仓储、加工等各类作业标准作为现代冷链的突出特征，并形成和国际接轨的标准化体系。

具体的标准包括冷链系统的各类基础设施的技术标准（如仓库布局、规格标准）、移动设备的技术标准（如拖车载重量、叉车型号标准）、冷链单位标准、冷链术语统一、冷链包装尺寸标准、应用条码标准化以及服务和管理的标准等。

近年来，随着人们生活水平的日益提高，人们对冷冻冷藏食品的消费越来越多，对冷冻冷藏食品的需求越来越大，加之生鲜电商平台如雨后春笋般快速增长，对冷链物流行业的发展起到了推波助澜的作用，因此冷链物流市场潜力巨大。

生鲜农产品本身具有易腐性、过程时效性和不可逆转性，其物流设施设备有特殊性，消费群体存在多元、多变、分散性，物流运作复杂，此外，与之相关的冷链物流企业存在着冷链技术水平、管理水平参差不齐等问题，使生鲜农产品的质量安全得不到有效保障。我国的冷链物流标准可以分为两种：一种是强制性标准，它主要是由商务部、农业农村部和食品药品监督管理局等政府部门制定的，属于必须执行的技术法规类别；另一种是推荐性标准，它主要由非政府组织，如行业协会、中介组织和标准委员会等制定。

冷链物流标准化建设不仅直接影响着冷链物流相关企业内部和企业之间业务运作效率，更关系到冷链物流对象产品的流通效率，尤其是关系到民众生活和健康的食品、药品的流通安全。在我国，冷链物流尚处于快速发展的起步阶段，加强冷链物流标准化建设将极大地推动冷链物流朝着标准化、合理化和现代化方向发展。特别是随着全球经济一体化和物流国际化的发展，冷链物流标准化和规范化越来越重要，对于促进我国冷链物流与国际接轨，提高物流服务质量和效率，规范冷链物流市场秩序具有重要意义。

10.1.2　冷链标准化的分类

根据现阶段全国物流标准化技术委员会冷链物流分技术委员会（以下简称冷标委）的研究成果，整个冷链物流标准分为4个部分：服务标准、管理标准、技术标准和信息标准。其中，服务标准是核心，是其他标准发展的根据。物流的本质是一种服务，其他标准都应该围绕物流服务展开，只有在确保服务质量的前提下，才可能追求降低成本和提高效率。首先要有冷链物流服务标准，然后才有冷链物流的装备、人才、单证和操作等相应的标准。

1. 冷链物流服务标准

冷链物流服务标准分为两大类：一类是以单一温度为控制对象的，目前，是针对冷冻和冷藏的标准。另一类是以商品为控制对象的，如瓜果、水产品和冷冻肉等。这一类服务标准是以产品来命名的，因为不同产品在不同的环节有不同的温度要求。这类服务标准主要说明不同产品在运输阶段和仓储阶段的温度控制范围（即允许偏离的温度范围），以及控制、测量、配送和装卸的各项措施和技术要求。冷链物流服务标准有以下三个要素。

（1）明确温度控制点。例如，冷标委规定了冷冻以≤-18℃条件下为控制点，冷藏以8℃以下，冻结点以上为控制限。

（2）规定物流过程中出现的温度误差。因为整个物流操作过程不可能始终保持恒温，在装卸和开门的时候都会出现一些偏差。只有规定好适宜的温差范围，才不会影响到产品的品质和服务质量。

（3）规定温度的测量和记录方法，包括规定测量温度的位置（表面温度还是中心温度）、测量时间间隔、测量工具和记录方法等。

2. 冷链物流管理标准

冷链物流管理标准分为安全标准（涉及人、设备设施和作业各方面的规定）、环保标准（涉及设备设施和作业环节的规定）和统计标准（涉及人员和业务统计口径的规定）。

3. 冷链物流技术标准

冷链物流技术标准可分为设备与设施标准和冷链物流技术方法标准。设备与设施标准是从设备、设施配备的角度对从事冷链物流各主体提出相应的要求，而冷链物流技术方法标准则是规范冷链物流主要作业环节的流程、手段。

4. 冷链物流信息标准

冷链物流信息系统一般有两个主要目的：首先是实现信息的可追溯性，提高物效率；其次，通过引进先进的信息技术，如 EDI、GPS、POS 等，实现对冷藏或冷冻车运输的全面动态监控。例如，日本利用信息技术对水果和蔬菜的冷链物流供应链管理系统建立了电子虚拟系统，用于农业生产、储存、运输和销售动态监测的全过程，同时实现全国范围内实时的物流信息追踪。美国非常重视加强农业信息化建设，政府拨款建造了农业计算机网络系统，不仅覆盖了国内 46 个州，也涵盖了周边的加拿大等 8 个国家，大量的农业企业可以通过此网络系统和美国各大学、地方农业部门，甚至是美国农业部进行沟通。我国在 2018 年也发布了有关冷链物流信息管理的相关标准《冷链物流信息管理要求（GB/T 36088—2018）》，规定了冷链物流信息管理原则、信息内容和信息管理。

10.1.3 冷链物流标准化体系的基本内容

（1）通用规范

通用规范即规定食品生产经营过程各环节的一般原则性卫生要求侧重通用性，是制定各产品专项规范的基础和依据。如《食品生产通用卫生规范》《食品经营过程卫生规范》和《餐饮服务通用卫生规范》等。

（2）专项规范

专项规范或称单项规范，是在通用规范的基础上，根据某类食品及其原料、工艺、储存与运输条件等生产经营特点和产品标准，针对该类食品生产经营过程中可能存在的污染风险及其控制要求而制定的除共性要求以外的特殊性要求，如《肉制品生产卫生规范》等。

（3）指导原则

指导原则是在通用规范或专项规范的基础上，参照近年来国内各部委先后颁发的标准，以及国际食品法典委员会各类指导性文件，针对食品生产经营过程某一特定的污染因素或食品安全问题而制定的具有指导性质的文件，如《食品生产过程中铅污染控制导则》等。

就冷链物流标准化体系的基本内涵而言，主要包括冷链物流基础标准、要素标准（涵盖运输、冷藏/冻、装卸搬运、流通加工、包装及配送等标准）、技术标准、信息标准、管理标准、服务标准及专业人员技能标准 7 个方面构成完整的冷链标准化体系。

10.2 冷链物流标准化管理

10.2.1 冷链运输的标准化

冷链运输（cold chain transportation）是指在运输全过程中，装卸搬运、变更运输方式、更换包装设备等环节，都使所运输货物始终保持一定的温度的运输。

1. 冷链运输环节存在的问题

冷链运输环节主要存在以下问题。

（1）缺少严格的质量检验执行标准

对企业来说，为了使生产经营能够有条不紊地进行，则从原材料进厂，一直到产品销售等各个环节，都必须有相应的检验标准作保证。它不但包括各种技术标准，还包括管理标准以确保各项活动的协调进行。但目前关于冷链产品质量检验执行标准相对缺失。

（2）冷链物流硬件运输设备和基础设施缺乏、陈旧

非正规冷链运输工具大量使用，高端冷链运输设备使用率低。与西方发达国家相比，冷链物流硬件运输设备和基础设施严重不足，并且原有设施陈旧老化、分布不均，无法为冷链运输提供温度保障。

（3）缺乏专业的运输操作人才

由于运输操作人才的非专业操作导致运输环节技术及操作不当，使得物品破损或腐烂，造成极大的浪费。

（4）运输路线设计得不合理

由于缺乏优秀的运输线路设计人才，导致运输路线设计不合理，运输成本难以降低。

2. 运输环节标准化体系

对于冷链物流运输环节的标准化体系可以从以下几个方面建立。

（1）政策法规

质量监管部门制定蔬菜、生鲜、肉类等食品产地标识准入制度，给各类食品发放"身份证"，登记生产户、收购商、市场销售地等实名信息。

（2）冷藏车

车厢体采用板块拼装结构，各板块之间采用胶粘接式，外包铝型材，并用螺栓辅助连接；后门为双扇，每扇可开启270°，后门框及后门五金配件都采用不锈钢材料，上下护板都用铝型材，用胶粘接到厢体上；屏弃小型冷藏车仍使用的聚苯乙烯泡沫车厢隔热材料，使用传热系数低、隔热性能好、强度高、质量轻的聚氨酯泡沫或挤塑聚苯乙烯泡沫；所有运输车辆均安装温度记录仪，全程记录食品的温度变化；开发使用清洁能源，如太阳能、风能等。

（3）冷藏车操作方法

车厢内部必须保持洁净，地面不应留有包装纸和纸屑；冷藏车在运输途中要使用自

动监测、自动调控、自动记录及报警装置,对运输过程中进行温度的实时监测并记录,温度自动记录设备的记录间隔应≤5min,超出允许的波动范围应报警;运输过程中,严格控制好保证物品质量的所需温度:速冻食品控制在 -25～18℃;生鲜食品为 -3℃;肉类应控制在 -18℃左右;绿色蔬菜在低温(不低于0℃)环境保存;定期检查车辆部件,对车辆进行预防性保养。

(4) 运输设备清洁

在运输装载前应对运输设备内壁用符合食品安全要求的消毒剂进行清洁消毒。运输设备厢体应当在装载前预冷,并根据装载的时间、期间的能量消耗以及装载区域的温度与湿度,在装载前进行除霜循环。车厢内的积霜应在预冷前清除干净。完成运输作业后,应立即对运输工具厢体进行严格的清洗、消毒和晾干,才可进行新的运输作业。

10.2.2 冷库与仓储的标准化

冷库是冷藏业发展的基础,是冷藏链的重要组成部分。近年来,随着人民生活水平提高,反季节消费越来越明显,食品、饮品等生产企业需要冷藏的食物、货物越来越多,为冷藏业发展带来了契机,冷库建设发展十分迅速。为使冷库建设更好地发展,国家与地方制定了关于冷库与仓储的政策、标准。

1. 冷库与冷藏环节存在的问题

冷库与冷藏环节主要存在以下问题。

(1) 冷库利用率偏低。据了解,目前国内冷库行业空间利用率和年利用率都不高。传统的冷库设计一般高 5m,但在实际操作应用中,尤其是无隔架层的冷库利用率低于 50%,如物品堆码的高度一旦达到 3.2m 时,外包装为纸箱的食品,因重压变形、吸潮等原因极易出现包装破裂、倒塌等现象,导致食品品质降低,造成较大的经济损失。

(2) 部分冷库设计不尽规范,存在诸多安全隐患。国内很多冷库属于无证设计、安装,缺乏统一标准,缺乏特种设备安全技术档案现象较为普遍。操作人员未经专业培训无证上岗,管理人员安全意识淡薄。尤其是容积 500m² 以上以氨为制冷剂的土建食品冷库,其库址选择、地基处理、制冷设备安装等应严格按照《冷库设计规范》(GB 50072—2010)的要求,避免存在安全隐患。许多冷库名为气调库却达不到气调的目的,部分低温库一建成就面临停用或只能按高温库降级使用的局面。

(3) 冷库自动化程度低,浪费人力资源。国外冷库的制冷装置广泛采用了自动控制技术,大多数冷库只有 1～3 名操作人员,许多冷库基本实现夜间无人值班。而我国冷库的制冷设备大多采用手动控制,或者仅对某一个制冷部件采用了局部自动控制技术,对整个制冷系统做到完全自动控制的较少,货物进出、装卸等方面的自动化程度普遍较低。

(4) 缺少专业冷藏/冻仓库。通用仓库数量较多,专用仓库数量少,特种仓库如低温仓库、冷藏库、立体仓库等严重短缺,甚至许多冷藏库是由其他建筑用途改建而成的,改建过程中,由于普通仓库在功能设计和建筑结构方面与冷藏库的规范要求差别很大,因此,存在一定的设计缺陷和安全隐患。

2. 冷库与冷藏的标准化

冷库与冷藏的标准化建设应考虑如下问题。

（1）库房

冷库应具有可供食品随时进出的条件，并具备经常清洁、消毒、晾干的条件；冷库的室外、走廊、列车或汽车的月台、附属车间等场所，都要符合卫生要求；冷库要具有通风设备，可随时除去库内异味；库房内的运输设备及所有衡器如地秤、吊秤等都要经有关单位检查，保证完好、准确；库房中应有完备的消防设施。

（2）入库

凡进入冷库保藏的食品，必须新鲜、清洁，经检验合格。如鱼类要冲洗干净，按种类和大小装盘；肉类及副产品要求修割干净，无毛、无血、无污染。食品冻结前必须进行冷却和冻结处理工序，在冻结中不得有热货进库。

（3）温度控制

立体库库内温度保持-25℃，库门缓冲间温度保持-15℃，作业区温度保持8～10℃；作业区保持全封闭状态，站台与车辆采用无缝对接，当出库作业区温度超出警戒线时，制冷风机自动打开送冷；冷冻食品温度高于-12℃时，仓库管理员应及时通知货主，双方协商处理措施；而且此时的冷冻食品应与其他食品分开放置。

（4）物品存放原则

冷库内食品应按食品类别分区域放置，不得与有害、有毒、有异味的物品或其他杂物混存；冷库内产品堆放应整齐、稳固、适量，遵守"先进先出"原则；保持冷库内的空气流通，物品与墙、天花板或地板之间距离应至少保持10cm；冷库内应定期除箱、清洁和维护保养，保证冷库安全无污染。

（5）制冷及自动化技术

摒弃氟制冷剂，使用目前先进的蓄冰制冷技术，利用晚上用电低谷时制冰储存，白天释放冷气；建立自动化立体冷库，为冷库建立电子数据交换系统（electric data interchange）。

10.2.3 冷链加工与包装的标准化

近年来，随着超市、连锁店的快速发展及冷藏链的形成，速冻食品越来越受到人们的喜爱。由于速冻产业链条较长，从中游生产到下游产品销售需要全程冷链运输。为确保速冻食品的鲜度和品质，从急冻制造、存货、运输、销售的整个经营过程都要求在低温环境中完成，因此速冻食品行业经营受冷链物流的影响较大。2021年我国冷库总量达到7 498万吨，2017—2021年CAGR（复合年均增长率）达到11.9%。2021年我国冷藏车市场保有量达到34万辆，2021年CAGR高达到24.8%；冷链物流体系的快速建设为速冻食品行业发展提供坚实保障[1]。产品被包装后就进入了冷链。

---

[1] 统计数据来源：《2022—2027年中国速冻食品行业市场调研及投资战略规划建议报告》。

从包装到用户购买和消费，低温供应链中存在着多个环节，这些环节对包装的要求是各种各样的。在包装设计的时候，需要使得包装满足这些要求，以保证产品在供应链中能够顺畅地流通，并保持高质量的状态到达最终消费者。

这些要求包括搬运、包装、加工、装卸，以及一些特殊处理要求。对于企业来说，冷链物流最重要的是保冷时长跟运输成本。合适的包装使堆放在冷链车上的商品安全性更有保障，而采收阶段的包装更是保证冷链物流的关键。

1. 冷链加工与包装环节存在的问题

（1）常温环境下加工

很多企业对冷冻冷藏食品在常温下进行加工包装，不能完全保证低温作业，影响了食品质量。

（2）流通加工设备滞后

滞后的流通加工设备使得加工次品率升高，造成严重的浪费。

（3）包装标准化程度低，包装材料不利于循环利用，污染环境

我国有较为完整的包装标准化体系，但标准与西方发达国家仍有一定差距，相关标准的配套不能完全适应市场的需求。同时，包装废物产生量大，回收利用体系不够完善，一些利用价值较高的包装废物可以得到较有效回收，不利于循环利用的塑料包装材料的回收难以控制，对环境造成的污染也是长期的和难以消除的。

（4）包装机械设备落后，作业缺乏规范

我国包装机械设备落后，自动化程度低，且企业及机械产品都缺乏国际认证检测，这也是国内设备不能与发达国家包装设备相媲美的关键点。目前我国包装机械专业技术人才少，加工包装缺乏规范。

2. 冷链加工与包装标准体系

（1）温度控制

加工作业时一定要保证低温作业，库门缓冲间温度保持在-15℃，作业区温度保持在 8～10℃。

（2）加工设备

冷链食品安全要求食品包装机能够"七十二变"，包装机械采用计算机控制技术；不断改良加工设备，提高次品的利用率；在加工包装的过程中需要用到的填充机、封口机、真空包装机、贴标签机、清洗机、杀菌机等都应达到相应的技术标准、安全标准和卫生标准。

（3）包装材料

包装材料要符合国家相应食品包装材料的质量卫生标准要求，耐低温，具有良好的密闭性和低水蒸气渗透性；包装尺寸宜符合 GB/T 15233—2008 和 GB/T 16471—2008 的规定，兼顾 GB/T 16470—2008 托盘包装要求及冷冻集装箱、冷藏车等国家或行业标准的尺寸规定；包装上宜采用 GB/T 191—2008 中"温度极限"标志以及文字注明存储、加工、运输温度；研究开发新型环保包装材料，可循环利用，保护环境。

3. 从业人员

在流通加工、包装环节中，只有经上岗培训且考核合格的人员才可以进行操作。要严格做好从业人员健康管理和卫生知识培训工作，凡患有碍食品安全疾病者不得从事食品生产。从业人员应当做到工作前洗手消毒，勤剪指甲、勤洗澡、洗衣服，按照要求正确佩戴口罩，穿着作业服。应注意保持加工经营场所内外环境清洁，落实设备、工器具和容器等清洁消毒工作。

10.2.4 冷链配送标准化体系

冷链配送是指冷藏冷冻类物品在生产、储藏、运输、消费前的各个环节中始终处于标准化低温环境下，以保证食品质量和性能。

冷链配送标准化体系具体包含以下内容。

1. 配送方式

遵循统一配送原则，即将一条送货线路上不同用户的货物组合，配装在同一辆载货车上，这样不但能降低送货成本，而且可以减少交通流量、改变交通拥挤状况；货物组合时遵循"就近"原则，即将路程最短的货物放置于车厢最外端，可提高配送效率，减少货物搬运次数。

2. 信息化建设

研发综合性、专业化物流管理信息系统，建立客户管理信息、配送销售信息、客户电子结算信息等数据库，实现企业信息标准化和管理网络化，使冷链物品从购进到入库、移库及调拨全部通过 BS 系统（Brower/Server）进行操作，大大提高物流配送效率。

3. 冷链配送作业

配送加工应衔接好出货接货时间，做到及时配送分拣，勤于出货，配送设备应具有一定的制冷能力及良好的隔热保温性。制定配送时间表，确定配送时段。配送时应对商品的来源和销售去向做好记录，便于对有害食品的追溯和召回。

扩展阅读 10.2
扫码观看

10.3 冷链标准化建设的现状及存在的问题

10.3.1 冷链标准化现状

1. 国际冷链标准化现状

1）欧洲冷链物流标准化的情况

欧洲于 2000 年 1 月 12 日推出《食品安全白皮书》作为其食品安全政策的基础。它对"从田间到餐桌"的食品安全管理都有详细的指导原则。另外，欧盟法规（EC No178/2002

也列出了食品立法的一般原则,是所有食品安全规范的总指导原则、方针和目标。欧洲的食品安全规范可分为几个部分,第一是针对食品加工流程提出了不同阶段、不同环节的卫生要求,如 EC8521/2004 食品卫生、EC853/2004 动物性食品专门卫生要求等。第二是食品最终产品,以及特殊生产流程要求,如微生物限量标准准则 ENo2073/2005、微生物采样 ECNo8821/2004 及污染物管理 ECNo1881/2006,是针对食品微生物采样、微生物标准量、污染物管理流程进行的详细规定。第三是针对食品中相关的添加剂,通过列表的方式来规范相关流程的管理办法及规范添加剂含量。最后,是针对食品中农药残留的管理,欧盟也制定了最大残留量,如农产品残留管理 ECNo396/2005 及动植物残留管理 ECNo37/2010 等。

总的来说,欧洲的食品安全标准是以各项法规形式呈现的,而且内容包含大多数的食品生产流程,严谨且条理清晰。

2)日本冷链物流标准化的情况

日本作为食品进口大国,一直很重视食品安全监管法律制度的建设。2003 年,日本再次对食品安全管理体制进行改革,大幅修改《食品卫生法》,并于 2003 年 7 月 1 日起施行了《食品安全基本法》(2003 年第 48 号)。

根据该法的规定,日本内阁府设立了食品安全委员会,贯彻有效的食品安全检测制度,从而结束了日本厚生劳动省和农林水产省在食品安全管理上各自为政的局面,实现了食品安全一元化的领导体制。2011 年 3 月 11 日,日本大地震导致福岛核电厂发生泄漏事故后,日本食品安全委员会迅速做出反应,针对福岛及周边地区的蔬菜、鲜奶及鱼、贝类等产品展开健康影响评估。日本的食品安全法律体系可分为三个层次。

首先是拥有最高法律效力的《食品卫生法》《JAS 法》《农药取缔法》等一系列针对食品链各环节的法律。接着是食品安全委员会令、JAS 法施行令等政策,它们是根据法律制定的,并由内阁批准通过。最后为《食品卫生法实施规则》《关于乳和乳制品的成分标准省令》等规定,是根据法律和政令,由日本各省制定的法律性文件。目前,日本已经形成了高效、科学、灵活的食品安全监督管理体制。其主要包含 ISO 22000 食品安全管理体系、HACCP、食品安全管理方法、优良农产品认证制度及食品标签管理等。

3)美国冷链物流标准化的情况

美国农业部食品安全与检验局(USDA-FSIS)已有超过百年的历史,并且美国国会分别于 1906 年、1957 年及 1970 年期间通过制定了《联邦肉品检查法案》(*Federal Meat Inspection Act*,FMIA)、《禽肉产品检查法案》(*Poultry Products Inspection Act*,PPIA)及《蛋品检查法案》(*Egg Products Inspection Act*,EPIA)等,因此,美国对于农产品的相关卫生安全管理制度及法规较为成熟及完备。

而美国冷链物流法规是和相关食品安全标准相辅相成、密切结合的。因此食品安全标准的部分会写入法规中成为规范,具有法律效力。例如,FDA 发布的 HACCP 质量标准、包装标准,除此之外,还有相关的食品安全机构发布的食品安全指南等。以下就针对农产品加工过程的相关法规进行介绍。

(1)危害分析和关键控制点(HACCP)

HACCP(Hazard Analysis and Critical Control Point)是目前世界上应用最广泛的解

决食品安全问题的管理体系，由食品危害分析和关键控制点两部分组成。HACCP 体系是一种建立在良好操作规范（GMP）和卫生标准操作规程（SSOP）基础之上的控制危害的预防性体系，它主要针对原料、生产工序和影响产品安全的人为因素进行分析，确定加工过程中的关键环节，建立、完善监控程序和监控标准，采取规范的纠正措施。其目的是将可能发生的食品安全危害消除在生产过程中，而不是像以往那样，靠事后检验来确保食品的安全。

HACCP 的概念于 1971 年在美国国家食品保护会议上首次提出，1973 年美国食品药品监督管理局（Food and Drug Administration，FDA）首次将 HACCP 食品加工控制概念应用于罐头食品加工中，以防止腊肠毒菌感染。近年来，随着全世界人们对食品安全卫生的日益关注，食品工业和其消费者已经成为企业申请 HACCP 体系认证的主要推动力。世界范围内食物中毒事件的显著增加激发了经济秩序和食品卫生意识的提高，在美国、英国、澳大利亚和加拿大等一些国家，越来越多的法规和消费者要求将 HACCP 体系的要求变为市场的准入要求。一些组织，如美国国家科学院、国家微生物食品标准顾问委员会及 WHO/FAO 营养法委员会等，一致认为 HACCP 是保障食品安全最有效的管理体系。

HACCP 的操作步骤有：进行危害分析（HA）；确定关键控制点（CCP）；制定每个关键控制点的临界指标；确立监测方法并保存文件，建立监测 CCP 的程序，可以测试或观察进行监测。同时还需建立所有程序的资料记录，并保存文件，以记录、追踪。

使用 HACCP 的益处可分为 7 点：①提高食品的安全性；②增强组织的食品风险意识；③强化食品及原料的可追溯性；④增强顾客信心；⑤使食品符合检验标准；⑥符合法律法规要求；⑦降低成本。

从上述内容可以得知，HACCP 强调事前预防胜于事后检验，因此无须以庞大的产品检验系统来确保质量安全。此外，执行 HACCP 制度需先架构一套标准作业系统，并做适时维持与修正。而完整有效的追踪系统，可自原料供应至产品销售，迅速追踪每一项产品的各点制程状况及源头。加上制程中可记录所有管制信息，因此，可建立产品安全支持系统。HACCP 系统可大幅提升产品安全性，降低企业风险。此外，获得 HACCP 认证不但能提升公司的形象及产品质量，而且在制度管理、风险评估及流程改善方面对企业也有极大的助益。此外，推动 HACCP 更可节省成本，并建立重点管制事项，确保产品符合顾客需求，提高销售力，进而达到企业持续经营的目的。HACCP 的管理制度被许多国家应用于有关食物原料与加工产品进出口的规范，因此，HACCP 已成为部分国际食品原料或成品贸易的一种非关税贸易障碍。在我国加入世界贸易组织之后，面对食品进出口贸易自由化的强大压力，导入 HACCP 系统已成为提升我国食品各产业竞争力、维持或开拓国外市场的重要课题。

（2）良好生产规范（GMP）

GMP 是英文 Good Manufacturing Practice 的缩写，中文良好生产规范、良好作业规范或优良制造标准，是一种特别注重产品质量与卫生安全的自主性管理制度。简要地说，GMP 要求生产企业应具有良好的生产设备、合理的生产过程、完善的质量管理和严格的检测系统，确保最终产品的质量（包括食品安全卫生）符合法规要求。SMP 是由世界卫生组织于 1975 年 11 月正式公布的。国际上药品的概念包括兽药，只有中国和澳大利亚等少数几个国家将人用药 GMP 和兽药 GMP 分开。而中国卫生部于 1995 年 7 月 11 日下达《关于开展药品 GMP 认证工作的通知》。药品 GMP 认证是国家依法对药品生产企业（车间）和药品品种实施 GMP 监督检查并给予认可的一种制度，是国际药品贸易和药品监督管理的重要内容，也是确保药品质量稳定性、安全性和有效性的一种科学、先进的管理手段。1998 年，国家药品监督管理局成立后，建立了国家药品监督管理局药品认证管理中心。

GMP 不是关于如何制造产品的说明，它们是制造过程中必须遵守的一系列原则。当一家公司正在建立其质量计划和制造流程时，可能会有许多方法可以满足 GMP 的要求。确定最有效和最有效率的质量管理流程是公司的责任，也是最重要的部分。而为了让企业达到 GMP 所规定的要求，保证所加工的食品符合卫生要求，出现了卫生标准作业程序（Sanitation Standard Operating Procedures，SSOP）。它是用来规范、指导食品生产加工过程中应如何实施清洗、消毒和卫生保持的作业指导文件。而美国禽畜肉检查法规规定，在建立 HACCP 之前，应先完成 SSOP。

以上介绍了几个先进国家冷链相关法规，除了用国家法律制度来规范从业者外，这些国家也出台了财政扶持政策，吸引从业者投入相关设施及改善生产设备。表 10-1 所示为几个先进国家不同的做法。

表 10-1 国外冷链物流标准化体系建设的政策法律环境

出发角度	国家	具体措施
国家法律制度	加拿大	建立食品安全监管机构（CFIA），该机构制定了食品安全监督计划（FSEP）——食品安全监督方案，管理农业并进行总体规划；对肉类生产企业采用危害分析和关键控制点管理体系（HACCP）来监视和控制生产操作过程；制定了《防虫产品法》，用以规定原材料农药的使用
	日本	颁布《中央批发市场法》，并把批发市场纳入法制轨道；建立冷链物流可追溯体系，通过加强对生产过程的管理，结合化学分析和快速检测手段，确保食品安全
	法国	制定《农药残留补偿法》，若农户是因为蔬菜、水果中农药残留超标而导致的损失，那么农户可以获得补偿
财政扶持政策	加拿大	对国家铁路公司进行补偿并给予优惠政策，促使其发展冷链物流；港口和内河运输的管理权下放，企业自主运作，促进竞争，促进冷链物流的快速发展
	韩国	政府设立专项基金，以资助专业性物流公司、物流技术公司，对开发新型物流技术的企业或个人减征所得税

4）ISO 的相关标准

随着消费者对安全食品的需求日益增长，许多企业都在实施基于危害分析和关键控制点（HACCP）的食品质量和安全管理体系。2001 年，国际标准化组织（ISO）开始着手建立一个可审核的标准，加深了 HACCP 在食品安全管理体系中的作用，因而产生了 ISO 22000。它是 ISO 9000 的一般衍生产品，为需要符合甚至超过世界范围内食品安全规则的公司定义出食品安全管理要求，其包括了所有消费者和市场的需求。它加快并简化了程序，而无须折中其他质量和食品安全管理体系。其作用是防止食品生产过程（包括制造、储运和销售）中有害物质的产生。

ISO 22000 涉及以下要素。
①交互式沟通。
②系统管理。
③先决条件。
④HACCP 原则。

ISO 22000 可以独立于其他管理体系标准应用，也可以与现有管理体系要求相结合。ISO 22000 整合了危害分析和关键控制点（HACCP）系统的原则及食品法典委员会制定的应用步骤。

ISO 正在开发与 ISO 22000 相关的附加标准。这些标准将被称为 ISO 22000 标准系列。目前，以下标准将构成 ISO 22000 系列标准。
① ISO 22000 食品安全管理体系——对食品链中所有组织的要求。
② ISO 22001 食品和饮料行业 ISO 9001：2000 应用指南（取代：ISO 15161：2001）。
③ ISO/TS 22002 食品安全先决条例第一部分：食品制造。
④ ISO/TS 22003 为食品安全管理体系提供审核和认证的机构的食品安全管理体系。
⑤ ISO/TS 22004 食品安全管理体系——ISO 22000：2005 应用指南。
⑥ ISO 22005 饲料和食品链中的可追溯性——系统设计和实施的一般原则和基本要求。
⑦ ISO 22006 质量管理体系——ISO 9002：2000 对作物生产的应用指导。
⑧食品安全系统认证（FSSC）计划 FS 22000。FS 22000 是全球食品安全倡议（GFSI）批准的计划。

对企业而言，推动 ISO 22000 也能产生良好作用，可归纳如下。
①强化沟通。
②资源利用最优化。
③改善文件资源管理。
④加强计划性，减少事后的检验。
⑤更加有效和动态地进行食品安全风险控制。
⑥所有的控制措施都将进行风险分析。
⑦对必备方案进行系统化管理。
⑧由于关注最终结果，该标准适用范围广泛。
⑨可以作为决策的有效依据
⑩聚焦于对必要的问题的控制。

2. 国内法规

根据中国物流与采购联合会 2016 年所发表的《物流化目录手册》，与冷链物流服务相关的法规已超过 200 多项，显示出我国近年致力于冷链相关供应链上、下游规范不遗余力，同时也修正了现行的法规，将国内法规与其他国际法则接轨，在食品出口时，更能获得其他国家的认同。以下分别介绍。

（1）冷链物流基础标准　此部分规定了冷链物流的相关术语和定义、冷链物流的分类和冷链物流的基本要求等，见表 10-2。

表 10-2 冷链物流基础标准

标准编号	标准名称	类别	发布日期	实施日期	规定范围
GB/T 14440—1993	低温作业分级	管理	1993年6月10日	1994年1月1日	本标准规定了低温作业环境冷强度的大小及其对人体机能影响程度的级别。本标准适用于对低温作业实施劳动保护分级管理
GB/T 18517—2012	制冷术语	基础	2012年11月5日	2013年3月1日	本标准制定了制冷术语。本标准适用于制冷专业的产品制造、工程设计、施工、维护管理及科研、教育等领域
GB/T 28577—2012	冷链物流分类与基本要求	基础	2012年6月29日	2012年10月1日	本标准规定了冷链物流的分类和冷链物流的基本要求,适用于冷链物流管理
GB/T 39664—2020	电子商务冷链物流配送服务管理规范	管理	2020年12月14日	2021年7月1日	规定了电子商务冷链物流配送的基本要求、管理要求、作业流程及要求和内容及改进

（2）农副产品、食品冷链物流设施设备标准

此部分标准涉及冷库规格、冷冻冷藏设备及包装规范等,内容以规范技术和应如何管理相关设施来达到符合冷链作业流程为主,见表 10-3。

表 10-3 农副产品、冷链物流设施设备标准

类型	标准编号	标准名称	类别	发布	实施	规定范围
冷库	GB 28009—2011	冷库安全规程	管理	2011年12月30日	2012年12月1日	规定了冷库设计、施工、运行管理及制冷系统长时间停机时的安全要求。适用于以氨、卤代烃等为制冷剂的直接制冷系统及间接制冷系统的冷库。其他类型的冷库和制冷系统可参照执行。不适用于作为产品出售的室内装配式冷库
冷库	GB 50072—2010	冷库设计规范	技术	2010年1月18日	2010年7月1日	适用于采用氨、氢氟烃及其混合物为制冷剂的蒸汽压缩式制冷系统,以钢筋混凝土或砌体结构为主体结构的新建、改建、扩建的冷库,不适用于山洞冷库、装配式冷库和气调库
冷冻冷藏设备	GB/T 20154—2014	低温保存箱	技术	2014年12月5日	2015年12月1日	规定了低温保存箱的术语与定义、分类与命名、要求、试验方法、检验规则、标志、包装、运输、储存。本标准适用于封闭式电动机驱动压缩式低温保存箱
冷冻冷藏设备	SN/T 1995—2007	进出口食品冷藏、冷冻集装箱卫生规范	管理	2007年12月24日	2008年7月1日	规定了进出口食品冷藏、冷冻集装箱卫生规范。本标准适用于进出口食品冷藏、冷冻集装箱检验

续表

类型	标准编号	标准名称	类别	发布	实施	规定范围
包装	GB/T 31122—2014	液体食品包装用纸板	产品	2014年9月3日	2015年2月1日	规定了液体食品包装用纸板的产品分类、技术要求、试验规则及标志、包装、运输、储存。本标准适用于制作液体食品包装用纸板
包装	GB/T 31550—2015	冷链运输包装用低温瓦楞纸箱	产品	2015年5月15日	2016年1月1日	规定了冷链运输包装用低温瓦楞纸箱产品的分类、要求、试验方法、检验规则、标志、包装、运输和储存

3. 农副产品、食品冷链物流技术、作业与管理标准

表10-4则是与物流流程相关的规范，同时按照产品类型进行分类，如按果蔬、水产品、肉类的储存你方式和运输方式进行定义，通过法规规范来确保食物不会受损。

表10-4 农副产品、食品冷链物流技术、作业与管理标准举例

标准编号	标准名称	类别	发布日期	实施日期	规定范围
GB/T 24616—2009	冷藏食物物流包装、标志,运输和储存	作业	2009年11月15日	2010年3月1日	规定了冷藏食物物流过程中的包装、标志、运输和储存要求；适用于物流过程中的各类冷藏食品
GB/T 31086—2014	物流企业冷链服务要求与能力评估指标	管理	2014年12月22日	2015年7月1日	规定了物流企业从事农产品，食物冷链服务所应满足的基本要求，以及物流企业冷链服务类型、能力级别划分及评估指标；适用于物流企业的农产品，食品冷链服务及管理
GB/T 26544—2011	水产品航空运输包装通用要求	管理	2011年6月16日	2012年1月1日	规定了航空运输水产品包装的基本要求，包装材料、包装容器和包装方法；适用于水产品航空运输包装，不适用于有特殊要求的水产品包装
GB 20799—2016	肉和肉制品经营卫生规范	管理	2016年12月23日	2017年12月23日	规定了鲜、冻肉运输相关的术语和定义、运输工具、包装、标志、运输控制、装卸、管理、文件和记录的要求；适用于鲜、冻肉的运输管理
GB/T 36080—2018	条码技术在农产品冷链物流过程中的应用规范	技术	2018年3月15日	2018年10月1日	规定了条码技术在农产品冷链物流过程中的编码规则、符号表示、检测与质量评价
GB/T 24616—2019	冷藏食物物流包装、标志、运输和储存	作业	2019年8月30日	2020年3月1日	规定了冷藏、冷冻食品在物流过程中的包装、标志、运输、储存和追溯要求，标准适用于冷藏、冷冻食品的物流作业与管理。新修订发布的国家标准以GB/T 24616—2009为主，整合了GB/T 24617—2009中对冷冻食品的要求，取代GB/T 24616—2009成为新标准

10.3.2 链标准化建设存在的问题

1. 冷链标准化建设缺乏系统性

冷链物流标准化体系建设由部门、地区条块分割管理，缺乏统一性和协调性。现行的标准化体系以部门为主，制约了冷链物流各相关产业标准化之间的统一性和协调性。目前，我国冷链物流管理部门除了国家统一的标准管理机构，还有交通、民航、卫生、信息产业等代表政府的行业部门。而冷链物流行业涉及的各个产业技术组织、科研机构，则分散在各个政府部门、各个行业中，标准运作之间的政府部门缺乏协调机构，标准化技术组织与科研机构按照传统的分工在各自的产业领域进行标准化工作，相互之间难以交流和配合，形不成统一的规划。

例如，与冷链物流有关的机构和企业多数由传统企业的流通部门转换而来，分布于铁路、公路、水路、航空等不同运输部门，各有各的管理部门，冷链物流企业的主管部门相互制裂，行政管理分散；另外，尽管国家标准的行政主管部门是国家质量监督检验检疫总局，但标准的归口管理大多数设在各个部门的标准化分技术委员会，冷链物流标准化工作被人为地分散在各个不同的管理部门，例如，《香蕉包装、储藏与运输技术规程》由农业部热带作物及制品标准化技术委员会归口，《黄瓜储藏和冷藏运输》由中国商业联合会提出并归口，《冷藏食品物流包装、标志、运输和储存》则由全国物流标准化技术委员会提出并归口。

现有的管理体制增加了标准协调的工作量和管理难度，难以形成统一的管理体系，阻碍了冷链物流标准化的推进。同时，这种落后的标准化管理体制，也造成冷链物流标准化对政府部门依靠程度高，标准技术组织与行业协会不能充分发挥应有作用，造成一些物流标准化的具体问题被提出后，往往长期得不到解决。

2. 冷链物流标准中概念缺乏统一性

已颁布标准中部分标准中涉及的同一概念不统一甚至矛盾。由于冷链物流基础术语标准还没有形成，不同起草单位在标准中对其中涉及的基本术语定义也不统一，使标准之间缺乏统一性，不利于标准的执行和推广。例如，上海市地方标准 DB31/T 388—2007《食品冷链物流技术与管理规范》中对冷藏食品的定义："指食用农产品或加工食品，通过前处理或深度加工，产品在7℃以下（部分蔬菜、水果10℃以下）、冻结点以上储藏、运输、批发、配送、销售。"GB/T 24616—2019《冷藏食品物流包装、标志、运输和储藏》中对冷藏食品的定义："在物流过程中，中心温度始终维持在8℃以下、冻结点以上，并最大限度保持原有品质和新鲜度的这类食品称为冷藏食品。"

3. 冷链物流标准之间缺乏协调性

从目前已颁布的冷链标准分析可以看出我国冷链标准化建设中存在的一些突出问题：①标准起草承担单位不同和归口部门不同，导致标准中对同一物流过程规范的角度、范围和内容有较大差异；②有些标准从大类出发制定标准，有些标准从小类出发制定标准，在口径和表述上风格不同，内容衔接性和兼容性较差。例如，GB/T 22918—2008《易腐食品控温运输技术要求》、GB/T 24616—2019《冷藏食品物流包装、标志、运输和储藏》、河北省地方标准 DB13/T 1177—2010《食品冷链物流技术与管理规范》三个标准中都涉及冷藏运输环节作业和管理标准，但标准之间没有统一的协调性，一些具体的规定也不统一，在标准推广过程中这些标准如何协调将是一个难题。

4. 社会冷链物流标准化意识淡薄

我国标准化建设工作虽然早已起步，但公众对标准化意识不强，对冷链物流标准化工作了解更是一知半解。公众没有认识到冷链物流标准化建设对冷链物流对象产品的质量安全的重要意义，更认识不到标准化建设与其自身的健康息息相关，因此，标准化建设缺乏最根本的需求动力——公众对标准化建设的需求。

企业对冷链物流标准认知度不高。企业采用标准主要是出于市场竞争的需要，因此，冷链物流标准化要以市场的发育成熟度作为其制定的基本条件。我国冷链物流相关企业发展水平处于不同的层次，其规模和管理水平也相差较大，很多中小冷链企业出于成本的考虑，对一些标准执行的积极性不高。从我国国民经济的发展前景来看，我国冷链物流市场的潜在需求是巨大的，但冷链物流市场实际需求的不足，这与物流市场的潜在需求和物流业的急速膨胀形成了巨大的反差，直接影响到物流标准化的应用与推广。当然，已经制定的冷链物流标准不完善，有些存在与企业实际脱节、不能满足企业实际操作需要、企业置换成本太高等问题，也是企业对冷链物流标准化的需求不足的重要原因。

5. 冷链物流设施和设备标准化程度低

我国的冷链物流业起步较晚，市场需求还没有形成足够的规模，很多冷链物流企业都是从传统行业转型过来的中小企业，多数现有冷库和车辆是由原来的常规仓库和车辆改装而来，企业之间的设备参差不齐，难以实现行业标准化。此外，由于冷链物流服务需求企业对冷链物流运营特点缺乏全面认识，对冷链物流的运营的高成本性认识不足，冷链物流企业服务价格难以提高，冷链物流服务企业为了降低服务成本而追求设施和设备的低成本化，甚至降低设施和设备的规格，从而造成物流设施和设备标准化程度低。

6. 标准化基础性研究比较落后

在我国冷链物流标准化建设刚刚起步，相关基础研究相对滞后，有部分研究力量也分布在不同领域，如医药行业、食品行业相关科研机构和大学有不同的相关研究。冷链运营需要的专用设施设备技术参数技术含量较高，不同产品对象的温度和卫生条件也需要根据专业研究和试验验证。标准化构成中指定的相关标准需要的条件和研究。都需要有科学的依据，虽然一些技术参数可以借鉴国外，但从长远发展和行业发展出发，需要构建系统的基础研究，以推动标准化建设科学、系统地向前发展。

7. 国际标准采用比例较低

随着经济全球化的发展，冷链物流面对的是全球化的市场环境，冷链物流标准化具有非常强的国际性，要求与国际物流标准化体系相一致。在长期计划经济的影响下，我国的标准包括物流相关标准在制定过程中较少考虑与国际标准的一致性。尽管权威机构制定了一些相应标准，以便与国际标准接轨，但是这些冷链物流标准所占比例很低，这必将为我国的冷链物流企业与国际企业接轨设下壁垒。

8. 标准信息交流渠道不畅

《中华人民共和国标准化法》规定，现行有效的行业标准应当在国家标准化管理委员会备案，备案管理是有法可依的。但是信息交流的不畅，带来标准体系中标准层次及内容混乱，亟待提高标准信息交流。构建标准体系，如 CB/T 22918—2008《易腐品控温运输技术要求》、GB/T 24616—2019《冷藏食品物流包装、标志、运输和储藏》、河北省地方标准 DB13/T1177—2010《食品冷链物流技术与管理规范》等标准之间对冷链品界定本标准层次定位和内容混乱。

针对我国目前存在的标准管理不够规范，标准信息交流不畅等问题，除了建立健全相关的法律法规进行规范外，还要加强标准化管理信息化和现代化步伐，加强标准信息资源共享系统的建设，加强标准信息服务体系建设及标准出版的管理，使政府各部门及企业标准化活动更更加通畅等。

思 考 题

1. 冷链标准化含义是什么？
2. 有哪些类别的冷链标准？
3. 简述冷链物流标准化体系。

案 例 分 析

麦当劳：细节决定质量

1990年，麦当劳公司在深圳开设了中国第一家餐厅，也就是从那时起，在我国多数人还没有听过"物流"这个名词的时候，麦当劳就将其先进的物流模式带进了中国。随着多年的发展，其提供的食品质量受到消费者普遍的赞誉，这主要是因为麦当劳很成功地运行了自己的冷链物流，保证了食品的质量。

麦当劳对其食品冷链物流的管理不是采取自营模式，而是将业务外包给夏晖公司进行管理。麦当劳之所以将冷链物流的管理业务进行外包，除了想为自身赢得更全面、更专业化的服务外，还能在解决本企业资源有限的同时，更专注于核心业务的发展以及带来增值性服务。

据了解，麦当劳的冷链物流标准，覆盖了温度记录与跟踪、温度设备控制、商品验收、温度监控点设定、运作系统SOP（标准作业程序）的建立等领域。即便是在手工劳动的微小环节，也有标准把关。在中国，麦当劳还在考虑应用一些国家制定的物流业服务标准和技术标准，以便把工作细化到MRP（物料需求计划）或者VMI（对于供应商管理的库存）系统的各个节点，进而对整个流程实施控制和跟踪。除此之外，麦当劳对其所有的餐厅实行统一的标准化管理,从对员工的要求到对店长的要求,从对食品制作的要求到对食品运输的要求来讲,麦当劳在全球范围内自始至终地执行着一整套的标准化管理。

麦当劳不仅是对于食品运输、储存有着严格的要求,对于货物装卸过程也有着严格的标准要求。在搬运货物的时候,搬运人员并不是直接与货物接触,而是将货物放在托盘上,进行整体性的搬运。这样做,不仅能避免人员接触对食品的污染,而且能快速地搬运大量物品,从而也保证了在严格控制时间内完成装卸货的任务。

在不少企业还把标准化当作一种技术来处理时,麦当劳已经利用它们构建起了一套有效的食品安全管理系统。在麦当劳看来,凡是在生产、储存中有要求的地方,不论普通食品还是冷冻食品,都应该设置这种标准。目前,麦当劳正在积极引入一套由美国食品物流协会开发的认证体系,并希望把这种适用于美国航天员的食品标准,逐步扩展到整个食品行业。

麦当劳公司通过对夏晖公司冷链物流的过程管理,从而实现对自己餐厅销售的食品质量的控制。麦当劳公司一般通过订单管理和库存与配送管理进行餐厅质量管理。

麦当劳餐厅的经理需要预先估计安全库存,一旦库存量低于安全库存,便进入订货程序。麦当劳采取在网上下订单,将订单发往配销中心。夏晖公司在接到订单之后,便能够在最短的时间内完成装货、送货一系列过程。只有这种网上订货的方式还不够。每天,餐厅经理都要把订货量与进货周期对照,一旦发现问题,立刻进入紧急订货程序。虽然紧急订货不被鼓励,但一经确认,2小时后货品就会被送到餐厅门口。麦当劳通过对其订单的有效管理,实现了仓库储备的货物总能保证在安全库存之上,保证随时能够满足消费者对食品的任何要求。

麦当劳对夏晖公司的库存与配送也有很高的要求,提出了"保证准时送达率、保证麦当劳的任何一个餐厅不断货、保证每一件货物的质量处在最佳状态"三点基本要求。其中,保证货物的新鲜度是难度较大的环节。在接到订单后,夏晖公司就开始准备装车。所有需要的货物都在夏晖公司位于北京市大兴区经济开发区的物流配送中心进行配送作业。在装货的过程中,冷冻、冷藏运输车辆停靠在装货的车道内,能与冷库实现完全的密封性对接。两个公司为了保证营业期间食品的新鲜,冷藏库坚持"先进先出"的进出货方式,并对物品入库和提出环节也制定了严格的标准。

当食品运到麦当劳餐厅时,麦当劳餐厅经理会提前做一系列准备工作。例如,检查冷藏和冷冻库温是否正常,抽查产品的接货温度,检验产品有效期,检查包装是否有破损和污染等情况,如果任何一个环节不符合要求,货品都要退回夏晖公司。

为了满足麦当劳冷链物流的要求,夏晖公司在北京地区投资建立了一个占地面积达 $12\,000\,m^2$、拥有世界领先技术的多温度食品分发物流中心,配备了专业的"三温度"(冷冻、冷藏、常温)运输车辆。中心内设有冷藏库、冷冻库及干货库,各个库区都有极其严格的温度、湿度的要求,从而保证产品的品质。

第 11 章
典型产品冷链物流模式

本章学习目标

1. 掌握肉类冷链物流的基本原则和要求；
2. 了解水产品冷链物流的主要特征；
3. 了解乳制品冷链物流的问题及解决办法；
4. 了解果蔬冷链物流模式及评估指标；
5. 了解医药冷链物流行业的发展趋势；
6. 通过案例了解电商冷链的发展现状。

11.1 肉类冷链物流

11.1.1 肉类冷链物流的背景

2021 年我国肉类产量为 8 887 万吨，比 2020 年增加了 1 138.62 万吨。2021 年我国猪肉、牛肉、羊肉产量分别为 5 296 万吨、698 万吨、514 万吨，牛奶产量 3 683 万吨，禽蛋产量 3 409 万吨。随着肉类产量的快速增加，2019 年，我国生产冷鲜、冷藏肉 2 817.5 万吨，同比增长 0.9%。目前我国肉类产品冷链流通率超过 15%，冷藏运输率超过 30%，冷链物流比例逐步提高。但对比欧美、日本等西方发达国家 90% 的冷链物流比例，我国的低温肉制品占比仍有较大差距，低温肉制品将是未来的趋势。①

11.1.2 肉类冷链物流的基本概念

肉类冷链物流是肉与肉制品在温度控制的物流网从供应地向接收地实体流动的过程。它根据实际需要，将运输、仓储、配送、交接等基本功能有机结合，包括冷冻加工、冷冻储藏、冷藏运输、冷藏销售 4 个重要环节。

---

① 资料来源：《中国肉类发展现状分析与投资趋势研究报告（2022—2029 年）》.

11.1.3 肉类冷链物流的基本原则

（1）应保证肉与肉制品的运输、仓储、配送、交接等过程均在规定的温度要求下进行。

（2）应有防止温度变化影响肉与肉制品质量的控制措施。

（3）服务过程应满足时效性要求，各个环节的操作应在规定的时间内完成。

（4）肉与肉制品温度检测方法应符合 GB/T 28843—2012 中附录 A 的规定。

（5）在运输、仓储、配送、交接等过程中应采用温度记录设备和温度检测工具进行温度监控和记录，必要时，应对湿度进行监控；作业过程中，应进行必要的产品温度和质量的查验与交接。

（6）对于不同肉与肉制品的记录，应规定保存时间，保存期限不得少于产品保质期满后 6 个月；没有明确保质期的，保存期限不得少于 2 年。

（7）应建立符合肉与肉制品冷链物流要求的管理体系文件，应按照规定的程序进行控制和实施，保证各类载体文件的要求得到有效实行。

11.1.4 肉类冷链物流的基本要求

1. 管理制度

（1）应建立保障肉与肉制品运输、仓储、配送、交接等各环节温度的制度文件。

（2）应建立有效控制风险的措施与方案。

（3）应建立重大事故及险情报告制度。

（4）应建立应急救援现场组织预案。

（5）应建立肉与肉制品运输、仓储、配送、交接等环节的交接制度。

2. 人员

（1）直接接触肉与肉制品的工作人员应持有有效的食品行业健康证明。

（2）从事肉与肉制品冷链服务各环节工作的人员，应接受肉与肉制品运输、仓储、配送、交接、检验及突发状况应急处理等相关知识和技能培训，并经考核合格。

3. 设施设备

（1）应具有与肉与肉制品冷链温控要求相适应的运输、仓储、配送、交接等设施设备。

（2）肉与肉制品的运输应使用温控运输设备。

（3）运输工具厢体应配备温度自动记录装置并运行正常。

（4）封闭式月台温度应保持在 5～10℃，并具备配套的制冷系统或保温条件的缓冲间。

（5）冷库应配备自动监测、自动调控、自动记录及报警装置。温（湿）度自动监测布点应经过验证，监测（记录）的温（湿）度应符合标准要求。

（6）计量器具应定期校验并有鉴定证明。

（7）当有带板运输时，宜使用 1.2m×1.1m 托盘。

4. 信息系统

（1）应建立仓储、运输、设备等信息管理系统。

（2）信息管理系统应具备监控、查询、报警、追溯等功能，并与上下游实现共享。

11.1.5 肉类冷链物流的流程

1. 冷冻加工

冷冻加工环节主要涉及的冷链装备是冷却、冻结和速冻装置。不仅要求产品本身低温，还要求加工环境低温，以有效抑制环境中微生物的繁殖。

2. 冷冻储藏

冷藏的肉与肉制品入库时温度为 0～4℃，冷藏间温度为 0～4℃；冷冻肉品入库时温度为 -18℃以下，冷冻间温度为 -18±1℃。

3. 冷藏运输

（1）应根据肉与肉制品的类型、特性、运输季节、运输距离的要求选择不同的运输工具和配送线路。

（2）装车前，保持车辆清洁卫生；运输前车辆应进行清洗消毒，并符合相关规定；装载时冷冻肉与肉制品温度应达 -15℃或达到双方约定的收货温度；同时，装车前车厢温度宜预冷至 -10℃；冷藏肉与肉制品的车厢温度应预冷至 7℃以下时方可装运。

（3）装车过程宜使用物流工具，确保在较短时间内装车完毕。

（4）散装生、熟肉品，易串味肉品等不能混装于同一托盘、同一车辆，含有独立包装的预包装肉与肉制品可采用物理隔离等方法装载于同一车辆内。

（5）装车完成后，根据肉品运输要求设置车厢的制冷温度，确认制冷机组正常运转后，依指定路线配送。

（6）运输过程中制冷系统应保持正常运转状态，全程温度应控制在指定的温度范围内。冷藏设备的温度记录间隔时间每次不应超过 1 小时。冷藏设备温度偏离设定范围时，应予以纠正。

（7）冷藏肉与肉制品的运输作业应符合 GB/T 24616—2009 中的相关规定，冷冻肉与肉制品的运输作业应符合 GB/T 24617—2009 中的相关规定。冷藏肉与肉制品在运输过程中厢体内温度应保持在 0～4℃，产品温度应保持在 0～4℃；冷冻肉与肉制品在运输过程中厢体内温度应保持在 -18℃以下，厢体内温度最高允许升到 -15℃，产品温度保持在 -15℃或更低的温度。

4. 分拨仓储

（1）肉与肉制品到货时，应对其运输方式及运输过程的温度记录、运输时间等质量控制状况进行重点检查和记录。到货冷冻肉与肉制品温度高于 -15℃或高于双方约定的最高接受温度时，冷藏肉品高于 4℃或高于双方约定的最高接受温度时，收货方应及时通知货主，双方按合同约定协商处理。

（2）经检验合格的肉与肉制品才能入库储藏，并依据进货信息和随货清单做好记录。

（3）冷藏、冷冻肉品储存作业应分别符合 GB/T 24616—2009、GB/T 24617—2009 的规定，冷藏、冷冻肉品储存管理应符合 GB/T 21735—2008 的规定。

（4）肉与肉制品堆码应按照分区、分类、按生产批次和温度等进行管理。

（5）肉与肉制品堆码应符合 GB/T 30134—2013 的规定，堆放高度以纸箱受压不变形为宜，散装货物堆放高度不宜高于冷风机下端部位。

（6）冷库温度波动幅度不应超过 +1℃；在肉与肉制品出入库时，库房温度升高不应超过 3℃。温度的测定按 GB/T 9829—2008 的规定执行。

（7）冷库温度记录间隔时间每次不应超过 2 小时，温度偏离设定范围时，应采取纠正行动。

5. 配送

（1）肉与肉制品出货前应确认包装是否良好，装卸过程中不应损坏其外包装。

（2）肉与肉制品的出货暂存区的温度要求在 5～10℃，暂存时间不得超过 1 小时。

（3）肉与肉制品出库和装车、卸车的速度应在规定的时间内完成，使用的方法应以产品温度上升不超过 3℃ 为宜。

6. 交接

（1）肉与肉制品交接过程应保持作业环境温度符合相关标准规定。

（2）应根据合同标注或标准要求在规定的时间、地点进行交接，交接内容包括但不限于以下项目：产品出入库时间、品类、数量、产品温度、运输厢体温度、生产日期、保质期、储藏条件、产品内外包装标准及车厢内卫生状况，并经双方签字确认。

（3）交接发生异议时，应在保证肉与肉制品质量安全的条件下，按照合同规定及时处理。

（4）应保留交接过程中所有涉及的可追溯的记录单据，追溯信息应符合 GB/T 28843—2012 的规定。

7. 不合格品处理

在运输、仓储、配送、交接等过程中发生的或可能发生的肉与肉制品质量受到影响的，应进行不合格品处理。

8. 包装与标识

（1）冷藏肉与肉制品的运输包装与标志应符合 GB/T 24616—2009 中的相关规定。

（2）冷冻肉与肉制品的运输包装与标志应符合 GB/T 24617—2009 中的相关规定。

（3）进入食品零售市场销售的肉与肉制品宜进行预包装，包装标识应符合 GB 718—2011 的要求。

（4）肉与肉制品的外包装应有明显标识，应标明货物批次等。

案 例 分 析

双汇物流，中国冷链运输的开拓者

赤日炎炎，酷暑难耐。冷鲜肉制品配送和保鲜是全国食品行业面临的重要挑战，如何才能使肉制品在炎炎夏日快速、安全地送抵销售终端？作为全国冷链运输的开拓者，我国最大的肉制品生产企业双汇集团已经建立了一套科学完善的物流管理体系，确保这些食品从生产到销售终端安全可控。

"生产好的肉制品,最重要的是要保持冷藏温度,不能脱冷。"双汇物流负责人指着厂房外停放的超级加长冷藏车对记者说。"工厂生产好的肉制品,进入恒温的冷库后,就由这些移库车运送至配送中心,然后再由配送中心通过配送车发往各个卖场。无论是移库车,还是配送车,全部都能保持恒温,保证全程冷链运输。"

"冷链是体现肉制品企业实力的一道高门槛,不仅需要巨大的资金投入,更需要时间和经验的积累。"业内人士认为,双汇之所以取得了丰厚的市场业绩,与它多年来一直倾力打造的完善的冷链系统是分不开的,该系统确保双汇产品在从出厂到销售的过程中冷链不中断。冷链物流是随着科学技术的进步、制冷技术的发展而建立起来的,是以冷冻工艺学为基础,以制冷技术为手段,在低温条件下的物流过程需要特别装置,需要注意运送过程、时间掌控、运输形态,物流成本占成本比例非常高的特殊物流形式;"冷链生产、冷链配送、冷链销售"的模式,具有较高的技术含量,是双汇冷鲜肉在国内得以广泛推广的重要保证。

据了解,双汇集团自成立双汇物流以来,陆续购置数百辆各种型号的全自动控制冷藏车辆,目前自有冷藏车辆1 200多台,常温车辆200多台,整合社会车辆2 000多台,铁路专用线7条,温控仓库20万吨,常温库18.6万m^2,年配送能力达300万吨以上,打造出"从源头到终端"的全程食品安全监控体系,做到"源头有保障,全程有冷链"。双汇集团所有冷藏车辆全部采用进口制冷设备,可以根据产品所需先行设定温度,保障产品在途恒温运输。同时,为有效监督车辆送货途中冷链运行状况,所有车辆安装了温度跟踪仪。通过温度跟踪仪反馈的数据,对产品在途温度控制做到了全程监控。并通过物流ERP系统、车辆GPS定位系统等物流配送管理平台,做到冷链物流科学管理、冷藏车辆实时控制。

双汇集团的发展目标是使双汇成为中国最大、世界领先的肉类供应商。

(资料来源:双汇物流中国冷链运输的开拓者[J].21世纪商业评论,2012(000)016.)

案 例 思 考

1. 查找资料,概述我国肉类冷链物流的基本情况。
2. 从企业的角度出发,冷链物流温度监控问题的解决途径有哪些?

11.2 水产品冷链物流

11.2.1 水产品冷链物流的概念

水产品冷链物流,是水产品在冷链环境下流通、消费和贯穿于从捕捞到产品零售的科学管理并经信息网络产生综合经济效益和社会效益的物流形式,建立水产品冷链物流体系是我国从渔业大国向渔业强国发展的重要措施。其重要性在于能使渔民增收节支,使得消费者获益,保证食品安全,是防止水产品食用恶性事故发生的治本措施,能使我国水产品产供销的资源分配更趋理性,促进水产企业更具有国际竞争力,冷链物流与低温物流概念相比,更具有直观性,它强调了对水产品冷链中所产生断链的重视,更体现出水产食品低温保鲜的意义,冷链物流与低温物流、冷藏链、供应链的关系是:冷藏链是供应链的一种特殊形式。冷链的供应管理应具备3个条件:物流营运效率高;无论上游工序或下游工序,都要强化低温的概念;一个客户供应链就是一条冷藏链。低温物流是若干的低温产品的组合,冷藏链是低温物流中单一产品的特殊表现式,是狭义上的冷链物流。冷链物流是低温物流演变的最高形式,也是广义上的冷链物流。

11.2.2 术语和定义

(1) 水产品

所有适合人类食用的水生动物、两栖类动物以及它们为特征组成成分制成的食品。

(2) 水产品冷链管理

为满足顾客需求,保障产品品质所实施的一系列水产品冷链物流活动的全过程。

(3) 冷链质量

保障产品冷链服务的环境条件和基础水平,保持产品的原有品质。

(4) 冷藏运输设备

用于运输冷冻、冷藏货物的运输设备,包括冷藏汽车、冷藏集装箱、冷藏运输船和附带保温箱的其他运输设备及不带有制冷机,厢体用隔热材料制成的保温车等。

11.2.3 水产品冷链物流发展现状

水产品相对于沿海区域的消费者来说相当常见,但内陆城市消费者对水产品的需求也随着我国经济的发展和人民消费习惯的改变而快速增长。对水产品的新鲜度、营养性和食品安全的更高要求也推动着水产品冷链物流规模快速增长,但不同企业因其企业性质及发展规划不同,其冷链物流设施建设也各有不同。

我国的水产品质量体系简单来说可以分为三个阶段:第一阶段是冷链仓储阶段,这个阶段是以冷藏和保鲜为主;第二阶段是冷藏运输阶段,它是以冷藏车、冷库和恒温设备的结合来进行保鲜工作;第三阶段是冷链物流阶段,它是由前两个阶段的发展而来的,建立强大的信息网络,在维护资源、环境的情况下,更重视整个冷链物流体系的运行及成本的核算。冷链物流采用软硬件的配套服务,要求在快速配送产品的基础上保证服务质量,从而使效益最大化。构建我国水产品冷链物流系统,同时也是建立保障食品安全的体系。

资料显示,目前,我国果蔬、肉类、水产品冷链物流流通率分别为5%、15%和23%,和欧美国家相比相去甚远。资料显示,欧美等西方发达国家的肉禽冷链流通率已达100%，果蔬冷链流通率也达95%以上，而中国仍有大部分生鲜农产品仍在常温下流通；部分产品虽然在屠宰或储藏环节采用了低温处理，但在运输、销售等环节又出现"断链"现象，全程冷链的比率过低。

目前我国冷链物流领域存在四大机遇。

一是信息化。与传统物流企业相比，冷链物流企业信息化程度高，订单多为计划性订单，可为客户提供大数据预测服务。据了解，大多数企业仍依靠电话、邮件接单，必须转型。具备接单系统后，才能向大数据分析迈进，进而为生鲜电商企业提供增值服务。

二是终端化。依靠"微仓宅配"的方式，快速进入二三线市场。传统物流企业若想进入生鲜电商行业，建议在二三线城市建设面积在几百平方米的微仓，这是生鲜电商企业从一线城市延伸至二三线城市时最需要的设施。

三是标准化。在产地进行初加工，减少浪费，降低损耗。物流企业若有分拣能力，可以在产地建设农产品分级加工中心，为生鲜电商企业提供服务。

四是服务专业化。培养专业人才，提供品质化服务，实施精细化管理，回归物流本质。

11.2.4　水产品冷链需求趋势

联合国粮农组织（FAO）最新发布的《世界渔业和水产养殖状况》指出，冷藏已成为供人类消费鱼品的主要加工方法，活体、新鲜或冷藏通常是最受欢迎和价格最高的鱼品形式，在直接供人类消费鱼品中占最大比重，然后分别是冷冻、制作和防腐、加工处理（干制、腌制、卤制和发酵熏制）。过去数十年，加工、冷藏、制冰和运输取得的重大进展，为增加更多样化产品形式的鱼品销售和流通创造了条件。

如今随着跨境食品贸易的快速发展，波士顿龙虾、俄罗斯帝王蟹、越南黑虎虾等成为我国消费者日益青睐的爆品，这对水产品冷链物流在产品包装、运输方式、通关查验等方面都提出了更高的要求。

不仅如此，据统计2018年国内小龙虾市场规模已突破3 000亿元，大闸蟹市场规模接近1 000亿元，目前天猫国际、京东生鲜、每日优鲜、盒马鲜生等生鲜零售平台都把小龙虾、大闸蟹作为争夺目标，在这些高附加值水产品市场不断扩大的过程中，做好冷链物流的全程保障，降低水产品死亡率和损耗率，以最快速度配送到消费者手中，就显得非常重要。

如今，我国居民生活水平的提高促进了食品消费市场的扩大，给水产品市场也带来了利好。据公开数据显示，2017年全社会渔业经济总产值已达24 761.22亿元，其中渔业产值12 313.85亿元、渔业流通和服务业产值6 780.76亿元。如今，随着制冷技术的发展，冷藏成为水产品流通的主要方式之一。

11.2.5　水产品冷链物流的主要特征

水产品冷链体系是适应鲜活水产品物流运输的一种特殊要求。水产品冷链物流包括对货品的冷藏（冻）加工、冷藏（冻）存储、冷藏（冻）运输及配送、冷藏（冻）销售 4 个部分，其中冷藏运输及配送环节是目前我国冷链物流的热点。水产品冷链的集中储存保管及配送中心建设占据相当重要的地位，水产品冷链物流中心是提供水产品集中、分配、配送、增值等功能，拥有码头、渔港补给设备、水产物流中心、深层加工厂、渔获市场、海洋研发中心、水产养殖基地、住宅区等冷链物流运作设施的中心，其主要特征为：

（1）水产品冷链物流中心由水产品保存仓库、交易及信息中心、水产加工厂等组成。

（2）水产品冷链物流中心基本上属产地型物流中心，以水产品冷冻仓储、流通加工、运销配送为主。

（3）水产品冷链物流中心内的水产加工厂以水产加工为主，提供冷链物流中心水产加工品之来源。

（4）水产品冷链物流中心产销范围涵盖远洋、近海、沿岸及养殖渔业等水产品产业。

11.2.6　水产品冷链物流存在的问题

水产品冷链物流目前主要是集团性或者企业独自性的配置，与区域性、全国性的冷链物流网络比还有很大的距离。随着市场对水产品冷链物流的需求提高，冷链物流企业有了更好的发展机遇，但就目前的水产品冷链物流来说，还存在以下几个问题。

（1）分散方式的冷链物流无法连贯的执行，冷链温度的记录不能发挥作用，交接过程也比较复杂。

（2）水产品冷链物流在管理上缺乏统一标准，使得大部分水产品销售环境不能控制在冷链温度之下。对各大类水产品的产品温度、湿度指标及储存期限，冷链标准建设不及时，提供不了科学统一的推荐范围。

（3）冷链配置建设不完整。普遍菜市场上冷链配置建设不完整，冷冻产品的运输方式还是使用人力黄鱼车比较多，这样会造成水产品的品质损失。在运输过程中还缺乏统一化的包装配置和物流形态，例如装有活鱼类的运输桶内 3/4 装水，只有 1/4 才是活鱼产品，无疑提高了水产品物流成本。

（4）冷链增值效应不明显。冷链物流要实施全程温度控制，必须用到先进的信息技术。还要加强水产品保鲜库、冷藏库的建设，增加温控设备等。怎样解决生鲜电商冷链配送问题也是迫在眉睫。水产品属于低价产品，而冷链物流的建设投入比较大，增值效应不明显，经营水产品冷链物流也存在着一定的风险。

（5）储存容器、包装存在缺陷，运输过程中损耗较大。水产公司目前大多数制冷车仅有制冷设施，而冷链物流所要求的准确的全程温度控制、显示、记录和存储等设备尚未完全配置、系统尚未建立。因此，绝大部分易腐食品在冷链物流过程中的信息不能得到完整的反映。此外对商品尤其是对运输量最大的水产品缺乏低温保存意识，它们的装车大都在露天进行，而不是冷库或低温环境下进行。这些都直接导致了物流成本的增加，而且未对容器进行分类、挑选。

（6）运输质量。冷藏和冷冻商品需要一个完整的冷链物流对货物进行全程的温度控制，以确保商品的安全；这包括装卸货物时的封闭环境、储存和运输，等等，一个环节都不能少。供应商送到的货物要通过其全程的温度控制仪进行抽查，在车门开启后，根据不同的部位按照流程进行抽查，外包的运输车辆也是经过选择的，随车的温度计要回收，进行现场检查。如果对外包车辆没有一个统一的管理制度，就会导致新鲜的水产品因运输时间过长使得质量大打折扣，水产品损耗严重。海产品需要在 -20℃以下才不会变质，如达不到 -20℃海产品鲜味就截然不同。冷藏、冷冻车等工具运输全程都需要大量电费与油费，另外还需要一些相关设备，如冷链专用箱，冰袋等。因为成本投入较大，在运输过程中会将车内温度稍做调整。比如将温度上调两三摄氏度或是间歇性的开启冷气。这样虽然不会使产品发生严重的变质，但会使总体品质产生影响，也会缩短产品的保质期。

（7）冷库管理存在问题。大多数水产公司并未达到水产品所因达到的温度，对鱼、虾，贝类等多种水产品使用同样的储藏方法。比如说鱼类一般在 -18℃可储存 9 个月，如果在 -24℃可储存一年。虾在 -18℃时可储存 12 个月，-23℃时可储存 14 个月，-29℃时可储藏 16 个月。总之，温度越低，储藏期越长。不同的水产品要使用不同的储藏方法。水产品经过冷冻加工后，其个体死后的变化速度大大减缓，但并没有完全停止，即使将冻鱼储藏在最适宜的条件下，也不可能完全阻止其死后变化的发生和进行，而且这些变化的量，会随着时间的积累而增加。另外，一般公司的冷库利用率偏低，物品堆码的高度较高，但是一旦达到 3.2m（冷库高度为 5m）时，外包装为纸箱的产品，因重压变形、吸潮等原因导致包装破裂，倒塌的现象，严重影响产品品质，造成较大的经济损失。

（8）冷链技术人才不足，专业化程度低。冷链所包含的制冷技术、保温技术、产品质量变化控制及温度控制等技术都需要有专业的人员进行操作。它涉及多方面的知识，如食品学、冷冻工艺学、制冷技术、机械技术等。而目前水产公司拥有这样知识全面的技能型人才并不多，大多在岗人员都只能进行一些简单的操作，员工专业化程度不高。

扩展阅读 11.1

扫码观看

11.3 乳制品冷链物流

11.3.1 乳制品冷链物流概述

乳制品冷链物流是指产地源奶及加工制品在储藏、运输加工、分销、零售的全过程中，以冷冻工艺学为基础，以制冷技术为手段，始终保持乳制品所要求的低温条件的物流活动。

目前，乳制品大体分类为液态奶、奶粉、冰激凌、奶油、炼乳、干酪等。

不同种类的产品对物流要求差异很大，按照产品的温度控制要求，乳制品物流大致分三类：一是奶粉、常温液态奶及乳饮料的常温物流；二是巴氏奶、酸奶等乳制品的保鲜冷链物流；三是冰激凌、干酪等冷饮乳品的冷冻冷链物流。

在冷链的各个环节，如加工、储藏、配送、销售等都需要特殊的冷藏设施和特定的冷藏技术。而乳制品的要求更高，不同种类的乳品对冷链温度有不同的要求，或是在一条冷链中要求不同的温度，因此对于整个乳制品链条环境的控制至关重要。

11.3.2 发展乳制品冷链物流的必要性

（1）乳制品相对于其他产品具有较强的特殊性，原奶的供应多数来自于离城市较远的地区。原奶的保质期很短，乳品加工企业就将工厂设在离奶源近的地区，而乳制品的主力消费群体大多数来自较发达地区，分布广泛。

牛奶是一种易腐产品，巴氏奶、酸奶等产品如果不将其放在低温下储存就很容易变质，这就决定着以加工企业的能力不可能直接将产品出售给消费者。

因此必须建立乳制品冷链物流。

（2）原奶经过加工后，虽然较原奶保质期有所延长，但是仍比其他食品短，除了奶粉、冰激凌等保质期一般不超过 6 个月，如蒙牛酸酸乳、百利包等低端奶的保质期则更短。

实施乳品冷链物流可以有效避免因产品过保质期而使货物积压带来的巨大损失。

（3）从我国农业产业结构来看，发达国家乳制品行业产值占农牧林渔业总产值的 20%，占畜牧业产值的 40%，而我国的乳制品行业产值占农牧林渔业总产值的比例仅为 3%，占畜牧业产值的为 10%。

与西方发达国家乳制品行业比较，我国乳制品行业发展起步晚，仍有很大的发展空间和增长潜力。综合考虑我国奶畜生产能力、饲料供应、奶业科技进步、居民消费需求等因素，预计 2020 年奶类产量将达到 6 000 万吨，人均占有奶量将达到 42%。

所以发展乳品冷链物流势在必行，但是通过对内蒙古多家规模的乳制品企业的调查发现，他们生产的产品需要通过冷链运输，而内蒙古乳品冷藏运输率只有 80%。只有 10% 的企业能将需要冷藏运输的产品全部进行冷链运输，60% 的企业冷藏运输率不到 1/3，远远低于欧、美、日等发达国家的冷藏运输率 90% 左右。

（4）2017 年以来，国家层面频出台政策支持我国冷链物流产业的发展，冷链物流产业在物流产业中的占比也不断增加，随着电子商务的发展，农产品、生鲜及乳制品对冷链物流的需求不断扩大，冷链物流产业的价值和地位愈发凸显。

我国东南沿海地区是乳制品主消费区，西部产奶、东部消费，要解决好原料与市场消费的矛盾，冷链物流运输至关重要。国务院办公厅日前发布的《关于加快发展流通促进商业消费意见》提出，"加快农产品冷链物流，完善农产品流通体系"，进一步说明冷链物流在国民经济发展中的作用。在经历了"市场为王""奶源为王"两个阶段后，中国乳业已迈进"供应链为王"第三阶段。

11.3.3　乳制品冷链物流的应用——实例分析

冷链物流的应用——锻造高效供应链

江苏辉源供应链管理有限公司副总裁陆维斌认为，在宏观环境下，我国经济已由高速增长阶段转向高质量发展阶段，正处在转变发展方式、优化经济结构、转换增长动力的攻关时期。实现经济高质量发展、建设现代化经济体系，迫切需要以发展现代供应链为着手点。

陆维斌认为，供应链可实现供需双方达成集"商流、物流、资金流、信息流、人流"五流合一的综合管理平台服务，以 JIT（准时制生产）、TPM（全员生产维护）经营生产、卓越运营的管理方式构建优质高效的供应链管理体系，达到"产、供、销"平衡，降低综合管理成本，帮助客户锻造高效精益的供应链，提升企业核心竞争力。他说："辉源目前采用弹性供应链管理方式，以应对产品需求多样化、个性化、定制化的需求，旨在帮助企业提升品质和效率、减少重复性投入，从而增加企业竞争力，最终达到缩短现金周转期、降低企业面临的风险、实现盈利增长、提供可预测收入等目的。"

陆维斌在发言中谈到，发挥供应链助推供给侧结构性改革、促进资源优化配置和经济质量、效率提升的重要作用，培育新增长点、新动能，最终推动经济发展质量变革、效率变革、动力变革。

南京卫岗乳业有限公司作为集牧草种植、规模化奶牛养殖、生产加工、物流仓储、冷链配送、渠道管控及售后服务为一体的全程供应链乳品企业，介绍了卫岗乳业从自营牧场原辅采购到客户终端的供应链流通过程。南京卫岗乳业有限公司生产物流板块副总经理卜贤松表示，卫岗结合信息化时代的特征和内外部条件因素，对全产业链提出了新高度和新标准，建立起牧场到工厂再到消费者手中的全产业链全过程可追溯体系，实现整个产业链信息数据的贯穿。并通过多平台布局 OEM（原始设备制造商）代工、供应链金融、融资租赁等产业，打破发展壁垒，提供线上线下一体化的产业链互通服务，优化产业结构和产品结构，建立奶业新供应链关系。

卜贤松谈到，乳制品对保存以及运输的要求极高，卫岗乳业早已从制奶源头以及冷链技术入手进行技术革新，建立了完整的自有冷链系统。卫岗不断完善冷链物流模式，率先在业内布局冷链项目建设，目前已成为商务部全国农产品冷链流通监控平台的第一家乳制品企业。不久的将来，卫岗将在生产端进行赋码，实现一件一码，消费者可以通过扫描包装上的冷链流通零售码，追溯产品从奶源、加工到运输、终端每一道冷链环节的细节过程。

卜贤松说，供应链上的各个结点，最终都会影响产品的质量以及企业的发展。卫岗希望通过"奶业共生经济"模式的推广，以可持续发展为驱动，确定优质标准，生产优质产品，规定和完善行业规则，最终推动产业链上的所有环节共生、共享、共赢，最终实现中国乳业的振兴。

内蒙古伊利实业集团股份有限公司供应商发展副总监王凌鹤作了题为《可持续的

供应链为产品品质保驾护航》的报告。她表示，供应链的可持续发展要建立在阳光采购、绿色采购、可持续采购的基础上，完善的供应商管理体系是可持续供应链的保障，稳定的供应商队伍是可持续供应链的基础，供应商能力提升是实现供应链可持续发展的有效途径。稳定的供应商队伍才能提供安全可靠的物资与服务，进而为消费者提供最值得信赖的健康食品。

内蒙古爱养牛科技有限公司总经理刘晓江在发言中谈到，作为一家"互联网+"奶业公司，爱养牛致力于通过互联网的思维和技术，解决畜牧业奶牛养殖行业采购成本高、资金周转难、价格不透明等痛点，帮助养殖业实现降本增效。刘晓江表示，目前全球乳品行业全产业贸易经历了 3 个升级时代。1.0 时代，专注解决奶牛需求，实现牧场物资 B2B 交易，以技术服务为核心，提升牧场效益；2.0 时代，实现"牛"与"奶"共同交易升级，让乳品产业链相关物料实现平台交易，整合国际奶粉业务资源，将需和供知识与技术供给国际化；而最新的 3.0 时代，则是整合全球产业链资源，通过供应链金融交易等全链创新，融入全球价值链，形成全球乳业资源共享中心，构建中国乳品企业核心竞争力。

（资料来源：https://baijiahao.baidu.com/s?id=1645186776817778665 wfr=spider&for=pc. 有删改.）

11.3.4 乳制品冷链物流所面临的问题及解决办法

（1）提高冷链物流的自动化技术

对于生产乳制品的企业来说，冷链物流的设备配备情况和物流自动化技术直接决定整个企业的发展和绩效。所以企业需要投入大量的资金去完善自动化技术，需要研发新的冷链物流设备、引进先进的冷链物流自动化技术，在设备的配备和自动化技术等方面达到国家先进企业的水平。

（2）培养专业的物流人才

大力发展冷链物流人才是关键，只有具备专业的业务知识、良好职业素养的技术人员才能够建立完善的冷链物流，才能够研发专业的技术和设备。这些人员还要掌握物流管理、消费者行为学、供应链管理以及各种生、冷、鲜食品的特征等诸多方面的知识，是典型的专业复合型人才。但我国对物流人才的培养还缺乏重视，专业的、优秀的冷链物流人才严重缺乏。为了满足自身的需求，企业可以提供员工进修的机会，设立专业课程及奖学金等方面的制度来培养物流人才。这样不但提高了员工的学习、工作积极性，还填补了人才的空缺。

（3）冷链物流设施的完善

乳品企业之所以选择运输外包、仓储自营的运作方式，不仅仅是为了便捷的服务，还考虑到了成本的问题。因为所有的运输车辆都必须是箱式冷藏车或冷冻车，而箱式冷藏车和冷冻车的价格都比较昂贵，如果全部购进投入非常大。而且油费、过路费、车辆折旧费、雇佣工人工资等费用无一不需要支付。所以企业之间可以形成战略联盟，共同合作完善冷链物流设施，达到多方共赢的目的。

（4）提高乳品企业的冷链物流服务水准

提高乳品企业的冷链物流服务主要有以下几个方法：一是利用先进的技术实现整个冷链物流链条的有效衔接，避免冷链物流在供应链条上因信息不对称出现缺货等情况，造成消费者的流失。二是继续优化原料可追溯方案，让消费者吃到放心的食品。三是严格满足不同产品的特征，绝不为了节约成本而把不同的产品集中存放在一起，要分类存放来保证产品的质量。四是定期进行市场调查，收集信息，不断探索未来的发展方向。

11.4 果蔬冷链物流

11.4.1 果蔬冷链物流管理

1. 果蔬冷链物流概况

（1）果蔬冷链物流服务对象

果蔬冷链物流，即水果蔬菜低温物流。面向果蔬生产、批发及销售市场，通过田间采摘使果蔬类产品可以一直处于产后生理需要的低温状态，进行采后预冷、初加工、储存保鲜和低温冷藏技术，并形成一条冷链：田间采后预冷—冷库—冷藏车运输—批发站冷库—超市冷柜—消费者。

（2）果蔬冷链物流需求分析

2015年，我国蔬菜产量为76 918万吨。面对果蔬类农产品如此巨大的产量，除了外贸出口的部分以外，我国在产后低温储藏加工环节投入力度不够，并没有充分认识到产后低温储藏加工的重要性，绝大部分由产地以原始产品形式卖出，相比于西方发达国家对采后储藏加工，我国果蔬类农产品的产后值不仅没有得到提升反而下降。因此，对果蔬类进行低温包装、储藏和加工，以保持其新鲜及质量，也是开展果蔬冷链物流的出发点。

2. 果蔬冷链物流操作

（1）预冷

预冷是指果蔬采摘后从初始温度（25～30℃）迅速降至所需要的冷藏温度（0～15℃）的过程。通过迅速排除果蔬田间热，有效抑制其呼吸作用，从而保持水果蔬菜的鲜度，以延长其储藏期。常见的预冷方式有差压预冷、真空预冷和冷水预冷。

（2）分级包装

果蔬分级包装是提升产品档次和市场竞争力的重要商品化处理手段。在低温环境下，果蔬采后应用机械进行商品化处理或人工挑选分级。

由于果蔬包装缺乏严格的统一标准，一般来讲，外包装用筐、木箱、纸板箱、塑料箱等；内包装用如植物材料（像叶子这类植物材料内包装，主要是用于衬垫）、纸（用于水果内包装很普遍）、塑料（泡沫塑料、纤维表素层）等。出口产品包装方法按国际相关标准和客户要求制作。例如，高档果品普遍采用纸箱包装，有的用内衬发泡网、纸浆托盘；蔬菜包装以周转箱、尼龙网捆扎散装、竹筐、编织袋等为主。

（3）机械冷藏和气调储藏

机械冷藏是通过机械制冷系统的作用，控制库内的温度，使果蔬延长储藏寿命的一种储藏方式。

气调储藏是在冷藏的基础上，把果蔬放在特殊的密封库房内，同时改变储藏环境的气体成分的一种储藏方法。在果蔬储藏中降低温度、减少氧气含量、提高二氧化碳浓度，可以大幅度降低果蔬的呼吸强度和自我消耗，抑制催熟激素乙烯的生成，减少病害的发生，延缓果蔬的衰老进程，从而达到长期储藏保鲜的目的。

（4）冷藏运输

果蔬运输是动态储藏，是果蔬产后最活跃的环节之一。温度是运输过程中的重要环境条件之一，采用低温流通措施对保持果蔬的新鲜度和品质以及降低运输损耗是十分重要的。目前，国外果蔬运输所用的运输工具主要是冷藏汽车和普通卡车，国际运输主要用冷藏集装箱。

此外，运输中一定要做好包装，以减少空气在产品周围的流动；要达到快装快运、轻装轻卸，在夏季要防热、在冬季要防寒，对于长途运输的商品一定要有合适的包装，以防其失去水分。

11.4.2　果蔬冷链物流模式

（1）我国果蔬冷链物流流通模式现状

冷链物流及果蔬冷链物流。冷链物流是指使肉、禽、水产、蔬菜、水果、蛋等生鲜农产品从产地采收（或屠宰、捕捞）后，在产品加工、储藏、运输、销售等环节始终处于适宜的低温控制环境下，最大限度地保证产品品质和质量安全、减少损耗、防止污染的特殊供应链系统。目前，冷链物流适用于食品及特殊商品，主要包括：初级农产品（蔬菜、水果、肉、禽、蛋、水产品、花卉产品）；加工食品（速冻食品，肉、禽、水产品等包装熟食，冰激凌及奶制品，快餐原料等）；特殊商品（医药用品、生物制品等）。果蔬品冷链物流为冷链物流的一部分，但普通的冷链物流一般的冷藏温度均是指零下温度，而果蔬品冷链物流的所谓冷藏其实大部分时间的冷藏温度是在零上的，果蔬品冷链物流的温度大部分控制在 $0 \sim 5℃$。

（2）果蔬流通模式

传统的果蔬流通模式包括三大模式。一是原始果蔬流通链模式，由农户进行生产，直接在产地集贸市场进行销售，或由批发商（批发市场）进行收集，经运输商进入批发市场直接面向零售商，最终到消费者手中。该模式下的果蔬流通呈现如下特点：交易主体多、规模小、流通费用高。二是批发市场主导型流通模式。我国果蔬流通中，大中城市果蔬品消费的 50%～70% 由此流通模式主导。即生产者直接面向经纪人或批发商，由中间商完成初级包装、简单加工和运输后，直达销地批发市场，由销地批发市场面向农贸市场、超市或最终消费者。该模式中批发市场和中间商处于主导地位。三是连锁超市模式，由连锁超市建立生产基地或与规模生产者签订收购合同，提供相应的质量标准、检验检疫、运输、包装、仓储、配送及逆向物流，即生产者直接面向连锁超市。该模式流通环节少，由连锁超市自建配送中心或完成相关物流活动。除以上三种主要模式外，还有一些衍生模式，如农村经济合作组织加零售商物流组织模式、龙头企业加农户物流组织模式等。

（3）以批发市场为主导的果蔬冷链物流模式的物流效率评价

以农贸市场为终端的果蔬农产品流通体系有三个流通渠道，如图 11-1 所示，一是果蔬种植户到产地农贸市场，通过本地的果蔬农产品零售商直接销售给本地消费者；二是果蔬农产品收购商集货后，直接销往销地批发市场，在销地批发市场进行配送，然后进入农贸市场这一零售终端，最终到达消费者或直接进入酒店或食堂；三是果蔬农产品种植户自己集货后，通过本地果蔬批发市场进行果蔬农产品运输转移，运到销地批发市场，再通过销地的一级或二级批发进入到农贸市场的小摊贩手中。

上述模式都是在我国果蔬流通过程中实施的比较成功的模式，但无论哪种模式，都难免造成大量果蔬在流通环节的损耗，在我国，除了一些单位价值比较高的果蔬外，大部分果蔬的流通都未采用冷链物流流通模式。据统计，我国果蔬的年冷藏量约占总产量的 10%，冷链流通率仅为 5%，果蔬物流损失率高达 25%～30%。目前 90% 以上的新鲜水果、蔬菜及其制品基本上处于非冷链的物流运销。

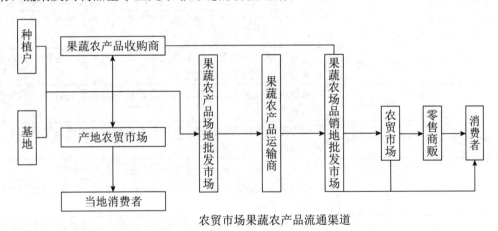

图 11-1　农贸市场果蔬农产品流通渠道示意图

11.4.3　果蔬冷链物流安全评估和发展趋势

（1）果蔬冷链物流系统安全评价体系

以果蔬农产品流通过程节点为研究对象，根据果蔬冷链物流系统评估指标体系（见表 11-1），通过设计调查问卷，实地调查采集相关数据，统计分析调查数据，进行计算，评价各环节安全风险等级，评价各风险来源的影响程度。

表 11-1 果蔬冷链各环节安全风险指标体系

一级评价体系	二级评价体系	评价指标
果蔬种植安全风险评价	环境因素	自然灾害发生率、政府监管力度、法规与相关标准执行率、消费者安全知识普及率
	设备与技术因素	农资设备完好率、农技知识普及率、种植标准化程度、EOS（电子订货系统）MIS（管理信息系统）使用情况
	人为因素	员工安全生产素质、员工培训教育
	组织因素	管理人员素质、合同执行率、安全职能部门作用、规章制度执行情况
果蔬冷藏运输安全风险评价体系	环境因素	灾害发生率、政府监管力度、相关法规完善程度、消费者安全知识普及率
	设备与技术因素	运输工具故障、冷藏运输保温设备故障、消毒设备故障、装载技术问题、GPS 与 GIS 使用率
	人为因素	员工安全意识、员工培训教育、人为货损情况
	组织因素	检测消毒等制度执行情况、订单执行率、客户投诉率、管理人员素质
果蔬冷链配送加工安全风险评价体系	环境因素	灾害发生率、政府监管力度、相关法规完善程度、消费者安全知识普及率
	设备与技术因素	加工车间合格率、冷藏设备故障率、搬运设备故障率、检测设备故障率、消毒设备故障率、检测检疫技术、控温技术、条码及射频技术
	人为因素	员工安全意识、员工安全知识普及率、污物处理合规性、人为货损率
	组织因素	农药残留检测情况、订单执行率、客户投诉率、管理人员素质、消毒执行情况、异常情况处理率
果蔬冷库储藏安全风险评价体系	环境因素	自然灾害发生率、政府监管力度、法规与标准完善率、消费者安全知识普及率
	设备与技术因素	制冷控温冷冻设备故障、冷库分类合理性、冷库卫生达标率、温差波动情况、品质检测技术
	人为因素	员工安全意识、员工安全知识普及率、人为货损情况
	组织因素	管理人员素质、订单执行率、信息获取情况、消毒计划执行情况、异常情况处理率
果蔬冷链销售安全风险评价体系	环境因素	政府监控力度、灾害发生率、法规标准完善率、消费者安全知识普及率
	设备与技术因素	冷藏冷冻设备故障率、检测与消毒设备故障率、操作间卫生情况、温差波动情况、商品检测技术
	人为因素	员工安全意识、员工安全知识普及率、人为货损率、消费者投诉率
	组织因素	入场检测率、全程控制跟踪情况记录、管理人员素质、订单执行率、异常情况处理率

（2）果蔬冷链物流发展前景

我国冷链物流基础薄弱。调查数据显示：我国果蔬产品物流运输率仅为 5%，而西方发达国家则高达 95%；加之我国农产品在冷链流通率、冷藏运输率、物流损耗、冷链基础设施等方面都和发达国家存在较大差距，都凸显出我国冷链物流的发展大幅落后。也因此我国冷链物流行业方面有很大的提升空间，冷链物流发展前景广阔。

在科学技术迅速发展的今天，冷链物流系统化和信息化的发展将在现阶段的基础上继续深化，成为未来行业发展的主要方向。同时，随着资源共享共用理念的提出，作为能够提供冷链物流运输的第三方物流公司，能够专业的提供全部或部分物流服务，其具有整合资源、合理有效控制物流成本、减少食品周转时间等优势。

目前，美国和日本等国家，专业的物流服务已形成规模，这有利于物流服务降低流通成本、提高运营速率等。未来冷链物流由单独的冷链物流中心，逐步转变为第三方冷链物流中心的独立投资者，降低了物流费用，提高了物流效率。

现我国冷链物流产业发展速度较快，发展势头迅猛，但由于我国冷链物流起步较晚、冷链物流产业投入较低等原因，我国冷链物流产业与发达国家相比差距还较大。但就我国行业现状来看，冷链物流发展前景还是很广阔。

案 例 分 析

果蔬产业是我国农业生产中具有明显优势和国际竞争力的产业。我国果蔬产业已成为仅次于粮食作物的第二大农业产业。2021年，我国水果和蔬菜总产量约达2.0亿吨和5.8亿吨，居世界第一位。2021年中国果园面积为1.6亿亩，水果总产量1.9亿吨，产量居世界首位。2021年，我国蔬菜面积达到2.68亿亩，年产量超过5.8亿吨；约占世界总产量的49%。我国果蔬产品占出口农产品总量的1/4，成为我国农业产业化的支柱性产业。

果蔬生产会使农民增收，农业增效，促进农村经济可持续发展。我国是果蔬大国，但因为我们生产的果蔬产品经常会由于品质差、安全质量存在问题在国际贸易中受阻，市场竞争力低下，采后损耗率居高，我国并未成为果蔬强国。而果蔬采后商品化处理和冷链物流可以减少损耗，保障果蔬优质增效。据专家测算：如果我们将水果的损耗率降到10%，就等于增加水果产量1 050万吨，就可以减少耗地520万亩果园。如果我们将蔬菜的损耗率降低到15%，就可以减少耗地450万亩。若优质，水果增值0.1元/kg，2亿吨增值200亿元，蔬菜增值0.05元/kg，7亿吨增值350亿元。

果蔬冷链物流，包括果蔬产品的采收、预处理加工、包装、运输、储藏、配送、销售等多个环节，是一个完整的体系，任何一个环节做不到位，都会影响到果蔬产品的质量和收益。近年来，我国果蔬物流技术研究也取得了一些成果：产地预冷受到重视，新的预冷技术得到应用，包装材料、包装方式的研究、为简约型节能物流提供了技术支撑，保鲜剂与防腐技术在果蔬物流提质增效方面发挥作用，储藏设施及冷藏技术的发展，移动保鲜设施研究与应用等。

目前，发达国家具有健全、完善的果蔬采后物流保鲜加工体系，故其果蔬市场供应均衡。而我国由于起步晚，落后于发达国家。因此我国需要加快建设、建立果蔬采后物流保鲜加工体系。

案 例 思 考

1. 查找资料，概述发达国家在过果蔬保鲜加工领域有何先进经验可供借鉴？
2. 查找资料，简述有何最新科技手段可用于降低果蔬损耗率？

11.5 医药冷链物流

医药冷链物流，是指冷藏冷冻类、易腐类医药产品在生产、加工、运输、配送、销售等过程，一直到消费者的各个环节中温度始终处于特定的范围，以保证医药品的质量，同时降低损耗，控制时间，节约成本，这是一项复杂的系统工程。它是以冷冻工业学和医药学为基础，以制冷技术为手段，伴随物流运输行业的发展而兴起的。冷藏药品的储运比较特殊，对温度、湿度、见光度等具有特定的要求。疫苗类制品、注射药品、口服药品、酊剂、外用药品、血液制品等需要在低温条件下储运的药品流通都属于医药冷链物流的范畴。

11.5.1 我国医药冷链物流现状

随着我国经济的发展，医疗保障水平的提高，对医药产品的物流需求也逐步提高，尤其是需要低温储藏的医药冷藏品发展很快，带动了医药物流的快速发展。数据显示冷藏品的销售金额占我国医药流通企业的总销售额中的3%～8%，虽然比重不大，但却有逐步上升的趋势。近年来，我国医药物流产业以8%的速度增长，预计到2020年，我国医药物流总额将达到3.8万亿元，冷链物流的药品市场规模或可达到1 200亿元，冷链物流市场不断扩大。"互联网+药品"流通行动计划的深入推进，以及电商巨头的进驻，势必会让传统医药物流企业迎来变革和创新，同时也给行业带来新的发展机遇。

11.5.2 我国目前的医药冷链物流存在的问题

（1）缺乏完整的行业或国家标准

目前医药品冷链的冷库、冷藏车的制冷效率、能耗没有国家标准，导致我国医药品冷链物流低效率，高成本的运作。冷藏车尺寸、托盘尺寸、冷库尺寸缺乏明确的标准，往往影响装卸搬运的效率；冷藏药品储运的不规范，有些没有纳入正规医药的流通范围，带来了一些负面效应。

（2）医药品冷链物流的基础硬件设施落后

我国目前冷藏运力不足。铁路方面，冷藏车仅占总量的2%左右，且大多数是陈旧的机械式速冻车皮。公路方面，现代化的冷藏卡车严重不足，我国冷藏保温汽车的占有率极低，仅为货运汽车的0.3%，而发达国家中，美国为1%，英国为2.6%。

(3) 市场化程度低

第三方医药产品冷链物流发展滞后。我国医药品的冷链物流配送业务多由供应商自己完成，市场规模不大，区域性特征较强。医药品冷链的第三方物流企业涉及极少，缺乏专业化和规模化；服务网络和信息系统不够健全，缺乏准确性和及时性，难以形成高效率的冷链物流配送，冷链物流的成本和商品损耗亦居高不下。

(4) 医药品冷链物流信息技术落后

由于我国医药品冷链中缺乏冷藏专业技术，致使冷链成本居高不下。许多企业没有建立完善的冷链信息系统，无法实时监控温度，传递信息，实现信息共享。

(5) 完整独立的冷链物流体系尚未形成

缺乏上下游的整体规划和整合，我国大型商业公司几乎都有冷链物流部，有的还成立了专业化公司，但没有统一的行业标准，整体规模不大，比较分散。

11.5.3 我国医药冷链物流行业发展趋势

医药行业被誉为"永不衰落的朝阳企业"，近年来我国三胎政策的实行、人口老龄化现象的加剧以及人们对健康观念的提升，医药行业发展前景一片大好，医药冷链物流的需求加大，我国医药冷链物流行业发展趋势十分明确。

(1) 第三方医药冷链物流体系逐步完善，与医药企业共同实现一体化

"术业有专攻"，冷链物流企业在冷藏运输方面较制药企业而言更具专业化，制药企业与第三方医药冷链物流体系的配合将是未来必然的发展趋势。查阅材料了解到，将医药企业的生产、存储和第三方医药冷链物流企业的运输等环节实现一体化，可以提高冷链物流的效率，降低损耗。这是医药冷链物流行业要经过的重要道路。随着对医药冷链物流需求与标准的不断提高，规模小、分布散杂的企业将无法满足市场的需要，逐渐汇总成一定的规模，为医疗服务带来更大的便利。电商行业如此兴盛，是因为传统物流的上下游明确整合，因此在医药行业的发展中，上下游要进行整体化的规划，使得物流目标更加明确，物流体系逐步形成。

(2) 医药电商快速兴起，带动医药冷链物流行业的发展

随着网络的普及，大多数人都已习惯线上支付。一份调查报告显示，与到医院进行排队挂号等一系列的烦琐步骤相比，患小病症的人们更接受网络远程问诊，未来医药行业将更多交易于网络。现如今大型电子商务平台已经推广线上问诊并物流运输药品等环节，例如1号药网、药房网等，使得小病可以足不出户得到解决，符合现代的潮流。医药电商快速兴起，这对于冷链物流行业的需求将不断加大，要求医药冷链物流专业化，冷链物流的流通效率显得更为重要。

(3) 医药冷链物流行业规定完整，医药冷链物流行业迈向成熟

药品安全事件的不断发酵已引起广大群众和政府的重视，让我们明白药品安全的重要保障是冷链物流。查询国家对于冷链物流的规定时，发现存在着很多的不足，随着医药冷链物流事件的频发，关于医药冷链物流的各项指标必然逐步完善，对物流过程中的

监管将不断加强，使该行业的标准不断完善，推动医药冷链物流发展走向成熟。

（4）对医药冷链物流进行信息化管理，医药冷链物流智能化

发达国家已可以进行药品冷链物流中的信息化管理，使得冷链物流行业高效进行。我国对于医疗服务行业越加重视，必须学习国外的先进的冷链物流技术，完成药品全过程信息化的跟踪，并通过信息的反馈来维持药品的环境进而保持药效，使得生产、储存和运输过程中更加智能化，更加可控，这是发展中的必经之路。

11.6 电商冷链物流

11.6.1 中国生鲜电商首个单元化冷链物流经典案例

中国生鲜电子商务市场发展迅猛，据中国电子商务研究中心监测数据显示，2014年全国生鲜电商交易规模达到260亿元，相较于2013年的130亿元整整增长100%。作为国内生鲜电商的"佼佼者"，天天果园通过自建冷库，冷链物流配送，精选全球鲜果美食，搭建了从产地到消费者之间的直供平台，赢得了中国消费者的信赖，但其在冷链物流方面也遇到了很多挑战。安华物流系统有限公司是可循环包装方案及智能物流系统服务的专业提供商，在中国已经有18年的成功经验；2015年10月，携手天天果园，在中国首次利用单元化物流技术，将2 700吨冰糖橙从昆明农产品基地全程冷链配送至北京、上海、广州、成都四大城市，降低了天天果园50%以上的物流成本，并通过信息系统对周转设备进行了管控，显著提升了周转设备的管理透明化，增加了天天果园在冷链物流方面的竞争力。

该项目整体运作由以下几个部分组成

（1）农产品基地橙子生产加工部分

此次项目所用生产设备采购自新西兰的一家公司。冰糖橙首先经过自动清洗设备、自动烘干设备进行初步加工处理；随后通过自动光谱监测系统，橙子的甜度、糖度可以得到自动检测，从而筛选出甜度只在11～16的橙子，满足每一个消费者的要求。具体如下：

①自动清洗流水线。

②自动烘干系统。

③自动光谱监测系统监测橙子的糖度。

④自动分拣流水线。

⑤分拣完成，等待出货。

（2）单元化冷链物流配送部分

经过精细筛选的橙子生产完毕后，物流配送服务由安华物流系统有限公司来提供完成，同时安华物流系统有限公司不仅向天天果园提供周转设备循环利用，也向其提供信息化服务。

（3）RFID 的资产管理系统

首先，每个托盘上都会装上安华物流系统有限公司提供的 RFID 标签，每个栈板都会获得一个唯一 ID 编号，在进行出库发货操作时，系统首先用 RFID 手持扫描终端扫描托盘上的 RFID 标签，然后在信息系统入录入托盘上面周转筐所放层数，实现托盘信息和周转筐信息的绑定。同时，信息系统上录入此次发货相关信息，当托盘到达目的仓库后，在系统内录入出库编号，通过 RFID 手持扫描终端来核对入库信息，检验无误后完成入库操作。

（4）温度全程监测系统

在发出的每车产品中，都会放置一个由安华物流系统开发的 Smartcool 温度监测终端，实时记录产品运输过程中的每一刻温度信息。当配送车辆到达目的仓库后，将温度记录终端插入电脑，通过 Smartcool 系统显示其在途温度信息，把控车辆在运输途中的在要求的范围。

（5）GPS 全程监控系统

GPS 车辆位置管理系统由安华物流系统的中国物流信息系统合作方 G7 提供，通过可拆卸的 GPS 装置完成对合作车辆的管控，便捷且高效。

中国的生鲜电子商务发展还在起步阶段，虽然有很快的增长速度，但是冷链物流是制约其发展的关键因素，配送加仓储成本一般占运营成本的 20%～25%。此次安华物流与天天果园携手打造的基地到消费者单元化冷链模式，必将给中国的生鲜电商发展注入新的活力。

11.6.2 谈生鲜电商看郑明与京东如何"郑京全场"

随着人们生活的提高以及消费观念的改变，消费者对于生鲜产品的质量要求越来越高，绿色、有机产品需求大幅提升，电商平台得益于超越地理空间优势成为消费者获取高档生鲜类产品的渠道。电商为生鲜提供了更大更广的平台，生鲜电商已然成为电子商务领域的最后一片"蓝海"。

2012 年 8 月 15 日，京东生鲜频道正式上线，经过近年来的发展，从一开始的生鲜商检入驻、产地直供，到现在众多生鲜产品的自营，京东生鲜频道的影响力正在持续增强。2015 年，新年伊始，京东开始全网冷链布局，郑明物流作为京东生鲜项目的合作伙伴，北京、上海两地的京东生鲜合作项目正式启动，为京东的生鲜提供 DC 服务和操作，涵盖了收货、入库、上架、订单接收、配货打包、包件出库等多个环节。该项目在北京、上海两地成功运营了一个多月，期间订单量持续稳定上升，并见证了京东"年货大战"模式，北京生鲜仓的峰值单量高达千单。具体见图 11-2。

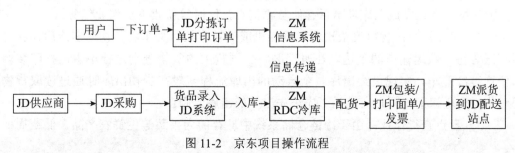

图 11-2 京东项目操作流程

随着京东项目的正式运行，仅一个月，订单量就稳步上升，这一结果让京东和郑明公司都比较满意。但随着项目的深化，出现了许多急需解决的问题，如京东货物到达郑明公司的冷库中，郑明公司要对其货物进行包装，仓储，为货物的新鲜出库做好准备。这些都需要条件良好的冷库条件。

1. 郑明公司仓储系统的组成部分

（1）固定货架：固定立体货架是仓储系统的主要设备，货物通过存放标准托盘里再存放到固定立体货架上的不同货位上，实现低温存储。调用不同货格内的货物时，遵循"先入为主"的存取问题。

（2）搬运设备：搬运作业时仓储系统的主要作业之一，通常以搬运车辆为主。对于长距离的搬运需求，一般使用承载量比较大的叉车，对于短距离搬货任务，多使用承载量比较小的推车。

（3）托盘：托盘作为仓储系统最主要的载货工作，在仓储作业中发货着重要的作用。冷藏库中常用的托盘形式为平托盘。另外，托盘必须是标准化的，冷链仓储系统中托盘材料主要有金属和塑料两大类。

（4）气调门：常见的气调库门是在普通冷库门上增加了一个装置用以确保仓库内的良好气密性。通过推拉平移的方式实现气调门的开启和关闭。

（5）观察窗：由于气调库对库房内气密性要求极为严格，因此在水果的储藏过程中，不气调门不能随意开启。工作人员只能通过观察窗对库房内的货物储藏情况以及仓库的制冷效果、设施设备的运行情况进行观察，观察窗一般安置在气调门的中间适于人员观察的高度位置上。

（6）安全阀：在气调库密封后，为了保证库房的内外压力平衡，必须安装安全阀来调节控制正负压差，保证冷库的安全。

2. 冷链仓储系统作业流程

郑明公司现代智能仓储系统主要有高层立体货架及堆垛机、出入库信息控制系统、电气系统、计算机控制系统以及货箱或托盘等设施设备共同组成。它是物流过程中的一个重要环节，是冷链物流中连接产品加工和冷链运输的中心环节，实现货位分配、编码等作业的自动化。

仓储系统主要作业流程：

（1）入库作业：入库货物在到达仓储系统时，首先要在入库口位置进行入库清点，核对数量、包装。信息扫描后管理机将货位信息传送给货物管理信息系统，叉车根据计算机系统分配货位情况将货物送至某巷道口入库台，堆垛机通过自动寻址，将货物放到指定的货格，并在完成入库环节后存储货物信息，同时等待收下一作业任务。

（2）出库作业：物料流依次流经堆垛机或旋转货架、叉车将货物运出冷库，并送至暂存区等待冷藏运输车的到达。在暂存区将不同货主的货物分别进行集中，打印装箱单后依次装冷藏车，实现最终出库。全自动的出库流程一般在货物出库时通过读取货物条码对货物进行识别，同时应遵循"先进先出"的出库原则。

（3）盘点查货作业：由于冷链仓储系统中储存的为果蔬等生鲜农产品，储藏周期较短，需要预防果蔬的污染变质。除了做好冷藏库的温度、湿度控制等，还需定期对冷藏库内货物进行检查。

3. 郑明开展电商业务的可行性分析

SWOT 分析法，又称优势、劣势、机会、威胁分析法，是战略管理领域分析内外部环境的一种常用方法。其中，strength 为优势，是指组织擅长的活动或专有的资源；weakness 为劣势，是指对于竞争所需的一些资源和活动，组织并不擅长或不能专有；opportunity 为机会，是外部环境因素的积极趋势；threat 为威胁，是指环境中的不利因素、负面趋势。同样的环境对处于同一产业中的不同企业意义不同，对有的企业可能是机会，但对另外的企业却有可能是威胁，因为不同的企业所拥有的资源和管理能力不同。利用 SWOT 分析法对郑明冷链物流所面临的竞争环境进行详细分析，为郑明公司能否开拓电商业务策略提供依据。

1）优势

（1）具有良好的信息基础和物流运作基础

郑明具备良好的信息基础和研发能力，可以更好地运用物流新技术和模式，从而有更多的发展空间。郑明公司通过整合冷链物流行业内资源，通过资源优化和物流运作创新，节约成本，实现社会资源最大化。

（2）具有良好的电商物流网络

郑明公司以进出口物流与贸易、国内冷链专线、市内配送、生鲜宅配、仓储运输、冷鲜食品及医药化工等的贸易代理为主要服务模式，拥有损腐率控制及"最后一公里"解决等技术，目前已与东方航空公司、淘宝、天猫、京东商城、顺丰优选、天天果园、优安鲜品等多家电商企业合作，形成了一、二线城市完善的电商物流网络。

（3）拥有较为完善的运作流程和顺畅的运营管理

在车辆的运输与调度方面，郑明公司提出了总部调度模式和现场调度模式，在一定程度上有效地完成了绩效。

（4）客户资源及品牌信誉的保障

服务客户包括大型食品企业、大型超市、连锁餐饮、各大冷库等，如麦当劳、肯德基、光明、蒙牛、伊利、哈根达斯等都是郑明的服务客户。汽配物流客户包括上海捷众、上海申雅等。2014 年度成为中国冷链物流 50 强企业测评活动全国第三方食品冷链物流服务商第一名，取得业务量、收入、市场占有率高于同行的骄人成绩。

2）劣势

（1）人才劣势

虽然郑明公司有近十几年的发展，但在电子商务领域来说，还是新兵。因此在人才方面，特别是电子商务方面的高级管理人才与营销策划人才缺乏。

（2）信息系统使用和支持不够

虽然郑明公司建立起了适合自己发展的信息系统管理，但要想满足电子商务发展需要，还需要进一步升级和改进，特别在信息的及时传递、数据分析与处理、以及网上支付等方面原有信息系统不能很好满足。

（3）财务方面建立自己的电商网络，需要大量的现金

网站的建立与维护，货物的采购与运输，相关人才的招聘、前期市场的开拓等业务都需要大量的现金流。

（4）资源调度平台不够完善

由于调度平台的不够完善，使资源很难有效的整合。冷链车辆空载情况增多，调度指令的过程极其复杂与耗时。调度配载的规模大，订单配送点多、一次性需求量少。

3）机会

（1）行业发展潜力巨大

网购电商市场快速发展且深入人心。我国网上购物持续高速发展，截至2022年3月，网上零售额累计30 120亿元，网上零售额累计增长6.6%。截至2021年6月，我国网民规模达10.11亿，互联网普及率达71.6%。网络零售成为消费新引擎，我国网络购物用户规模达8.12亿，占网民整体的80.3%。

（2）网购信息技术日趋成熟

快速发展的电子商务网站可以说明过去制约电子商务发展的比如在线支付于段、技术安全、物流不畅等因素基本消除。中国电子商务研究中心监测数据显示，截止到2020年，我国有电子商务服务企业达124 552个。

图11-3 电子商务企业规模

（3）政府支持力度大

2021年10月9日，《"十四五"电子商务发展规划》（以下简称《规划》）已由商务部、中央网信办、发展改革委联合发布。《规划》对"十四五"时期我国电子商务发展的总体目标、主要任务、保障措施等做了全面部署，包括七大任务方向和23个专项行动，对于进一步明确电子商务产业的定位、引导电子商务发展方向、形成政府政策合力及指导地方电子商务发展等都具有重要意义。电子商务产业高质量发展既是电子商务自身发展的必然趋势，也是电子商务助力数字生活、乡村振兴、开放合作的前提和基础。《规划》的发布实施必将进一步加速我国电子商务产业高质量发展步伐，凝聚政府与市场合力，

共同服务于人民群众对未来美好生活向往这一最终目标。

4）威胁

（1）电商企业竞争

传统的电子商务企业如京东、天猫、亚马逊等电子商务公司对电子商务业务已经娴熟，占据相当大的市场份额。

（2）物流企业竞争

来自同行业的压力，第三方物流风起云涌，港台资企业实力雄厚，物流技术先进，业务和管理水平高、竞争力强，这无疑对郑明公司造成了很大的威胁。

（3）消费者的竞争

现在网购虽然发展迅猛，但消费者们都已经比较理性，信息来源比较广，议价能力很强，如果稍有不如意消费者就会轻点鼠标转移购物，而且转移成本很低。特别是对网购商品质量、物流配送、服务态度等是消费者最关心的问题。图11-4是解放日报社会调查中心对网友"网购时最不满什么"的调查结果。

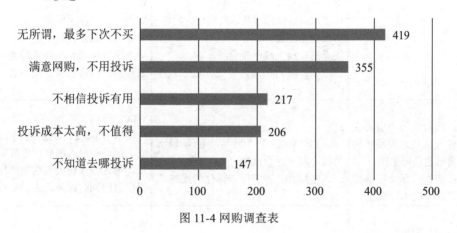

图 11-4 网购调查表

（4）市场不够规范

我国电子商务近年发展非常迅猛，但相关法律法规的出台和完善却相对滞后，许多消费者在网上购物遇到质量问题或是遭受骗局，基本是欲诉无门、欲哭无泪，很是无赖，从而可能对网购失去信任。

11.6.3 盒马鲜生案例分析

（1）盒马鲜生公司背景与现状

2016年10月，马云在杭州云栖会议上介绍了"新零售"的概念，盒马生鲜作为扩大"新零售"领域的平台，从一开始就明确了其定位以及发展模式，着重布局生鲜市场，通过线上线下相结合的方式开创零售新业态。用了4年的时间，盒马终于走向了生鲜电商的第一梯队。盒马生鲜是阿里巴巴对线下超市完全重构的新零售业态。盒马是超市，是餐饮店，也是菜市场，但这样的描述似乎又都不准确。消费者可到店购买，也可以在盒马App下单。而盒马最大特点就是快速配送：门店附近3千米范围内，30分钟送货上门。近年来，盒马生鲜的月活用户不断增长，2021年第二季度达1 169万人。iMedia Research（艾媒咨询）数据显示，2022年中国生鲜电商消费者偏好的前三品牌分别是：盒马生鲜（36.2%）、美团买菜（29.5%）、本来生活（26.8%）。

（2）盒马鲜生公司运营模式特点

盒马鲜生公司运营模式主要总结如下：客户定位主要为"80后""90后"的年轻人；将食品零售与餐饮业结合；产品低数量高质量；线上与线下的商品品质价格完全相同；线上线下高度融合。

（3）盒马鲜生公司SWOT分析

对盒马鲜生的具体模式进行以下SWOT分析，见表11-2。

表11-2 盒马生鲜公司SWOT分析一览

	S 优点一：零售餐厅一体化 优点二：运输标准化，供应链、销售、物流完全配套 优点三：线上线下配合 优点四：可以借助阿里巴巴的名气推广自己	W 缺点一：付款手段单一 缺点二：餐厅设计不足 缺点三：配送距离缺乏弹性 缺点四：门店质量参差不齐
O 机会一：目前中国消费者主要为年轻人，其追求品质的消费习惯与盒马鲜生吻合 机会二：购物广场给超市的租金有优惠，成本较低	SO 一、以"80后""90后"的年轻人为核心制定经营战略 二、坚持并完善餐厅一体化的战略	WO 一、餐厅的设计更多地向某些高品质，面向年轻人的餐厅看齐 二、挑选规模较大的购物广场，在获得优惠的同时保证门店的质量
T 威胁一：一旦下店数量增加，总成本也会几何级增加，难以保证低价格 威胁二：同类型的竞争正在加剧，"京东到家"等商家都有较强的竞争力	ST 一、需要更多地考虑输出运营模式，与本地投资者合作，解决商品的成本问题 二、借助阿里巴巴的品牌推广自己	WT 一、在配送距离不变的情况下，用大数据等方式查出囊括价值最高的店址，并明确运输可达范围 二、谨慎选择门店，防止部分店门自毁品牌

通过对盒马鲜生的案例分析，得出对其他生鲜电商发展的建议如下。

①盒马鲜生通过O2O模式，保证线下商品的新鲜，来让顾客相信其线上产品的品质。因此，生鲜电商第一个需要攻克的难关就是如何让顾客相信产品的新鲜程度较高。

②盒马鲜生将餐厅与食品零售结合，两者具有互补作用。因此，其余的生鲜电商可以去寻找一些能与食品零售互补的产业进行合作。

③生鲜行业是一个非常看重口碑的行业。盒马鲜生将配送范围锁定在数千米内，通过放弃部分顾客，来维护自己的品牌。因此，作为生鲜电商，一定要将自己的口碑放在第一位。

④我国主要的电子设备使用者仍旧是青、中年人群，因此生鲜电商想要发展，应该在自己的发展战略中更多地考虑到青、中年人群的需求。

思 考 题

1. 简述肉类冷链物流的基本原则。
2. 水产品冷链物流的特征有哪些？
3. 简述果蔬冷链物流模式。
4. 目前医药冷链物流存在哪些问题？

参考文献

[1] 谢如鹤,刘广海. 冷链物流 [M]. 武汉:华中科技大学出版社,2017.

[2] 白世贞,曲志华. 冷链物流 [M]. 北京:中国人民大学出版社,2019.

[3] 杨清,吴立鸿. 冷链物流运营管理 [M]. 北京:北京理工大学出版社,2018.

[4] 田国庆. 食品冷加工工艺 [M]. 2版. 北京:机械工业出版社,2018.

[5] 李建春. 农产品冷链物流 [M]. 北京:北京交通大学出版社,2014.

[6] 刘宝林. 食品冷冻冷藏学 [M]. 北京:中国农业出版社,2010.

[7] 鲍琳. 食品冷冻冷藏技术 [M]. 北京:中国轻工业出版社,2016.

[8] 张明融,苏树强,雷海斌,等. 果蔬保鲜与熟食品加工中的真空冷却技术及设备 [J]. 保险与加工,2009(6):54-56.

[9] 唐君言,邵双全,徐洪波,等. 食品速冻方法与模拟技术研究进展 [J]. 制冷学报,2018(6):1-9.

[10] 隋继学,张一鸣. 速冻食品工艺学 [M]. 北京:化学工业出版社,2015.

[11] 谢晶. 食品冷冻冷藏原理与技术 [M]. 北京:中国农业出版社,2015.

[12] 张国治,田少君,李果. 速冻及冻干食品加工技术 [M]. 北京:化学工业出版社,2008.

[13] XU Baoguo, ZHANG Min, BHANDARI B, et al. Effect of ultrasound immersion freezing on the quality attributes and water distributions of wrapped red radish[J]. Food and Bioprocess Technology, 2015, 8 (6):1366-1376.

[14] CHENG Xinfeng, ZHANG Min, ADHIKARI B, et al. Effect of ultrasound irradiation on some freezing parameters of ultrasound-assisted immersion freezing of strawberries[J]. International Journal of Refrigeration, 2014 (44): 49-55.

[15] CHOW R, BLINDT R, CHIVERS R, et al. A study on the primary and secondary nucleation of ice by power ultrasound[J]. Ultrasonics, 2005, 43 (4):227-230.

[16] DODDS J, ESPITALIER F, LOUISNARD O, et al. The effect of ultrasound on crystallization-precipitation processes: some examples and a new segregation model[J]. Particle & Particle Systems Characterization, 2007, 24 (1):18-28.

[17] SACLIER M, PECZALSKI R, ANDRIEU J. Effect of ultrasonically induced nucleation on ice crystals' size and shape during freezing in vials[J]. Chemical Engineering Science, 2010, 65 (10):3064-3071.

[18] ZHANG X, INADA T, TEZUKA A. Ultrasonic-induced nucleation of ice in water containing air bubbles[J]. Ultrasonics Sonochemistry, 2003, 10 (2):71-76.

[19] HU Songqing, LIU Guang, LI Lin, et al. An improvement in the immersion freezing process for frozen dough via ultrasound irradiation[J]. Journal of Food Engineering, 2013, 114 (1):22-28.

[20] DELGADO A E, ZHENG Liyun, SUN Dawen. Influence of ultrasound on freezing rate of immersion-frozen apples[J]. Food and Bioprocess Technology, 2009, 2 (3) : 263-270.

[21] XANTHAKIS E, HAVET M, CHEVALLIER S, et al. Effect of static electric field on ice crystal size reduction during freezing of pork meat[J]. Innovative Food Science & Emerging Technologies, 2013, (20): 115-120.

[22] AMMAR J B, LANOISELLÉ J L, LEBOVKA N I, et al. Effect of a pulsed electric field and osmotic treatment on freezing of potato tissue[J]. Food Biophysics, 2010, 5 (3) : 247-254.

[23] MOK J H, CHOI W, PARK S H, et al. Emerging pulsed electric field (PEF) and static magnetic field (SMF) combination technology for food freezing[J]. International Journal of Refrigeration, 2015, (50): 137-145.

[24] BARBA F J, PARNIAKOV O, PEREIRA S A, et al. Current applications and new opportunities for the use of pulsed electric fields in food science and industry[J]. Food Research International, 2015, (77): 773-798.

[25] WOO M W, MUJUMDAR A S. Effects of electric and magnetic field on freezing and possible relevance in freeze drying[J]. Drying Technology, 2010, 28 (4) : 433-443.

[26] KIM Y B, WOO S M, JEONG J Y, et al. Temperature changes during freezing and effect of physicochemical properties after thawing on meat by air blast and magnetic resonance quick freezing[J]. Korean Journal for Food Science of Animal Resources, 2013, 33 (6) : 763-771.

[27] JAMES C, REITZ B, JAMES S J. The freezing characteristics of garlic bulbs (Allium sativum L.) frozen conventionally or with the assistance of an oscillating weak magnetic field[J]. Food and Bioprocess Technology, 2015, 8 (3) : 702-708.

[28] 王鹏飞. 电磁场对细胞冻结特性的影响 [D]. 天津： 天津商业大学，2015.

[29] 娄耀郑. 静磁场对食品冷冻过程影响的实验研究 [D]. 济南：山东大学，2014.

[30] 周子鹏. 弱磁场对食品冻结过程影响的研究 [D]. 济南：山东大学，2013.

[31] 周子鹏，赵红华，赵红霞，等．交变磁场对水及生理盐水过冷过程的影响 [J]. 高校化学工程学报，2013，27（2）： 205-209.

[32] LEBAIL A, CHEVALIER D, MUSSA D M, et al. High pressure freezing and thawing of foods: a review[J]. International Journal of Refrigeration, 2002, 25 (5) : 504-513.

[33] XU Zhiqiang, GUO Yunhan, DING Shenghua, et al. Freezing by immersion in liquid CO_2 at variable pressure: response surface analysis of the application to carrot slices freezing[J]. Innovative Food Science & Emerging Technologies, 2014, （22）: 167-174.

[34] FERNÁNDEZ P P, OTERO L, GUIGNON B, et al. High-pressure shift freezing versus high-pressure assisted freezing: effects on the microstructure of a food model[J]. Food Hydrocolloids, 2006, 20 (4) : 510-522.

[35] XANTHAKIS E, LE-BAIL A, RAMASWAMY H. Development of an innovative microwave assisted food freezing process[J]. Innovative Food Science & Emerging Technologies, 2014, （26）: 176-181.

[36] ANESE M, MANZOCCO L, PANOZZO A, et al. Effect of radiofrequency assisted freezing on meat microstructure and quality[J]. Food Research International, 2012, 46 (1) : 50-54.

[37] RAMALLO L A, MASCHERONI R H. Dehydrofreezing of pineapple[J]. Journal of Food Engineering, 2010, 99 (3) : 269-275.

[38] JAMES C, PURNELL G, JAMES S J. A critical review of dehydrofreezing of fruits and vegetables[J]. Food and Bioprocess Technology, 2014, 7 (5) : 1219-1234.

[39] HASSAS-ROUDSARI M, GOFF H D. Ice structuring proteins from plants: mechanism of action and food application[J]. Food Research International, 2012, 46 (1) : 425-436.

[40] YEH C M, KAO B Y, PENG H J. Production of a recombinant type 1 antifreeze protein analogue by L. lactis and its applications on frozen meat and frozen dough[J]. Journal of Agricultural and Food Chemistry, 2009, 57 (14) : 6216-6223.

[41] SOUKOULIS C, FISK I. Innovative ingredients and emerging technologies for controlling ice recrystallization, texture, and structure stability in frozen dairy desserts: a review[J]. Critical Reviews in Food Science and Nutrition, 2016, 56 (15) : 2543-2559.

教师服务

感谢您选用清华大学出版社的教材！为了更好地服务教学，我们为授课教师提供本书的教学辅助资源，以及本学科重点教材信息。请您扫码获取。

▶▶ 教辅获取

本书教辅资源，授课教师扫码获取

▶▶ 样书赠送

物流与供应链管理类重点教材，教师扫码获取样书

 清华大学出版社

E-mail：tupfuwu@163.com
电话：010-83470332 / 83470142
地址：北京市海淀区双清路学研大厦 B 座 509

网址：https://www.tup.com.cn/
传真：8610-83470107
邮编：100084